管理实践在中国

Knowledge Workers Morale

Management in the Era of Emotional Economy

士气

情感经济时代的组织管理

张捷 ◎著

机械工业出版社
CHINA MACHINE PRESS

图书在版编目（CIP）数据

士气：情感经济时代的组织管理 / 张捷著 . 北京：机械工业出版社，2024. 10. --（管理实践在中国）. -- ISBN 978-7-111-76733-6

Ⅰ. F272.9

中国国家版本馆 CIP 数据核字第 202460LJ38 号

机械工业出版社（北京市百万庄大街 22 号　邮政编码 100037）

策划编辑：朱　悦　　　责任编辑：朱　悦　梁智昕

责任校对：杜丹丹　马荣华　景　飞　　　责任印制：单爱军

保定市中画美凯印刷有限公司印刷

2025 年 1 月第 1 版第 1 次印刷

170mm × 230mm · 18 印张 · 3 插页 · 230 千字

标准书号：ISBN 978-7-111-76733-6

定价：99.00 元

电话服务

客服电话：010-88361066

010-88379833

010-68326294

网络服务

机　工　官　网：www.cmpbook.com

机　工　官　博：weibo.com/cmp1952

金　书　网：www.golden-book.com

机工教育服务网：www.cmpedu.com

“管理实践在中国”丛书项目

FOREWORD

总序

中国管理实践智慧：让世界更美好

宋志平

中国上市公司协会会长、中国企业改革与发展研究会首席专家

1978 年 12 月召开的中国共产党第十一届中央委员会第三次全体会议，实现了新中国历史上具有深远意义的伟大转折，开启了改革开放和社会主义现代化建设的伟大征程。截至 2022 年底，我国登记在册的市场主体数量达 1.69 亿户，企业和个体工商户分别历史性地跃上 5000 万户和 1 亿户的大台阶。而在 1978 年底，我国乡及乡级以上工业企业只有 34.84 万户。在 2022 年揭晓的《财富》杂志世界 500 强榜单中，中国企业 145 家，美国企业 124 家，日本企业 47 家。而 1995 年我国第一次参加世界 500 强评选时，只有 3 家企业进入榜单。改革开放至今，中国企业实现了长足的进步。

在这一进程中，一批国内著名大学与国外大学合作，开设管理博士学位项目，培养出一批又一批企业高管博士。这些企业高管带着大量的企业鲜活实践经验和管理实践问题，百战归来再读书。在博士课程学习过程中，他们系统地将实践经验上升到管理理论，通过撰写博士论文，以问题

为导向，完成实践到理论的思维蜕变。经过课程学习，这些企业高管博士既有实践根基又有理论基础，成为中国本土管理实践非常有代表性的一个群体。他们撰写的 DPS 论文（DBA 论文）或构建了极具实践价值的管理模型，或增加了现有管理理论体系的实际应用价值，或融合了中西管理理论体系精髓并创造性地提出了适合中国企业管理的新思路。

北京大学国家发展研究院 DPS 博士项目与机械工业出版社牵头，联合国内著名大学的 DBA 博士项目，从这些企业高管博士论文中挑选出优秀的进行深入遴选和市场化改造，形成管理实践专著。在世界大历史发展背景下，讲好中国管理实践故事，以“管理实践在中国”系列丛书之名出版，从实践到理论，从理论再回到实践。系列丛书准备连续出版十年。我想，这不仅有助于总结和传播中国优秀企业的管理实践思想，还可以建立中国式企业管理体系，并助力中国企业迈向世界一流，为世界管理实践贡献中国管理的“实践智慧”。

我在大学时期学的是管理工科，毕业后长期从事管理工作，先后攻读了 MBA 和管理工程博士学位，系统地学习了现代企业管理理论。在过去 40 多年的企业工作生涯中，我有 35 年都在从事大企业的管理工作，其中做过 10 年厂长，做过 18 年央企的董事长。长期的管理实践让我认识到，企业管理者既要学习现代管理理论，也要精通管理方法，关键是要结合自己的企业情况，创造出适合自己的管理思维和管理方式。DPS 和 DBA 将博士论文二次创作，形成的“管理实践在中国”系列丛书，就是在管理实践到管理理论再回到管理实践的循环提升过程中所产生的管理思维和管理方式的结晶。

我始终认为管理是一门以实践为主的学科。在我把中国建材和国药集团双双带入世界 500 强的经历中，我认为，首先得益于这个伟大的时代，是时势造英雄，感谢改革开放给我们这些企业管理者带来的机遇。其次，做企业是一分耕耘，一分收获，机遇不会永远垂青侥幸者。中国建材和国药集团先天的企业基础并不好，把它们做起来并不轻松。说到秘诀，我唯一的体会是“干中学，学中干”，并把实践中的体会尽量归纳和整理，带着这些经验再去“干中学，学中干”。

我国企业的管理经营思想，既来源于我国对发达国家先进企业的学习，也来源于我们民族博大精深的历史文化，但最重要的是来源于改革开放后我国企业这些年的深度实践。身为 DPS、DBA 这样的管理实践者，应当像陈云同志所提倡的那样，“不唯上，不唯书，只唯实”。要发挥企业家精神，实事求是，不断地在管理实践中“知行合一”，将实践、理论、再实践、再理论推向深入。

这些 DPS 和 DBA 来自不同地域、不同产业、不同行业、不同企业，通过系统的课程学习和论文写作，总结和提炼了多年管理经验，将实践经验与科学研究方法相结合并上升为具有应用理论高度的博士论文。而“管理实践在中国”系列丛书，又将多元性和多样化的管理博士论文二次创作成为管理实践专著出版，这必将引发人们对中国高质量发展、产业转型升级、中国企业“走出去”等管理实践案例和议题再次进行深度思考。该丛书的出版，会对管理实践创新、管理理论与实践的结合及应用产生积极的推动作用，对中国管理实践思想未来走向世界具有正向的现实意义。

当今世界面临着全新的变化和全新的挑战。无论是气候变化问题、能源安全问题、粮食安全问题还是人类健康问题，哪一个问题，都不是一个企业、一个国家所能解决的。因此，我们有理由相信，世界依然是一个你中有我、我中有你的世界，依然是一个需要互相帮助、和平相处的世界。我们期待，未来十年，“管理实践在中国”系列丛书将以一本又一本有分量的管理实践专著见证中国管理实践思想的成长，为世界管理实践贡献中国管理的“实践智慧”，让世界更美好！

FOREWORD

推荐序

提高员工士气是激活组织的法宝

改革开放 40 多年来，中国社会经济发生了天翻地覆的变化，取得了重大的成就。但是，过去 5 年多来，由于新冠疫情及宏观经济调整，文化冲突对中国对外经济、教育、科技交流的影响，企业与组织面临着从高速度发展到高质量发展带来的转型压力。此外，人工智能（AI）技术迅猛发展，带来机遇和不确定性，很多职业受到威胁，机器替代劳动力的时代已经到来。这些挑战带来的后果是：市场竞争炽热化，不确定性引发焦虑，探索与停滞的矛盾带来组织内卷，安全感亟须重塑，信心需要重振。

张捷《士气》一书的出版正逢其时。书中提出了很多值得今天的企业家及领军人物认真思考的观点，也给组织带来了能量，给管理者和员工提供了积极的建议和策略。

- 指数级增长不代表企业成功，企业不能为了短期利益而忽视员工和其他利益相关者的长期利益。

- 企业发展必须细水长流，领导者必须坚持长期主义。企业的持续进步无法通过短期销售业绩和利润来实现。
- 传统的“胡萝卜加大棒”的管理方式已经成为过去。今天企业的员工更需要领导者的理解、尊重、关爱，特别是“00后”的员工，他们不会去做自己不喜欢做的事情。
- 传统意义上通过激烈竞争实现的“赢”，在今天急剧变化的经营环境中已经无法实现了。
- 今天企业员工的心理安全感是提高士气的基础和原点。
- 组织不应该是一座冰冷的建筑，而应该充满人性和灵性。
- 大数据不应是死板的数字堆积，而要有相关性，可以从中看到人。
- 企业管理者不是简单的“经济动物”，不能为了经济利益和业绩付出生命。
- 优秀的管理者要热爱自己的事业，有使命、愿景、价值观、人情味、同理心。

《士气》一书中的很多观点都具有普遍意义，与时俱进，与当今卓越的国际企业的理念和做法并行不悖。张捷特别提到了微软的CEO萨提亚·纳德拉。我本人很喜欢纳德拉的领导风格，2014年担任微软CEO以来，他重视企业文化的领导风格与前任CEO史蒂夫·鲍尔默形成了鲜明对比。鲍尔默的管理方法简单直接，重视绩效评估，十几年来，微软业绩平平，员工积极性无法得到充分调动。纳德拉上任后，在微软内部推动了基于成长型思维、情绪管理、同理思维、部门协作、开放包容理念的企业文化转型，挖掘企业员工的创造力和潜质，对微软的复兴和市值的迅猛增长起到了决定性作用。

《士气》一书同样让我想起了当年杰克·韦尔奇领导下的通用电气，强调短期激励和激烈竞争的管理模式，包括著名的“20-70-10”原则，即在绩效评估中将员工分为上中下三档，每年淘汰表现最差的10%。短期内这种强竞争文化推动了公司当年业绩的飞速提升，但是对团队凝聚力、部门协作、集体创新和人本主义精神产生了负面影响。2008 年金融危机发生之后，过度依赖金融战略和企业并购策略的通用电气员工间无法凝聚，竞争过于激烈，损害了团队的合作精神，对通用电气的健康和可持续发展造成了相当大的负面影响。接班人伊梅尔特努力工作了 16 年，试图扭转通用电气的战略和组织文化，但是一直困难重重、如坐针毡。

微软和通用电气的案例让我们深刻理解到领军人物的价值观和企业的文化对组织成长和发展的深远影响。从纳德拉重视人情、成长型的文化转型，到通用电气建立在短期财务激励基础上的强竞争文化，领导者的价值观和管理哲学对企业和组织的行为模式和工作氛围产生了巨大影响。忽视员工凝聚力和团队协作的过度竞争无疑可以提高企业的短期绩效，但势必会损害员工的士气，破坏团队合作，影响组织的长期和持续发展。微软和通用电气的案例所提供的深刻经验和教训对于成长中的中国企业具有重要的借鉴意义。

《士气》一书不仅呈现了多元的心理学、管理学、组织行为学和领导力理论，还有张捷及其同事十几年积累起来的职场心理健康领域一线的鲜活案例，内容十分丰富，理论结合实际。这本书探索了东西方文化的深度融合，将心理学、管理学理论和实践结合在一起，深度解读在当今复杂多变的人文环境下如何理解人性，挖掘人的潜能，管理员工情绪，认清人格特质与卓有成效的领导者之间的关系，提升企业领导者的综合素质，从而给员工赋能，引领企业健康发展和壮大。《士气》一书对十几个案例进行了深入剖析，解读其中的训练技巧、实操经验，从多个角度让读者产生身临其境的感受，帮助企业家更好地理解人性和员工的心理，践行领导力，提升企业家和员工的士气，增强企业的凝聚力。在中国传统管理思想中，士气的重要性毋庸置疑。《孙子兵法》强调：“将者，智、信、仁、勇、严也。”智者不惑，无信不立，仁者不忧，勇者不惧，严者不纵。想要打造高士气团队的领导者都应具备这五项基本特质。同时，21 世纪的企业家也要具备思想领导力（使命、愿景、价值观、思维模式）、专业领导力（智慧决策、鼓舞人才、工匠精神、变革创新）和品格领导力（诚信、负责、双赢、坚毅）。这也是张捷《士气》这本书提倡的核心精神和理念。

我认识张捷已经有15年了。她本科毕业于北大中文系，毕业后从事媒体工作；2005年，张捷创办了北京盛心技术发展集团有限公司（简称盛心公司），面向国有企业、民营企业、跨国公司，以职场心理健康为引擎，提供EAP（员工帮助计划）服务。张捷和她的专业团队热爱自己的事业，身体力行，以人为本，为企业提供心理管理方面的知识与技能，把组织战略、企业文化和心理学结合在一起。2009年，张捷进入北京大学国家发展研究院（简称国发院）深造。在两年的学习中，张捷主导了班级文化的建设，主编了充满北大人文气息的《我们》班级杂志，其中几期采访了北京大学中国经济研究中心的林毅夫和周其仁教授，并和班级同学一起拍摄了反映五四精神的原创小电影《E919》，在北大国发院的历史上留下了精彩的一笔。2014年，张捷撰写了《心理管理对组织效能的影响研究》的硕士论文，获得当年北大国发院的优秀论文奖。之后，张捷又完成了博士学业。在指导她的硕士论文和博士论文期间，我得以比较深入地了解她所从事的工作和她所带领的团队。张捷作为企业的领导者一直非常笃定，尤其在这个外部环境动荡的时代，坚持“慎思之，明辨之，笃行之”的精神，不断追求卓越。读罢张捷新书中的理论、观点、案例，我为张捷和她的团队始终充满着灵动且进步的力量而感到欣慰和兴奋。相信《士气》这本书一定会给正在应对国内外复杂环境挑战的中国企业家提供丰富的精神食粮，并助力他们找到渡过市场经营困境的方法。

杨壮

北京大学国家发展研究院管理学教授

PREFACE

前　言

这本书的完成，是一个自然而然、水到渠成的过程。撰写这本书时，我已经在中国职场的心理与管理交叉领域实践了18年。我每年有三分之一的时间，在中国各个城市乃至世界各个国家的职场中跑来跑去，为这个世界上最勤劳、最有责任和担当，也最有压力的一群人提供心理支持，他们有领导者、管理者和从事不同职业的普通员工。渐渐地，我的主要工作对象集中到了领导者和管理者群体，一方面，心理学在职场管理中的应用价值越来越被关注；另一方面，我们也越来越意识到，领导者或者管理者不仅是员工的情绪晴雨表，也是组织士气生态的主导者，领导者或管理者有力气了，团队成员才更有干劲。

每年还有超过三分之一的时间，我会和我的团队浸泡在会议室里，讨论一个又一个系统“Bug”和“灵魂难题”。我的专业背景既非心理学，也非管理学，我职业生涯的前半程是媒体工作，做过新闻记者和电视栏目制作人。2005 年，一项被称为“员工帮助计划”的工作吸引了我，使我有幸在社会进步的进程中，从一个鼓动者和记录者转身成为一个身体力行的实践者和推动者。这项工作引人入胜，令我倾尽全心，但也令我感到前所未有的挫败。在我组建的团队和我创办的公司中，我是一个需要把握方向的领导者，也是一个事无巨细的管理者，19 年前，心理学被引入到中国职场的组织管理，这是一件非常新鲜的事情，我们有很多人类级的议题要面对，而我们自己又是如此弱小与无知。

这些人类级的议题与工作相关，首先是人为什么要工作？卢梭说：“人生而自由，却无往不在枷锁中。”职场，是人最容易陷入枷锁的地方，追求自由的人类何以会把人生最清醒、最灵动、最有活力的时间奉献给职场？承载着鲜活生命个体的组织是一部机器、一个机构、一个物理空间，还是一个更大的生命体？职场与人类的幸福息息相关，而我们每天大量面对的就是职场中并未获得幸福和满足的人群，在很长的一段时间内，这也是我们自己所在的工作团队需要面对的问题。身处一个将心理学、职场、幸福、效能这些词和领域连接在一起的行业，在 21 世纪初的中国，我们没有可以参考和借鉴的工作方法，更鲜有相关的研究，所幸的是，我们为之服务的组织有数十家已年龄过百，比如 IBM、杜邦、强生、宝洁、三井住友等，此外我们的服务对象还有中国本土强健发展的企业，比如联想、中石油、华为、美团、TCL 等。深入企业内部共同工作的人所形成的组织，等于阅读一本当代组织行为学巨著。

每年我还有将近三分之一的时间漫无边际地阅读，无论时间被挤压或者被无限制地拉伸变形到怎样的状态。读书从来都是我的所爱，和以往所读的书不同，在这一阶段，我大量阅读的是管理学和心理学的书，经典的和前沿的，我试图在阅读中找到心理学与管理学交织的脉络。自工业革命以来，管理学一直在试图理解和安置人与机器的关系，最初，人类创造了机器，但很快人类成为自己为机器设定的流程的一部分，这是泰勒时代的管理学；到了管理者成为“一个经济器官”的德鲁克时代，人类支配机器，利用机器替代人完成人所不能和人所不愿做的工作，直到人工智能时代猝不及防地到来。这次，时代的变化不是渐进式的，而是颠覆性的。人工智能的快速发展和“机器威胁论”，使人类与机器的关系进入到一种前所未有的不明朗状态，人类无法通过经验去预测和解释人、机器和工作的关系。机器从艾伦·图灵时代就试图获得人类的思考能力，如今它们正在努力识别人类的情感，当机器越来越渴望模仿并成为生命体时，人类似乎迫切需要提升一个维度，真正弄清楚“组织是什么”，对这个问题人类一直未能抽丝剥茧，回到本质。本书第1章遵循“组织是一个超级生命体”的脉络，探讨了在面对人工智能的智商与情商双修演进，人类社会正在迎来情感经济时代的背景下，要想把握情感经济为组织带来的新机会，组织与个体必须做出的响应与改变。当我们遵循组织是一个超级生命体的脉络来观照时代的颠覆性变化时，人与机器的关系、组织与人的关系、组织中人与人的关系都变得融洽了，工作也将变得越来越有趣和值得期待。

本书的基础内核是人格特质，这也是我在心理学与组织管理的应用与研究中的重要工作领域。哪些个人特点与哪些环境因素交互，它们是如何共同决定个体的行为，尤其是管理者和领导者的行为的？人格特质导致的差异性管理行为是如何正向或者负向地影响员工的亲组织行为和投入意愿，进而影响整个组织的士气的？由衷地感恩北京大学国家发展研究院和美国福坦莫大学的教授和导师，杨壮教授、傅军教授和颜安教授，是他们使我将一份热爱的工作凝结成一项研究成果。感谢张宇伟老师了不起的创意，2021年11月，当宇伟老师和我初次谈起“管理实践在中国”系列丛书构想时，我的写作热情就被激发了，因为我们尝试用不同方法了解人格特质的目的只有一个，就是让人们拥有更好的生活。让更多的职场人更好地理解自己以及朝夕相处的同事与家人，在包容和欣赏中彼此照顾和鼓励，对于一个家庭和一个组织的可持续发展，对于每一个个体的幸福与成就，都至关重要。但从一篇论文到一本可读的书，于我而言还是很有挑战性的，感谢机械工业出版社的编辑老师的专业和投入。我很喜欢听周其仁老师以“一支铅笔”开场的经典课程。他说，这世界上没有任何一个人掌握了制造一支铅笔所需要的全部知识，比如生产铅笔需要锯树的人，而要锯树，就需要有钢铁，要有钢铁就需要炼钢，要炼钢就需要挖矿……所有参与这些劳动环节的人，并不一定知道自己的努力会诞生一支铅笔，而这支铅笔制造出来之后，能够普惠那么多的人，每个人只需要花费很少的钱就能够轻而易举地获得，这就是人类独有的文明成果通过劳动协作产生新的文明结晶的过程。一篇论文是这样，一本书也是如此，感谢在这本书诞生的过程中给予我启发和佐证的所有理论、工具的研究者，感谢盛心公司专业团队，感谢我的亲密的合作伙伴李玲玲女士，感谢李培忠博士、李美玲女士、范容菁女士、刘炳涛先生、牟伟莉女士、郑博文先生、胡译文女士、张晓玲女士、王盼盼女士、邹莹女士、赵醒女士、邵洋女士，还有盛心公司其他的伙伴和同事。我很幸运我有一个“我们”，并肩工作，共同探索职场行为健康领域的未知和无限的可能。

如果用一支铅笔比喻一篇论文的诞生，那么从一篇论文到一本有案例、有情感、有故事、有流动的生命和生活的书，则是从一支铅笔再变回一棵大树甚至是一片森林的过程。本书从人格特质这一因素切入，通过组织管理中翔实鲜活的案例，探讨在不确定且面临巨大变革的时代，具备何种人格特质的领导者更有可能在战略布局中获得先机，具备何种人格特质的管理者更能够将情绪成本转化为情绪价值，激发士气，以及不同层级的管理者所需要的核心人格特质和可能的发展路径。本书在案例解析的过程中配备了多维度的自我测量工具，以及可量化的士气评估方法，供读者应用和练习。对于从一篇论文到一本书的写作过程，宫玉振老师有一个形象的比喻，大致是说，这是一个从描绘青蛙的一只眼睛到画出一只青蛙的过程。青蛙的一只眼睛是一个器官，而一只青蛙就是一个生命体了，从一个器官到一个生命体，这只青蛙带着它的生命气息，奔向各种它能够到达的地方，这只青蛙就不再是坐井观天的青蛙了。其实坐井观天和坐在象牙塔里观天，本质上是一样的，不仅因为看见的只是一小片天，还因为是坐着的、不走动的、僵化的。接下来，这只走动的青蛙串联起了职场的应用场景，也让我们可以进行更多的探究，比如，一个融合了多维个体人格特质的组织，是怎样形成组织这个生命体的人格特质的，与人格特质相关的积极品格需要经过后天怎样的训练，本书以个体和组织案例的形式进行了解析，并以训练营的方式进行了演练。这些案例和训练营，集中了我们在近二十年的心理和管理实践中提取的一些行之有效的方法，尤其是“开启五感情境管理模式训练营”，人要开启自己最有感知的通道，这也是AI最羡慕人类而目前正在孜孜以求的部分。这只青蛙将搅动职场人的五感，重新彰显人类本身独有的特质，来跟机器达成良好的互动和协作。在此我要特别感谢为盛心专业团队提供工作机会，并给予我们巨大的信任和支持的客户组织和项目管理人员，你们的视域、对人的善意和有力量的支持行动，惠及的不仅是组织、员工和他们的家庭，同时还有心理学职场应用与研究的一些尚未开发的领域。

最后，感恩我至亲的家人，你们始终如一的爱、鼓励和欣赏使我在做一切事情时都深感有意义、有希望和幸福。

CONTENTS

目　录

CHAPTER 1 | 第 1 章

情感经济为组织带来新机会

人工智能催生情感经济

人工智能时代，出现了一些全新的领域、全新的概念、全新的词语，比如情感计算（affective computing）和情感经济。

2022 年 12 月，《情感计算白皮书》的发布让更多的人知道了情感计算这样一个运行缜密、涉及领域众多、成果丰厚的领域。情感被誉为人类社会生活的文法（grammar of social living），情感计算涉及计算机科学、脑与心理科学、社会科学、医学等学科，它将不同学科的最强大脑聚集在一起，旨在利用人类智慧来“创建一种能感知、识别和理解人的情感，并能针对人的情感做出智慧、灵敏、自然反应的计算系统”。《情感计算白皮书》由浙江之江实验室发起，德勤组织上海科学技术出版社、中国科学院文献情报中心、英国工程技术学会、亚马逊云科技、上海师范大学等机构的大批专家学者共同完成，它对1997～2022年的2万余篇论文进行了数据分析，从人类对自身情感研究的历史到通过信息技术的手段如何进行仿生以实现情感计算，再到已经实现的场景应用，描绘了情感计算的学科全景。

大量的研究表明，人在解决某些问题的时候，纯理性的决策往往并非最优解，在做决策时，情感的加入会使人获得更优解。情感的识别和表达，是理解和交流信息的必要基础，情感变量的输入可以帮助机器做出更加人性化的决策。人与机器的交互不再冰冷和程式化，而是有了基于情感交互的感知，以突出人本理念、对人性的理解和人文关怀，这是智能机器从智商到情商迭代升级的目标。情感计算是一项让计算机具有情感能力的前沿技术，意味着人工智能已经发展到了日益逼近人类核心能力的攻坚阶段，情感计算也正在成为全球学术热点。

在人工智能发展方面，科幻电影好像一直在引领未来。1966年的《星际迷航：原初系列》中就出现了智能手机，1968年的《2001太空漫游》中出现了视频通话。半个世纪后，智能手机成为人类生活中不可或缺的伙伴，视频通话成了再平常不过的交流场景。电影《我，机器人》将故事设定在了即将到来的2035年，机器人走进千家万户，成为人类家庭中的一员。人类有一句平实的表达：没有做不到，只有想不到。科幻电影想到的并展现出来的场景，人类正在逐一地实现。而当人工智能从思维涉足情绪情感领域时，人类猛地从机器人提供的便利中惊醒，意识到了日益逼近的替代威胁。显然，人类与机器面临着新一轮的分工。

一些学者提出了人机合作的理想模式——人工智能越来越多地承担起思维的任务，人类的专注点则朝着人际关系和同理心方向发展。美国商业教授罗兰·T. 拉斯特（Roland T. Rust）与台湾大学教授黄明蕙合著的《情感经济》一书提出，变革将催生一种情感经济，我们需要采取行动，才能获得无限的新机遇——这个新机遇就是人工智能负责思考，人类则负责提供感受。两位教授指出，情感经济的特点是让人类回归本性，成为有情感的生物，而不是一味地把自己训练得像机器一样。书中引用了美国劳工统计局对就业和工资数据的研究：虽然在 2016 年，思维任务的重要性仍然比情感任务高 14.3%，说明我们还处于思维经济时代，但 2006 ～ 2016 年的 10 年间，情感任务对人类任务的重要性提升了 5.1%，而思维任务的重要性大体保持不变，机械任务的重要性则降低了 1.3%。他们认为，随着人工智能的不断进步，情感任务的重要性在近几年还会大幅度提升，人类社会将以重视情感任务的"软服务"，如医疗、管理、个人护理等任务为主导，而不是以重视思维任务的"硬服务"，如计算机、工程、法律等任务为主导。根据美国劳工统计局的职业就业数据，情感就业的增长主要是由个人护理及服务行业带动的（就业增长了 38.93%），其次是商业及金融行业（增长 24.97%）、医疗及相关技术行业（增长 23.90%），管理行业（增长 20.33%）、食物准备及配送相关行业（增长 17.70%）的增长势头也十分强劲。

罗兰 · T. 拉斯特与黄明蕙两位教授取 22 个行业在 2006 ～ 2016 年的平数值，计算了各种任务智能（情感、思维、机械）对就业的相对重要性，排出了情感任务对就业最重要的前 10 个行业（见表 1-1）。其中，管理行业位居第四，这意味着管理工作将成为情感经济时代的重要职业。为此，两位教授特别倡导，"脑力工作者应该让上级知道自己对管理方面的工作感兴趣，并且不放过任何一个可以谋求个人发展的良机，同时要抓住每一个能学习领导能力、人际交往能力的机遇"。

表 1-1　情感任务对就业最重要的前 10 个行业

1	社区及社会服务行业
2	销售及相关行业
3	个人护理及服务行业
4	**管理行业**
5	食物准备及配送相关行业
6	教育、培训和图书馆行业
7	防护设备行业
8	商业及金融行业
9	医疗及相关技术行业
10	医疗支持行业

资料来源：拉斯特、黄明蕙，《情感经济》。

情感经济需要情感智能

人类创造出人工智能，初心是服务人类，而机器人也的确帮助人类从许多难做和不愿意做的事情中解放了出来。最初的机械人工智能把人类从繁重的体力劳动中解放了出来，解决了人们在劳动中的负重问题。而对人类来说，太重了不行，太单调了也不行，所以机械人工智能进一步进化，替代了人类重复单调的工作。在逐步替代使人身体疲劳和精神疲劳的工作后，人工智能从机械智能向思维智能进化，突破了人类大脑在记忆、分析、运算方面的速度和容量的限制。由于机器具有不知疲劳、不受干扰的特殊属性，机器学习比人的学习更具持久性和系统性。阿尔法围棋（AlphaGo）的强悍表现，宣告了人工智能的思维智能打破了人的大脑在智力上的统帅地位，在诸多方面完胜生物智能。

◐ 小贴士

阿尔法围棋与人类围棋手的大战

阿尔法围棋是第一个击败人类职业围棋选手的人工智能机器人，由谷歌旗下的DeepMind公司创始人戴密斯·哈萨比斯领导开发。2016年3月，阿尔法围棋与围棋世界冠军、职业九段棋手李世石进行围棋人机大战，这场对弈被誉为人机大战的“巅峰之战”。AlphaGo最终以4：1的比分获胜。在击败李世石后，AlphaGo的升级版化名Master，在多个在线平台上与全球顶尖围棋高手进行对弈，取得了连胜的战绩。2017年5月，在中国乌镇围棋峰会上，升级版AlphaGo与当时排名世界第一的世界围棋冠军柯洁对战，它在比赛中展示了更高级别的围棋理解，最终以3：0的比分再次战胜人类选手，巩固了其在围棋领域的霸主地位。围棋界公认阿尔法围棋的棋力已经超过人类职业围棋顶尖水平。这一事件也引发了人们对人工智能伦理、人类未来就业以及人机关系等问题的深入思考和讨论。

人工智能就这样一步一步替代了人类的工作，但并没有从根本上解决人的身体疲劳和精神疲劳问题，人类又出现了“卷”的困惑。与此同时，人类在人与人之间的比较和资源竞争之外又多了一个实实在在的，并非科幻电影中虚拟的竞争对象——人工智能机器人。人类开始焦虑自己的工作会被智能机器人替代，焦虑孩子们需要学习什么样的本领才能分一杯羹。但是，担忧并不能解决人类自身的问题，也不能解决人类与人工智能的关系问题，除非人类弄清楚生命的意义和工作的意义。“未知生，焉知死”，人工智能无法代替人类思考人生的终极问题，这些问题只能人类自己来面对。

就在人工智能机器“智商 + 情商”双商齐修，竭尽所能变成人的样子的同时，人类却更加趋向机械化，表现为不论在家庭生活还是在职场中，人们似乎更多地表现出价值观的单一化、评价标准的绝对化、人与人互动的功能化。

首先是价值观的单一化。成功学在这个时代大行其道，衡量成功的是单一的社会计量指标而不是个体的体验和感受。用单一的指标来衡量成功，造成了过度社会比较的群体心态，来自社交媒体的他人所谓成功的碎片而夸大的信息，导致人类陷入了一种无法摆脱的焦虑。社会比较带来的持续焦虑不仅损害了人类的身心健康，也使大脑在进行独立思考时处于一种“脑无力”的状态。对个体来说，价值观的形成应该是一个在成长与挫折中，不断运用大脑的独立思考能力进行澄清和选择，最终形成笃定的为人处世根本之道的过程。一些关乎人性本质的问题还是需要个体通过大脑得出自己的答案：比如一个幸福的人算不算成功，一个达到绝对指标但内心痛苦的人算不算成功，我们怎么样才能过上一种有自我价值感的生活……人类的物质层面会逐渐老去，但精神层面总有勃勃生长的空间，这些可以促使人达到心智成熟的关键议题，只能自己来面对，他人无法替代，在很长的一段时间，人工智能也无法替代。

其次是评价标准的绝对化。成年人对组织的贡献度往往仅以其创造经济产值的速度和数量来衡量，他对组织的忠诚度、对他人的友善度以及个人的成长性在考核中常常被忽略。对组织来说，这将产生很大的情绪成本，比如目前中国职场正在经历的“35 岁焦虑”现象就是一个典型代表。

无论对个体还是组织的生命周期而言，35 岁通常是一个劳动生产率和综合产值表现优异的年纪。然而，那些受到“35 岁焦虑”影响的劳动力群体，在对实现组织长期目标的信心与关注上，在对业务的精进和完善上，都缺乏足够的投入与创造力。这种现象不仅会带来潜在的情绪成本，还可能会对更加年轻的职场人产生负面影响，降低他们对组织的信任感与全力以赴投入工作的意愿。

全力以赴投身于当下的工作任务，是每一个组织对新员工的期待，而对个体来说，全力以赴是得到了良好的组织承诺后的一个自我决定，这个决定不仅仅受到入职培训时组织所发布的“组织关注员工福祉”相关信息的影响，更受到加入组织后观察和体验到的组织基于评价标准对员工采取的任用策略与行为的影响。

价值观的单一化和评价标准的绝对化，导致人与人的互动趋向于功能化。以家庭生活为例，家本应该是人类情感最为丰富的地方，家长内心期待孩子健健康康、快快乐乐，在身体、心理和社会适应方面全面成长，但迫于现实的压力，双方的互动却主要围绕着考试成绩这个核心开展。读书不再是从“读万卷书”中获得乐趣与营养，而是只读一种与考试成绩相关的书，旅行也不再以“行万里路”，拓展生活边界，打开视野和亲近自然为目标，而只是为了放松一下好继续投入到考试冲刺中。众多的家长对那些努力把孩子变成一部“考试机器”的教学场所趋之若鹜，如同“考试机器”一样的孩子成为令家长们钦羡的“别人家的孩子”。

功能化催生功利化，人类彼此之间缺少容错的空间，最常见的表现是我们的大脑中充满了“应该”的认知，比如家长认为自己付出了很多孩子就应该表现出色，领导认为员工没有做好某项工作就是不够努力，凡此种种，我们认为的“应该”正在变为指责的代名词，而这也正是我们不希望受到的对待。中国传统文化中的“己所不欲，勿施于人”，也就是心理学中的同理心和共情能力，是保障人类基本的和谐生存的情感能力，也是支撑高级思维的心理要素。在人类渐渐忽略甚至丢弃这些东西时，人工智能机器人开发领域却知道其中的好，正在通过一批人类最强大脑，努力获得其中的秘籍，快速兴起的情感计算技术课题就聚集了计算机科学、心理学、神经科学、社会学、经济学、管理学、医学等学科领域的最强大脑，去提升人工智能机器人人格化的人机交互能力。

新生代进入职场并日渐成为主力军，这或许是人类破局的一个机会。作为计算机和互联网的原住民，新生代不仅更容易与智能机器人互动与共处，也更加愿意接受价值观的多元化，更关注自身作为一个人的个体独特性。2023 年 12 月，由《语言文字周报》主办的 2023“十大网络流行语”评选公布结果，“i 人 /e 人”入选。i 人和 e 人分别对应心理学人格测试中的两大类型，i 人指性格内敛的人，e 人指性格外向的人。性格与职业选择的关系、性格与择偶的关系，乃至性格与个人幸福的关系，在这个时代受到了前所未有的关注，这或许意味着，人类在人工智能的倒逼下，越来越回归人的情感生命本质。

组织是一个超级生命体

情感是生命体独有的属性，那么，组织是一个生命体吗？人与组织的关系是生命与物的关系、生命与机器的关系还是生命与生命的关系？

纵览管理学的发展历程，我们可以发现，管理学作为一门科学，从诞生之日起，面对的重要议题一直是两个核心关系——人与机器的关系、人与组织的关系的问题：人与机器是替代关系还是共生关系，人与组织是零和博弈还是合作共赢。

19 世纪末的数十年里，美国工业获得了前所未有的资本积累和技术进步，泰勒的科学管理理论就是在这样的背景下诞生的。从 1911 年泰勒的主要著作《科学管理原理》问世至今，企业和工作现场传承下来的主要是通过科学管理提升组织效率的理念和方法。但我们需要了解的是，泰勒的科学管理首先是一场解决人对机器的排斥的心理革命、一场重塑劳资双方关系的精神革命。

泰勒首先颠覆了当时深藏于工人心中的“劳动总额”观念。这种观念假设世界上的工作总量是有限的，加速工作会使大批工人失业，而威力巨大的机器对工人的替代作用更是不可想象，因此，工人们本能地对先进机器的应用持抵制态度。以棉纺织业为例，动力织布机在 18 世纪 80 年代问世，它的产量大概是传统手工织布机的 3 倍，按照“劳动总额”理论的逻辑，织布工人的数量将会因动力织布机的应用而被裁减到原来的 1/3。但泰勒指出，采用动力织布机后，1912 年，英国曼彻斯特织布工人反而由 1840 年的 5000 人增加到 265 000 人，产量的增加并不会导致工人失业，相反还会增加工人的就业机会。

破除了“机器威胁论”的心理魔咒，这为生产效率从根本上得到提升奠定了基础。在劳资关系方面，由于当时普遍采用的经验管理方式的局限，资本家不知道工人一天到底能干多少活，但总嫌工人干的活少，拿的工资多，他们往往会通过延长劳动时间、增加劳动强度来提高利润，工人也不确切地知道自己一天能干多少活，但总认为自己干的活多，拿的工资少，当感觉自己被剥削时，工人就用“磨洋工”来进行消极对抗。

泰勒的科学管理提供了一把金钥匙，它能够确定完成某项工作的最佳时长，以此为依据，管理者可以判断工人是否干得出色。而工作动作的精准化和流程的标准化，大大提高了工人的劳动生产率，帮助工人缩短了劳动时间，省掉了无用的劳动并减轻了劳动者的困苦，工人可以年复一年正常地完成每个劳动日的最佳工作量，下班后仍然精力旺盛。

在科学管理方式下，工人能够获得更高的收入，而无须付出更艰苦的劳动，而工厂主通过培养工人标准化工作的能力和对劳动产出的标准计量，在提升产值的同时缓和了劳资双方的冲突。

科学管理定义

诸种要素——不是个别要素的结合，构成了科学管理，它可以概括如下：科学，不是单凭经验的方法；协调，不是不和别人合作，不是个人主义；最高的产量，取代有限的产量；发挥每个人最高的效率，实现最大的富裕。

——弗雷德里克·温斯洛·泰勒

亨利·福特在泰勒的单工序动作研究的基础之上，创建了世界上第一条流水生产线——福特汽车流水生产线，使生产成本明显降低。100多年来，科学管理最大的贡献是极大地提高了体力劳动者的工作效率，直到今天，它依然在发挥作用。

回到我们在本节开头提出的关于人与机器的关系和人与组织的关系的问题，泰勒部分调和了人与机器的关系，人模仿机器被机械化分解的工作动作，或者可以说，人与机器的协作是以人的机械化的异化为代价的。泰勒科学管理通过提高劳动生产率增加产量，降低成本，提高利润，标准化的工作计量使“胡萝卜加大棒”的考核成为可能，人与组织的关系获得阶段性的和解。但正如管理学界所达成的共识那样，科学管理思想构筑在纯粹的外在动机理念基础之上，泰勒说："工人们最想从雇主那里得到的，无非是高工资。"

进入21世纪，组织面临的最大的挑战是知识工作者的生产效率怎么衡量、如何提升。显然，流水线上被拆解的每一个精细的流程和机械化的动作，并不能发挥知识工作者在综合、平衡和判断方面的优势，也无法满足人性在工作动机、兴趣和感受方面的基本诉求。

现代管理大师彼得·德鲁克提出了目标管理理论，强调组织群体共同参与制定具体可行的能够被客观衡量的目标。目标管理又称成果管理，它在泰勒的科学管理的基础上，将管理学理论向前推进了一步。德鲁克认为，企业的任务必须转化为目标，目标的制定者同时也是目标的实现者。他们必须一起确定企业的航标，即总目标，然后对总目标进行分解，使目标层次分明。为了实现各层目标，必须下放权力，培养一线职员的主人翁意识，唤起他们的创造性、积极性、主动性。从效率导向到效益导向，德鲁克强调做正确的事高于正确地做事，因为做正确的事能让劳动者获得意义感，从而激发其主观能动性。

如果说泰勒的科学管理可以批量地培养标准化的工人，那么德鲁克则探索通过管理的实践批量地培养管理者。在回答人与组织的关系这个问题上，泰勒时代通过生产率的快速提高来提高工人的收入水平，从而调和劳资矛盾，德鲁克则试图通过对组织中人的共同目标的管理，来解决人与工作的关系问题、人与组织的关系问题。组织的愿景力是管理组织成员共同目标的基础，而愿景力又包含了意志和情感等生命体独有的属性，那么，组织是一个生命体吗？

在1954年出版的《管理的实践》中，德鲁克说，组织是器官。器官有些接近生命了，但显然器官还不是完整的生命。我们在德鲁克的管理学体系中并没有看到关于组织是不是生命的讨论。2022年11月，机械工业出版社与南京大学商学院、领教工坊联合主办了"2022纪念彼得·德鲁克中国管理论坛”，这个论坛以线上连线的形式邀请了彼得·德鲁克长孙、方舟使命基金会创始人诺瓦·斯皮瓦克，有听众问到了多年以来我们心中一直存在的一个疑惑：“德鲁克认为组织是生命吗？”当时诺瓦·斯皮瓦克很肯定地回答：“不是，组织不是生命，组织里的人是生命。”这个答案听上去还是很模糊，那么，组织是什么，是承载生命的房子吗？

1998 年，著名经济与管理学家阿里·德赫斯在《长寿公司》一书中明确回答了这个问题，他说，组织是一个生命体。他挑战了当今管理学界的一个流行观点——把企业作为赚钱的机器，企业的目的就是为其所有者尽可能多地赚钱。阿里·德赫斯将企业视为一个有机的生命体，两种观点的区别使有关组织管理的核心假设有了本质的区别。正如该书的推荐者彼特·M. 森卓所做的一个形象的比喻：难道潮水的色彩斑斓、潮涨潮落，不比海葵、蛤蜊或寄居蟹这些聚居在潮水中的生物更具生命力吗？

> 将企业视为机器，意味着它会停滞不前。而将企业视为生命，则意味着它能够自我更新，将超越其现有的员工，作为一个有机生命体自我延续下去。
>
> ——彼特·M. 森卓

阿里·德赫斯把组织分成两种类型，一种是经济型组织，一种是生命型组织，他认为存活超过一百年的企业都是生命型组织。两者最大的区别是，经济型组织是一部营收机器，在其中的人都是为这部机器服务的，而生命型组织是一条河流，不同的水滴进进出出，这就很像生命体的细胞每天会死掉一些，又会更新一些。

阿里·德赫斯的研究发现，《财富》世界 500 强的跨国公司的平均生命周期是 40 ～ 50 年，为什么这么多曾经辉煌的商业公司会在壮年夭折呢？他选取规模巨大且存活超过一个世纪的 40 家公司，通过已出版的个案史资料与学术报告对其中的 27 家进行了详细的研究，探寻它们是如何顺利度过世界的根本性变革的，并总结出了四个共同的关键要素。

要素一：因时制宜

长寿公司对自己周围的环境非常敏感，与外部世界的关系是和谐的。因时制宜意味着不断地学习和创新。

要素二：凝聚力

公司有较强的凝聚力，员工认为自己是整体的一部分，他们从公司代代相传的链条中来看待自己，关心组织的整体健康发展。凝聚力也是公司建立社区与人际关系的内在能力。

要素三：宽容

长寿公司避免采取集权化管理，分权是公司的生态意识，宽容是在保持公司完整的前提下采取多元化和分散政策的核心素质。这些公司尤其擅长边缘地带的活动，小型的集群可以获得资源，慢慢发展，直到公司需要它们成为公司事业的新起点。

要素四：财政保守

长寿公司在资产中保持一定的结余，它们不必讨好第三方以获得投资。财政保守不仅仅是公司在早期信誉未成熟时的一种自负，也是一个公司在其成熟时期生存的首要条件，它体现的是一个公司控制自己增长与进化的能力。

至此，我们勾勒出了组织从机械论到整体论，再到生态论的形态演变过程，这个过程本身就是管理学因时制宜的创新性演化过程。据日经 BP 社 2020 年发布的调查数据，目前世界长寿企业（营业时间超过 100 年的企业）有 8 万多家，长寿企业数量排在前三位的国家是日本、美国和瑞典。在此，我们列出长寿企业数量排名前十的国家（见表 1-2）。

表 1-2　长寿企业数量排名前十的国家

排名	国家	企业数	比例
第一名	日本	33 076	41.3%
第二名	美国	19 497	24.4%
第三名	瑞典	13 997	17.5%
第四名	德国	4947	6.2%
第五名	英国	1861	2.3%
第六名	意大利	935	1.2%
第七名	奥地利	630	0.8%
第八名	加拿大	519	0.6%
第九名	荷兰	448	0.6%
第十名	芬兰	428	0.5%

作为复杂而具有高度整体性的超级生命体，组织的代际传承、生态性来自组织的 DNA，即组织的价值观和信念、组织的人格特质。

企业的价值观和信念既决定了业务的经营方向和范围，也决定了企业做事的态度和方式，尤其是在转折点和动荡时期的应对与选择。而组织的人格特质，直接决定了组织的生态性以及企业能否因时制宜。如果用大五人格中的因素来衡量长寿企业，可以看到：在尽责性上，长寿企业恪守本分，自律严谨，强调对客户负责，对员工负责，对股东负责，对社区负责，这是在生态中获得信任的前提；在宜人性上，长寿企业有对社会或群体的同理心和同情心，友善，并表现出更多的利他行为；尤为关键的是开放性特质，长寿企业持续学习和创新，拥抱变革，能够在不同时代和市场环境下，建立新的融合生态。

> 把公司当成一个有生命的实体，是扩展它的生命周期的第一步。
>
> ——阿里·德赫斯，《长寿公司》

与人的生物体生命相比，组织的生命形态有很大的不同。一方面，长寿组织的生命可逾千年，超越个体生命的限制，历经成长、成熟和多次的蜕变与新生，韧性生长，超越周期，通过跨代际的存活发展出新的功能，这是人的生命无法做到的。另一方面，组织的夭折率又远高于人的生物体生命，在世界上许多国家，40% 的新建公司存活时间不到十年。阿里·德赫斯将这个阶段称为“死婴率”最高的阶段。阿姆斯特丹的斯特拉提克斯集团的一项研究表明，在日本和欧洲，大大小小公司的平均寿命只有 12.5 年。

何以有这样大的差别？阿里·德赫斯用“一洼雨水”和“一条河流”做了一个比喻。一洼雨水是由很多雨滴汇集成的雨水坑，下雨时，它将影响更宽的地面，浸湿周围的泥土，而当阳光普照，气温升高时，雨水就蒸发变成水汽，这就像寿命很短的公司。而长寿公司就像一条河流，是由进出的水滴融汇成的一个自我永续的生命整体，奔流不息地涌动，河流中各个部分的水位每一刻都会发生变化，没有一处的水能永远一样，但是，所有的水滴都流向同一个方向——大海。

虽然同样是由水滴组成的，但河流中的水滴有共同的方向，有自身的河床，有一路永不言倦的风景。如果说水滴如同个体生命，那么河流就是活水组织生命。一洼雨水和一条河流的区别，如同物与生命体的差异，物尽管存在于现实中，但它是静止和被动的，而生命体充满运动和变化的内驱力，在周而复始的运行中，细胞裂变、同化、异化、排异和再融合，最终发展成一个超级生命体。

激发愿景力与差异化的效价

一个组织是不是一个生生不息的生命，透过它所服务的个体的体验，就能够感受到。在现代人类社会中，个体几乎无法离开组织而存在。组织无处不在，你或者在去往组织的路上，或者正在与组织中的人互动。

我们以一位全职家庭主妇的一天为例来说明。

晓依早上七点出门，开车先送女儿去学校，然后送丈夫去公司。从女儿的学校到丈夫的单位，车程大概40分钟，一路上丈夫几乎没有和晓依交谈，看上去心不在焉，若有所思，晓依知道丈夫今天上午有一个重要的商务谈判，就没有打搅他。

回来的路上，晓依接到家政公司的电话，照顾母亲的保姆要求加工资。晓依驱车前往母亲家，车程大约半个小时。母亲两年前脑部做手术，昂贵的医药费是丈夫支付的。晓依知道丈夫和婆婆心心念念想让她再生个儿子，晓依内心很纠结，一方面她很想满足丈夫的心愿，另一方面，如果再生个孩子，那她重返职场就遥遥无期了。

就这么胡思乱想着，晓依到了妈妈小区的院子，她把车停下，到院门口的同仁堂药店给妈妈买了药，晓依在这个药店已经买了十年药了。晓依和保姆的沟通很不愉快，心里有些怪家政公司不能做好内部管理，而把矛盾转嫁到雇主身上。中午她留下来陪妈妈吃了午饭，妈妈说自己没用，给女儿添麻烦了，晓依安慰了妈妈，答应再换一个家政公司和保姆。看着妈妈午睡，晓依对要二胎的顾虑又增加了一分。

回到自己家时，已经是下午三点了，晓依去门口的7-ELEVEN便利店补充了每天都需要的饮用水、牛奶、酸奶和面包，结账时看见柜台前面的小盒糖，又顺手拿了两盒。下午四点，晓依开车到学校接女儿，女儿七岁，刚上小学一年级，晓依做全职家庭主妇也七年了。晓依辞职前从事的是人力资源工作，丈夫在一家知名的互联网大厂做产品开发工作，半年前被提拔为部门经理。晚饭时，家里一如既往地只有晓依和女儿两个人，丈夫一如既往地在公司赶项目进度，到家估计得晚上十二点之后了。

晚上八点，安顿好女儿后，晓依开始上心理学网课。大学毕业后，她工作三年，做全职家庭主妇七年，晓依觉得自己终归还是要工作的。

在大学读书时，她就对心理学感兴趣，去年参加大学同学聚会时，晓依了解到一位同学正在线上学习与人力资源工作相关的职场心理学课程，经介绍，晓依也去报了名。晓依和丈夫商量，计划在孩子上二年级后，重返职场，这样，孩子会对学校有更好的适应，也能养成更好的学习习惯。可是如果要二胎，那重返职场就遥遥无期了。晓依又陷入了上午出现过的心神不宁与纠结中。

晓依为了履行作为家庭主妇的基本职能，每天都会和不同的组织打交道，其中包括女儿的学校、保姆所属的家政公司、同仁堂药店、7-ELEVEN 便利店、心理学校……与这些组织的关系和互动质量，决定了晓依这一天的情绪心境和生命质量；而组织亦透过组织中的每一个个体来触及社会中的不同生命个体。

生命的一个基本特质就是拥有主观意志，可以主动选择而不是被动地停在原地，每一个个体的选择，也决定了组织的生存质量与生存时间。以晓依与妈妈家的保姆及其所属的家政公司的互动为例，晓依产生的情绪成本直接影响了她的家庭生活质量，与此同时，她做出了重新选择一个家政公司的反应，家政公司因为保姆给晓依和妈妈带来的情绪成本而产生的经营和管理成本除了客户流失带来的损失、发展新客户需要的投入，还有在信誉和口碑上的损失。

晓依在同仁堂药店买了十年药，日常会自然而然地走进 7-ELEVEN 便利店，不仅因为它们的牌子亮，更是由于它们能带来安全感和舒适感。正像一家长寿企业所说的，服务周到不是表面的嘘寒问暖，而是能给顾客提供不经意间的舒适感。同仁堂和 7-ELEVEN 都是长寿企业，同仁堂成立于 1669 年，清朝康熙年间，如今已经 355 岁了，7-ELEVEN 创立于 1927 年，也已经 97 岁了。

大量的研究表明，活得健康且长久的企业，其领导者和管理团队都具有一种强大的愿景力，有强烈的想要活下来的渴望，并且有通过让使用自己的产品和服务的人活得更好从而使自己活得更好的愿望和内在动力。

愿景力直接影响组织生命体的人格特质：具有强大的愿景力的组织，能够清晰地表明自己的核心价值观和组织的长期目标，这有助于激发员工的尽责性，使员工更有动力履行自己的职责，因为他们理解自己的工作对于实现共同的愿景至关重要。同时，具有强大的愿景力的组织，由于一以贯之、代际相传的品质坚守，能够获得跨越时空的信任，这使其拥有更强的外倾性连接能力。具有强大的愿景力的组织，理解只有因时制宜、与时俱进才能跨越周期，所以它们更加开放，通过多样化的思维方式来了解市场，把握机会，它们认识到，创新不仅仅来自领导层，还来自组织内的每个人，因此会努力创建一个支持思维多样性的开放文化。此外，具有强大的愿景力的组织，拥有长期视野和积极的组织文化，这些特质使之能够更加冷静地应对挫折和困难，它们将挑战视为通往愿景的一部分，而不是无法逾越的障碍，在这样的文化中，乐观和决心得以传播，以实现长期目标。具有强大的愿景力的组织，能够以更广阔和长期的视野看待其角色和影响，因此通常会展现出更强的同理心和社会责任感。

概括起来，具有强大的愿景力的组织能够与团体成员设定共同的目标，并在为目标奋斗的过程中，达成组织生命体的人格特质的逐步完善：拥有较高水平的尽责性、外倾性、开放性、宜人性，以及较低水平的神经质。

以晓依经常出入的同仁堂和 7-ELEVEN 为例，这些长寿企业都有它们持久形成的人格特质。同仁堂的人格特质透过它的道德规范——济世养生、精益求精、童叟无欺、一视同仁就能看出来。“济世养生”的愿景，“精益求精”的尽责性，“一视同仁”的宜人性和同理心。愿景和人格特质指向的是它一以贯之的行动纲领：“炮制虽繁必不敢省人工，品味虽贵必不敢减物力。”

同仁堂穿越历史的动荡，始终因时制宜，它的经营体制经历了从家族传承到公私合营、国有企业、股份制改革上市等多种变化，历久弥新。新一代的经营团队继承了“仁本”理念的精华，并融入了新的内涵，提出了“善待”的思想，包括善待社会、善待职工、善待经营伙伴、善待投资者。这种“善待”文化的运用，使同仁堂的内在凝聚力和外在影响力空前高涨，企业也得到了前所未有的发展。

7-ELEVEN 的经营理念是“诚实、信赖”，诚实和信赖具体体现在：对顾客，明码标价，薄利多销，提供安心安全的商品；对供应商，不退货，遵守付款日期约定；对员工，按时发放工资。经营方针是“顺应变化，贯彻根本”。7-ELEVEN 的核心信念来自伊藤雅俊的母亲和哥哥最初创办伊藤洋华堂时所立的训诫。在公司的文化馆内，以图片形式陈列着伊藤雅俊的哥哥写给他的 15 条做事根本：

- 朴素、质朴的人生观。
- 严格教育，反复练习。
- 温暖的人情味，为他人着想。
- 以诚意回报信用，有一颗廉耻之心。
- 有亲切感的礼仪。
- 自我反省。
- 战胜自己的缺点，有自律心。
- 珍惜东西的心。
- 对于复杂的事情，用善意来解释。
- 时常提升心性的研究之心。
- 伊藤洋华堂风格的干净度。
- 让父母安心的爱（百善孝为先）。
- 安静的爱国心。

- 如果打开心扉，身体也会变强壮。
- 努力持续实践平凡的善行，做到极致，最后就是强大的力量。

从顺应变化和做事根本中，可以看到 7-ELEVEN 在百年传承形成的人格特质：对己对事尽责、对人善意同理、开放经营、外倾性的社区、保持稳定情绪的静心力。

组织的愿景力是推动长寿组织持续繁荣的原动力。在组织内部让全体成员感知组织的愿景，是组织愿景能够产生内外共鸣效果的前提，也是跨代传承、创造持久价值的前提。组织生命体要解释和传递的首要信息是组织存在的理由，即它因何而生存，它主要服务人类的哪一种需要。

- 生存需要（生老病死）
- 生活需要（衣食住行）
- 生命需要（知情意变）

晓依为妈妈买药的同仁堂药店和妈妈去做手术的医院，满足的是人生老病死的生存需要；晓依去买日常用品的 7-ELEVEN 便利店，满足的是人衣食住行的生活需要；而她女儿的小学和晓依的心理学校，是为人知情意变的生命需要提供支持。生存需要、生活需要和生命需要，缺一不可，这三种需要既有阶段和层次的不同，在人生的某一个时点，又是交叉或并行的。当全体成员清晰企业在满足人类的哪种需要、用哪种方式、恪守怎样的准则时，企业就在确定定位的同时获得了来自全体成员的定力。如果企业制定的准则能够不受一叶障目的眼前诱惑的影响，超越短期行为，持续引领人们生活方式的改变，就能够在塑造社会未来的同时，超越瞬息的风云变化，获得持久的活力。

在当今这个情感经济时代，组织管理面临着前所未有的复杂度和挑战。在情感经济时代，员工不再仅仅被视为生产力的一部分，而是被视为具有情感需求、关系依赖性和个性特征的完整个体。员工的参与和投入不仅仅取决于薪水和福利，还取决于他们在工作中感受到的情感满足度。社交媒体和在线平台已经赋予了员工更大的话语权，他们可以轻松分享自己的情感和经验，组织需要更加敏感地对待员工的声音，并积极回应员工的关切，以维护品牌声誉和员工满意度。这种情感导向的经济环境给组织管理带来了一系列新的变化，组织管理不再仅仅关注知识和技能，领导者需要具备情感智能，即情感认知、情感管理和情感关系能力，从而更好地理解和管理员工的情感需求，创造支持和激励员工的工作环境，以实现持续的成功。

2019 年 12 月 2 日，国家语言资源监测与研究中心发布了“2019 年度十大网络用语”，“996”位列其中。“996”成为年度十大网络用语是一个标志性事件，提示在这个迅速变化的世界中，管理者不应该仅仅是任务导向的领导者，他们必须能够理解员工的情感状态，管理员工的情感，建立共同的愿景和目标。在这里，我们强调的是共同的愿景，而不是领导者个人笃信不疑的愿景，即使是在商业上取得巨大成功的领导者，也不能再将自我的价值观和目标通过说服或强加的方式加诸组织和群体，除非这个愿景是全体成员能够清晰感知和理解并心甘情愿为之奋斗的。

▣ 思考与启示

思考 1：从管理学发展的角度，
如何看待“996”事件的群体和社会反应

启示一：“90 后”不是赤手空拳来“治理”职场的，他们自带技术而来。

2019 年 3 月 27 日，一个名为“996.ICU”的项目在 GitHub 上流

传开来，其内涵为“上班 996，生病 ICU”。GitHub 是程序员常用的一个代码托管网站，在这个网站上，程序员可以看到当下最流行的开源项目。“996.ICU”刚一发布，就成为最受欢迎的项目，程序员纷纷给这个项目加星（加星是程序员们对一个开源项目表示肯定或者支持的方式）。面对内敛而严谨的程序员，能够获得几百个加星就是不错的项目了，而“996.ICU”在发布三四天后，获得的加星数已超过 10 万。发起人呼吁将实行超长工作制度的公司写在“996 公司名单”中，一个个互联网头部公司纷纷上榜。2019 年 12 月 2 日，“996”入选“2019 年度十大网络用语”名单。

“996”事件表明，在情感经济时代，传统的管理秩序正面临巨大的冲击。原有的自上而下的管理与服从的模式发生了变化，技术赋予了所有人一定的话语权，员工可以更容易地表达自己的观点和意见，可以通过社交媒体和其他在线平台迅速、广泛地分享自己的看法、体验和建议。这使得员工的声音更容易被听到，并迅速在社交网络中传播，从而形成一种类似于“民声民意”的声音。技术的使用使员工的呼声更具有影响力，并使他们以这种独特的形式参与到组织甚至行业的决策过程中，也带动和引领主流媒体将之作为时事热点进行关注。技术的发展为员工提供了更多参与和影响组织决策的机会，使组织的管理模式从传统的命令与服从模式转向更加开放和民主的模式。组织需要适应并积极回应这些声音，以建立更具开放性和互动性的企业文化。

启示二：关注新生代正在发生变化的工作价值观。

“996”指工作时间从早上 9 点持续到晚上 9 点，一周工作 6 天，代表着互联网企业盛行的加班文化。2014 年前后，移动支付、O2O、共享经济，一系列风口同时爆发，也正是在这一时期，“996”开始流行。最初，舆论对此态度偏肯定，它们将 996 的互联网行业与 965 的传统 IT 业进行对比，鼓励传统IT人抛弃旧观点，拥抱互联网，并认为“对于奋斗者，这种工作方式可谓正常，付出努力不一定成功，但是成功都是需要付出努力的”。仅仅过了5年，2019年，大批“95后”涌入职场，新生代的“奋斗观”也就是工作价值观发生了全新的变化。如果说“70后”把勤勉工作、苦尽甘来视为理所应当，“80后”把协作礼让视为行事准则，那么“90后”尤其是“95后”，他们对自己的所欲所求更加清晰。有研究显示，新生代的工作价值观包括了功利导向、内在偏好、人际和谐、创新导向、长期发展等方面：功利导向是指新生代员工在工作中渴望获得物质回报，并重视工作投入与产出的比值；内在偏好是指新生代员工对工作本身的特征与内容的认知和偏好，会选择符合个人兴趣、有价值的、重要的、有趣的、有弹性的工作；人际和谐是指新生代员工重视工作场所内和谐的人际关系，具体包括高质量的上下级关系、融洽的同事关系和平等的团队关系；创新导向是指新生代员工追求生活多样性，喜欢新鲜感，对新事物和新知识有较强的接受能力，注重获取网络信息；长期发展是指新生代员工看重行业、组织以及个人的发展前景，期望获得良好的晋升机会和职业发展空间。

新生代员工不仅拒绝“996”，也拒绝因为不“996”而被贴上“混日子”和“不奋斗”的标签，即便是那些在商业上获得了巨大成功的人也不能左右新生代员工选择自己认同的工作方式。各大主流媒体也站出来给予新生代员工更多的理解和支持，《人民日报》有一段述评：“对996有争议，并不是不想奋斗、不要劳动……没有人不懂‘不劳无获’的道理。但崇尚奋斗、崇尚劳动不等于强制加班。苦干是奋斗，巧干也是奋斗；延长工时是奋斗，提高效率也是奋斗……强制推行996，不仅解决不了企业管理中‘委托—代理’难题，也会助长‘磨洋工’的顽疾。”

正视新生代的真实诉求成了情感经济时代组织管理的重要议题，对“70后”和“80后”管理者来说，“90后”“95后”已经成为人数众多的

“内部客户”，放下驯服的习惯性努力，深入理解时代的变化和新生代的内在需求，先跟后带，真实融合，才能发挥新生代的价值。

启示三：新生代需要情感导向的领导者。

在情感经济时代，人们在工作和生活中越来越注重情感和人际关系，组织需要创造积极的工作环境，鼓励员工与组织建立深层次的情感联结，管理者不仅仅是任务导向的分配者和协调者，更是职场关系的联结者和情感生态的创造者。他们将越来越意识到，如果要获得部门或组织的整体绩效，就必须关注员工与组织的心理契约。心理契约是指那些没有在书面合同中明文规定或无法明文规定，而每个员工自己心里都有的标准，当员工感到组织没能履行心理契约或违背心理契约的时候，常常会通过降低工作努力程度来保护自己的利益，从而在心理上达到交换关系的平衡。心理契约是一个隐性的变量，需要管理者通过理解新生代员工的心理诉求来实现管理。新生代员工更倾向于在工作中找到个人的使命感和意义感，情感导向的管理者可以通过明确组织的目标，强调员工的贡献，采用平等、开放的沟通方式，与他们建立更加紧密的联系，并通过建立良好的沟通渠道，更好地了解员工的期望，提高团队凝聚力。通过采用情感导向的管理风格，管理者能够更好地满足新生代员工的期望，建立信任，提供支持，建立积极的工作环境，提高员工的投入度和工作满意度。

在管理个体动机和决策方面，心理学中有一个期望理论（expectancy theory)，由心理学家维克托·弗鲁姆于 1964 年在《工作与激励》中首次提出。这一理论能够比较清晰地解释影响人们动机的几个核心要素。弗鲁姆认为，人们采取某项行动的动力或激励力取决于其对行动结果的价值评价和对达成该结果可能性的估计。

期望理论的基本公式是 $M=V\times E$。

M：激励力，指调动一个人的积极性，激发人的内在潜力的强度。

V：效价，指某项活动满足个人需要的价值的大小，或某项活动吸引力的大小，其变动范围为 -100 ～ 100。

E：期望，指一个人根据经验判断的某项活动带来某一成果可能性的大小，以概率表示。

期望理论的核心观点是，人们会选择那些他们认为最有可能导致期望结果的行为，要激励员工，就必须让员工明确：①工作能提供给他们真正需要的东西；②他们欲求的东西是和绩效联系在一起的；③只要努力工作就能提高他们的绩效。

在这个迅猛发展的情感经济时代，新生代正面临前所未有的机遇和挑战。他们是数字革命的产物，生活在信息泛滥的社交媒体世界中，同时承受着全球性的社会、环境和经济压力。在这个多元化的世界里，理解当代年轻人不同于他们的祖辈和父辈的差异化效价，找到个体目标与组织愿景的连接点，持续地同步和整合，并据此来设计业务及管理结构，为年轻人提供实现目标的平台，使其积累成功的经验及获得良好的体验，是现今的管理者需要关注和提升的技能。

◈ 案例 1

13 岁的孩子就“躺平”了吗

柯先生是一位科学家，也是一个科研部门的负责人。尽管他研究的是尖端领域，并带领了很多攻坚课题组，但他对自己的儿子小柯却越来越看不懂了。柯先生在小柯两岁时与妻子离异，几年后两人又各自组建了新家庭。小柯三岁时被送到爷爷奶奶家，上学后就读于国际学校，常年住校。尽管并不经常见孩子，但柯先生为儿子提供了优渥的学习和生活条件。不知不觉小柯就长大了，今年已经 13 岁了，长成了一个大个头，性格偏内向，在人面前懂礼貌又少言寡语。小柯的学业不错，外人经常对小柯赞不绝口，柯先生也发现自己越来越喜爱儿子，但在心里，他对小柯既有担忧也有困惑，他觉得小柯整天蔫蔫的、无精打采，而且显得非常的孤单，做什么事情都没有主动性和动力。柯先生决定送他去国外读高中，小柯的外语考试考得不错，顺利通过了，上个月柯先生为他办理好了入学手续，但让他感到不满意的是，小柯丝毫没有表现出年轻孩子该有的兴奋和热情，对长辈的付出也没有任何感恩的表现，这让柯先生感到焦虑，觉得孩子 13 岁就“躺平”了，以后怎么办？想当年，柯先生大学毕业后，好不容易争取到出国留学的机会，当时兴奋和激动的心情如今还能回想起来。柯先生搞不懂现在的孩子，也搞不懂自己的儿子，他与咨询师交流，希望能让孩子更有动力。咨询师问身为科学家的柯先生：“你搞科研感到有成就，培养一个孩子感到有成就，那你的儿子小柯，他认为自己做了什么事情是有成就感的？”柯先生感到很意外，因为他从未考虑过这个问题。

解析

评估留学对小柯的激励力

按照期望理论的公式，留学对小柯的激励力（M）的强和弱，首先取决于其效价（V），即出国留学这件事情对小柯的吸引力。人们做一件事情通常有两个预期，一是快乐预期，二是成就预期。对一个平常被呵护备至的 13 岁偏内向的孩子来说，出国留学将面临陌生环境带来的不安和忽然独立带来的无所适从感，会影响孩子对新生活可能带来的快乐预期。小柯的成就预期取决于小柯对留学可能带来的价值的理解，与柯先生在科学方面的造诣所带来的成就感以及柯先生当年留学意味着成为凤毛麟角的人才不同，对于小柯所在的城市和学校，出国留学已经成为自然而然的普遍选择，出国留学本身的成就感被弱化，按照父亲的安排出国留学的小柯，需要找到自己内在的价值评价。留学对小柯的激励力（M）还取决于期望（E），即努力之后可能达成成果的概率。如果小柯一直被灌输的观念是，他目前的一些成果都是依托父亲的照顾获得的，那么，他会认为离开了父亲他有多大的概率获得成就？小柯会有这种自我期待吗？

以 $M=V\times E$ 的公式，如果小柯没有对出国留学的价值期待，那么小柯的 V 就是 0 分，小柯对自己达成父亲的期待的可能性的判断是负数，且没有自我期待，E 暂且记为 −20 分，那么，留学对小柯的激励力 $M=0\times(-20)=0$，也就表现为柯先生所描述的“蔫蔫的”“无精打采”。

了解小柯的情感世界

从柯先生的描述中，我们可以看到，小柯从小的养育环境是隔代教养，之后又上的是寄宿学校，他对母亲的感觉是陌生而模糊的，对父亲的感觉是疏远而有距离的。小柯的个性特质偏内向，这使他在获取同伴的友谊和与小伙伴的游戏方面从数量到质量都会偏低。柯先生也观察到孩子“非常的孤单”。从神经递质的角度，小柯获得快乐与能量的渠道并不足够，小柯高兴不起来，不是态度问题，而是精神营养问题。

在咨询中有大量的样本显示，很多单亲家庭的孩子会有一种生存愧疚感，即觉得是因为自己不好父母关系才出现问题的，或自己不值得父母为自己做出妥协。从小和老人生活在一起的孩子，在真实地表达自己方面也会遇到一些困难，因为老人更关注的是孩子安全地长大，而更少与孩子游戏和对话。有生存愧疚感的孩子通常会表现得漠然或者讨好，缺乏自然而然地表达感恩的能力。

关注小柯的能量水平

在调整小柯的“效价”和对结果的信心之前，首先要关注小柯的能量水平。整体看来，小柯处于一种低能量状态。对于一个青春期阶段的孩子，通过与伙伴的联结而在群体中确立社会身份，从而对自我有更多的觉知与认同，这是成长的必经之路。同时，与小伙伴之间的游戏与互动，能够增加快乐的体验，进而提升能量水平。所以，要鼓励、引导小柯以自己的方式，发展与同伴的友谊。同时，也需要了解，不论父亲为孩子提供了多么优渥的环境，谋划了多么远大的未来，都不能从根本上取代父亲与孩子近距离多维度的交流。13 岁的小柯需要建立或者恢复与父亲日常的对话与交流，因为父亲在男孩子的成长中扮演着多重重要角色，从情感支持到行为示范，父亲可以培养他们社交技能和人际关系方面的能力，帮助他们建立健康的友谊、解决冲突和与他人合作。父亲还能够引导他们建立健康的性别认同，这些对他们的综合发展和成长具有深刻的影响。父亲的积极参与和支持可以为男孩子的成长提供坚实的基础。

调整小柯的 V 与 E

调整小柯的 V 与 E，要从小柯的长处入手。从柯先生的描述中，我们看到了小柯具有很多的长处，或者说是优点。对孩子表达并强调这些优点，积极地认可和赞美孩子会给孩子带来积极的情感体验，如喜悦、满足和幸福。这些积极的情感体验可以提高孩子的快乐感，使他们更愿意主动参与学习和社交活动。积极的反馈还有助于孩子建立自信，使他们感到自己有价值和被重视，促使他们更加努力地追求个人和学业目标，发挥自己的潜力，因为他们相信自己有能力成功。

发现和发展小柯的主动性，就要以小柯作为主体，了解小柯到底在意什么、什么对小柯来说是有价值的，小柯看重什么、喜欢什么。如果你为孩子做的事情是你在意的而不是孩子在意的，那么，孩子很难产生发自内心的感恩之情。对小柯来说，科学家父亲可能是自己无法逾越的一座高峰，父母的优秀是精英家庭中孩子产生无力感的一个重要原因。按照柯先生设定的轨迹，小柯对结果达成的概率，即 E 的信心会严重不足，所以，只有找到小柯在意的 V，按照小柯自己的轨迹，才有可能提升成功的概率 E。只有当小柯为自己认为有价值的事情奋斗，并设定具体可评估的可能达成的目标时，他才能够提升主动性，并积极地投入其中。

对一个13岁孩子来说，我们不能轻言他已经“躺平”了。对小柯来说，更可能的是属于他自己的人生还没有真正开始。他还没有做出自己的决定。

> “请你告诉我，我该走哪条路？”爱丽丝说。“那要看你想去哪里？”猫说。“去哪儿无所谓。”爱丽丝说。“那么走哪条路也就无所谓了。”猫说。
>
> ——刘易斯·卡罗尔，《爱丽丝漫游奇境记》

高管老王遇到的困惑与柯先生相似，只是小柯对父亲是服从的，表现出来的症状是无力感，而小王则是反叛、愤怒、抵触。17岁的小王在高二时决定不读书了，他说即便考上大学也达不到父母和他自己的期待。在咨询室里，父子展开了一场对话。老王说他们那时候都是从村里走路到县里去上学，他在那种恶劣的条件下考上了名校，毕业后到北京工作，在人生地不熟的情况下打下了一片天地，人如果没有一股打拼的劲儿怎么能行？小王现在什么条件都很好，目前就读的中学有名气，能住宿，学校条件好，升学率也很高，只要安安心心读书就可以了……小王打断了老王说：“所以老王家有你一个就够了，我们其他人不需要那么努力了。”老王和小王的谈话，没有激发孩子的效价，甚至在小王看来，老王更像是在炫耀自己的成就。17岁的小王五年以后将会进入职场，成为“老王们”的部下，这些职场新人对“老王们”的励志教诲的反应，在“老王们”看来就是“躺平”。生存是本能的需要，而发展需要动力牵引，从活下来到活得更好，在跨越“60后”“70后”“80后”“90后”“00后”的现代的职场中，需要激发的是差异化的效价。“90后”和“00后”是在物质高度丰富的环境中长大的，他们面对的不再是对一块面包的刚性需要，而是有限的胃和无限的食物之间的矛盾，食物的过剩限制了他们对贫穷的想象，“不朝九晚五地工作就没有饭吃”不再是他们所坚信不疑的信条。

在情感经济时代，组织的管理日趋复杂，对管理者不仅理事还要管人的要求进一步提高，管理者不仅管理人的行为，还要管理和协调人与人的关系、人与机器的关系，不仅对当下的绩效负责，还要能够激发士气，应对不确定性的挑战。

领导新生代员工需要升维认知水平，培养管理者的愿景力是一条有效的路径。具有愿景力的管理者能够帮助新生代员工在快速变化的环境中找到方向，发挥潜力，应对挑战，促进创新，同时，有愿景力的管理者具有更加开放与包容的胸怀，能够促进多元化和包容性的职场文化的建立，这有助于激发“90 后”和“00 后”员工差异化的效价，从而使他们获得职业成长和发展。

陈部长的困惑是部门有一位“90 后”骨干员工，工作能力、才华和投入度都很出众，但陈部长一直隐隐地担忧，因为他听说这个员工的家境富裕，在他看来，一个不缺钱的员工工作动力是难以持久的，而且不可控。这种刻板印象具有一种普遍性，并且由来已久，我们可以追溯到泰勒的科学管理的基本思想，它构筑在纯粹的外在动机理念基础之上，认为工人们最想从他们的雇主那里得到的，无非是高工资，在这样的假设下，组织就成了一部员工借以获得高工资的机器。

而在组织是一个生命体的框架下去思考，生命体具有情感和认知需求，在刚需获得满足后，也就是在满足了生存的需要后，人与动物最大的不同在于人的大脑具有主动性与创造性的需求，人能够在自然界中实现自己的目的，并使自己的意志从属于这个目的。蜜蜂是自然界神奇的“建筑师”，它建造的蜂巢外表呈正六边形，这种结构密合度最高，所需材料最少，可使用的空间最大，其结构各方向受力均等，而且容易分散受力，因而能承受的冲击力也比其他结构大。马克思说：“蜜蜂建筑蜂房的本领使人间的许多建筑师感到惭愧。但是，最蹩脚的建筑师从一开始就比最灵巧的蜜蜂高明的地方，是他在用蜂蜡建筑蜂房以前，已经在自己的头脑中把它建成了。劳动过程结束时得到的结果，在这个过程开始时就已经在劳动者的表象中存在着，即已经观念地存在着。”

通过劳动实现自己创造的目的，这是在生存的需要已经得到超量满足后，一代又一代人还需要继续工作和奋斗的原动力。“95 后”和“00 后”一代是数字原生代，他们拥有巨大的技术和创新潜力，有愿景力的领导可以鼓励他们发挥创造力，并为之提供自主性和创造性机会，让他们参与有挑战性的任务和项目，鼓励他们发展新的技能和知识，并确保他们了解行为和努力如何与实际结果相关，通过提供反馈、培训和发展机会来激发新生代的差异化效价。而在此之前，组织要完成的一个必选动作是，培养“陈部长们”带领和管理不再为贫穷而工作的下属的能力，从而共同实现组织和个人的愿景。

开启五感情境管理模式

如果说组织是一个生命体，那么管理者就是这个生命体的大脑。大脑的运行非常精密，我们的身体与外界全面接触，收集信息，将信息及由信息刺激引发的感受一并反馈给大脑，大脑做出判断，发出指令。

计算机仿造人脑的功能进行信息加工，在信息的存储、再学习和加工方面，计算机已远胜人类的大脑，但计算机目前依然是冰冷和无感的，因为它没有人类的五感：视觉、听觉、嗅觉、味觉、触觉。无感和五感，区别了人工智能和人类，感觉和感受是情感加工的重要原材料。拥有五感，意味着人类可以更灵活地感受当下，动态地反应和判断，做出与情境相符的反馈和决策。

对人类的组织来说，人们越来越意识到，有效的领导取决于情境、被领导者的状态和领导者的行为三者的相互作用。行为学家保罗·赫塞与肯尼思·布兰查德共同提出了情境领导理论。情境领导理论认为领导的有效性是领导者、被领导者、环境相互作用的函数。情境领导是以被领导者为中心的领导实用技能，它根据情境的不同，通过对被领导者准备度的判断，帮助领导者适时地调整自己的领导风格，达到实施影响的最佳效果，从而使领导者带领员工取得良好的工作绩效，提高下属的满意度，并实现团队成长。

◈ 案例 2

新人是如何陷入“习得性无助”的

小丽是一名新员工，入职四个月了，每天晚上九十点钟才能下班。小丽描述目前的状况：感觉有做不完的事情，像陀螺一样停不下来，感到“压力山大”，工作中越怕出错就越出错，觉得自己好失败，什么事都做不好。小丽完全接受不了自己的这种状态，每天都不快乐，经常以泪洗面，并且出现了严重的失眠。觉得快受不了了，只想认输辞职或调换部门，但她知道调换部门不容易。小丽说，因为从小到大一直都挺顺利，所以觉得只要自己努力基本上就能得到想要的结果，但没想到职场的情形完全超出想象。每天拼命工作，却看不到摸不着结果，关键是领导还有诸多的不满意。小丽觉得这不是她想要的生活，很后悔当初没有听父母的话找一个轻松稳定的工作。现在看来真的是应了那句话“不听老人言，吃亏在眼前”。小丽想，可能需要降低对自己的要求，接受自己是一个能力有限的人。但目前最困扰她的还是她的工作产出永远达不到领导的要求。

情境领导模式将员工的准备状态分为四个阶段：第一阶段员工没能力，没信心；第二阶段员工没能力，有意愿且自信；第三阶段员工有能力，没信心；第四阶段员工有能力，有意愿且自信。从案例2的描述中我们可以看到，小丽初入职场时，尽管经验和能力不足，但小丽自诉“觉得只要自己努力基本上就能得到想要的结果”，她不想过父母为她安排好的平稳的生活，希望通过打拼实现自己的生活愿景。所以，初入职场的小丽的准备状态应该是在第二阶段，没能力，有意愿且自信。不幸的是，经过了几个月的努力，小丽的准备状态没有从第二阶段进展到第三阶段，而是退行到了第一阶段，不仅没有增强工作能力，反而丧失了自信心，表现为“想认输”“经常以泪洗面”“后悔当初没有听父母的话”，并想逃离现在的岗位。

“习得性无助”是一种心理状态，通常用来描述一个人感到无法控制自己的生活或环境，从而失去了对未来的信心和动力。这种状态通常会导致一个人变得消极、沮丧，逃避问题或无法积极寻求解决办法。当代互联网文化中的流行语“躺平”是应对习得性无助的一种方式，当人们感到无力改变自己的处境时，就会失去掌控自己生活的信心和动力，从而不再愿意追求进步或承受更多的压力。“躺平”不仅会导致职业和个人发展的长期停滞，还会带来相应的心理健康问题。

▣ 思考与启示

思考2：案例2中小丽的领导如何做才能帮助小丽再次“习得性积极”

启示一：关注小丽的情绪状态，防控心理风险。

首先要关注小丽的情绪状态，目前小丽的情绪呈现出了一些心理风险的信号，比如以泪洗面、严重失眠，以及人际互动问题，他人的否定内化成对自我的否认，这些状态都指向了抑郁情绪。如果长时间处在抑郁情绪中，可能导致心理危机，这时候尤其需要高度重视睡眠问题，所有的精神疾病都会表现在睡眠上，要了解小丽目前失眠的严重程度。社会适应和职场适应的过程容易引发心理健康问题，目前小丽的管理者要做的第一步是止损，使小丽的情绪状态不再继续下滑。管理者要积极关注并鼓励小丽采用恰当的方式进行调节，必要时可以寻求专业的心理帮助，及时防控可能出现的心理风险。

启示二：了解并区分“挑战性压力”和“阻碍性压力”。

挑战性压力是一种能够激发和激励个体采取积极行为和提高适应能力的压力。在面对挑战性压力时，个体会感到兴奋、专注和有动力，他们会将困难视为机会，抱有积极的心态，认为自己有能力克服困难，发挥潜力，并从中获得成长。阻碍性压力是一种被认为会对个体产生负面影响，妨碍个体达到目标的压力。这种压力被视为阻碍个体前进的障碍。在面对阻碍性压力时，个体会感到沮丧、疲惫和失望，他们会认为困难是不可逾越的，对工作或目标态度消极，甚至影响到健康和幸福感。从小丽目前的感受和情绪反应中，我们可以看出小丽面对的是阻碍性压力。

阻碍性压力的产生与管理者的领导风格和管理方法密切相关。如果团队没有为新员工提供工作所需技能的培训，而且管理者过度要求员工，使其承担不切实际的目标和任务，可能会导致员工感到不堪重负。新员工常常需要应对多重而相对琐碎的工作，这些工作比较单调和重复，达成的标准不易量化，如果管理者对工作产出有完美主义倾向，或者批评和否定的管理风格占主导，会使新员工时刻都有挫败感；加之有些管理者不注重团队建设，不恰当地处理团队内部冲突，使工作氛围偏负向，可能会导致员工不愿合作，增加阻碍性压力。

在工作和生活中，理解和管理这两种压力对于个体的心理健康和工作绩效都至关重要。个体在面对压力时可能会体验到两种压力的组合，一些人能够将阻碍性压力转化为挑战性压力，通过采取积极的心态和适应策略来面对困难，而大多数职场新人缺乏应对压力的基本素质和能力，管理者需要努力创造一个支持性和激励性的工作环境，提供适当的支持和资源，关注员工的发展需求，并避免制造可能导致阻碍性压力的情境。挑战性压力有助于激发员工的潜力，提高工作满意度和绩效水平，一些优秀的管理者提供了这方面的示范。他们鼓励员工参与培训和学习，以提高员工的技能和知识水平。他们了解员工的能力水平，为员工提供适度的挑战，设定有挑战性但可实现的目标，并提供定期和及时的反馈，帮助员工了解自己的表现。这些方法能够使新员工充满动力和成就感。这些管理者鼓励员工分享新的想法和解决问题的方法，使其感知并参与决策的过程，增强责任感。他们通常很注重团队的合作和协作，努力创建一个能够共同面对挑战的团队氛围，设定共同的目标，使整个团队都能在挑战中获得成就。

启示三：开启五感情境管理模式，看见自我动力与努力。

管理者开启五感情境管理模式，可以打破一些固有的管理方法和对员工工作行为的固定认知，通过更深入地体验和感知工作环境和环境中的新人，管理者可以从只关注任务到打开多维视角，获得更多的有关职场日新月异的变化的信息，从而对认知事物产生积极影响。开启五感可以为管理者提供更真实地了解员工的途径，通过面对面交流，管理者能够更全面地感知员工的状态、需求和情感。

案例2中小丽的管理者在与小丽的交流中，首先要看到她的努力，听到她的渴求，了解她的自我期待，在交流中通过看见、听见等感知，充分理解小丽自我动力的源泉，也理解她在面对自我期待与现实之间的落差时，容易沮丧和自我否定。倾听能够激发表达，而表达渴望又能够创造积极情绪，通过交流，启发小丽过去的成功经验，并帮助她量化自我期待，制定与环境相匹配的目标，从渐进的一小步开始，逐渐重新获得掌控感。

一位女性高管在一次“开启五感情境管理模式”的课堂上，分享了自己的一个经历。她毕业于国内一所非常著名的大学，在一次商务活动中，她遇到了一位小校友，校友很热情，知道她喜欢跑步，就马上把她邀请进了一个校友跑群，并特别强调这个跑群只接纳本校本科毕业的校友，因为这样“血统更纯粹”。当时她听到这句话时，感到怪怪的，但也没有多想，反正也是跑步，“独跑跑不如众跑跑”。加入跑群后，她每周按要求跑步打卡，觉得有一份承诺和约定在，运动的确规律了很多。跑群里的跑友除了介绍她入群的小校友之外，她都未曾谋面，但因为校友加跑友的关系，每天看到大家的动态，她内心依然感到亲切和快乐。加入跑群半年后的一天，她身体不适，去医院检查出来一个并不轻的疾病，很快就住院做手术了。手术前，她在处理手中紧急的事情时，还没有忘记在跑群里请了一个假，因为按照跑群群规，在没有请假的情况下两次不按时打卡将被“抱出群”。但在半个月之后，还在养病中的她还是被“抱出群”了，因为她忘记了另一条群规——每次请假只管半个月，如果没有及时续假，还是会被视为违规。之后，她收到一条信息，说鉴于是第一次违规，她还有机会申请再次入群，但是她已经完全没有意愿了，因为在她看来，跑步的同好群的价值和作用，恰恰是在遇到困难时不抛弃、不放弃，彼此鼓励前行，而不是身份的象征或另一种绩优的考核。

在“开启五感情境管理模式”的讨论中，她自然而然地想起这件事情，并明白了自己在入跑群时听到“血统更纯粹”这句话时内心的不适感来自哪里，那是一种“精英式”的居高临下的优越和拒绝。这似乎也解释了何以很多毕业于名校或者有一定社会地位的人，他们的子女尽管有很好的受教育基础、优渥的物质条件，但无法正常完成学业，处于一种“习得性无助”的状态。

“精英式”的思维模式有一些基本的公式，比如“如果你优秀，你就应该……”“如果你做到了，就要一直做到……”“不优秀，毋宁……”

等，这些论调她很熟悉，一度也不知不觉地将其视为理所当然的人生逻辑，但当她逐渐开启了自己的五感，去看见、去听到、去触摸、去感知这个世界不同的人群，与他们的看见和听见交互时，她体悟到了人是互赖的温暖群体，不是冷漠机械的精算仪器。

“那你期待加入的是怎样的一个跑群呢？”“开启五感情境管理模式”训练班的老师问她。

“能够理解每一个人可能处在不同的困难中，看见他们在困难中的努力，并在心中为他们加油。”她回答。

> 你所能尽的力并不是时时都一样的。健康的时候，你能尽的力比生病的时候要多。只要你在任何情况下都尽力而为，你就不会在事后懊悔、自责或自我审判。
>
> ——《四个约定》

在情感经济时代的组织管理中，开启管理者的五感变得格外重要。神经科学和心理学方面的研究表明，人类的大脑很容易产生认知惰性，这是因为大脑在处理信息和决策时会消耗大量能量，为了提高生存效率，大脑会尝试在一些日常活动中建立习惯，从而节省能量。当一个任务变得熟悉时，大脑可以以更低的能量成本执行它，而无须反复思考每一个步骤。尽管大脑具有可塑性，但一旦大脑建立了某种思维模式或行为习惯，再建立新的神经连接和模式就需要时间和努力。在某些情况下，快速做出决策和行动是至关重要的，因为这样可以增加生存机会，而快速决策时，大脑会倾向于依赖已建立的思维模式和行为习惯。所以，从某种角度来说，我们这个时代对速度的渴求反而成为利用大脑的可塑性产生新思想和创新行为的限制因素，这就是我们所说的“快就是慢”。

开启五感可以帮助我们改变大脑的认知惯性。这些感官的刺激可以促进大脑活动，并有助于创建新的神经连接和思维模式，从而打破僵化的思维模式和行为习惯，以确保大脑保持灵活性和适应性。在管理团队的过程中，管理者可以通过开启自己的五感来提高感知和决策能力，更好地理解员工和情境，提升领导行为的有效性。

20 世纪初，美国工业心理学家埃尔顿·梅奥主导进行了霍桑效应的研究，这个在芝加哥西郊的霍桑工厂进行的实验最初的目的是探究工作环境和生产效率之间的关系，通过照明实验研究光照对工作效率的影响。

在实验中，研究人员逐渐调整实验组工作场所的照明水平，以查看是否会影响工人的生产力。实验结果显示，不论是是否调整照明水平，工人都表现出了工作效率的提升。这一观察导致了研究者对员工心理和情感状态的进一步研究。实验中的研究人员逐渐加大了对工人的观察力度，他们记录工人的工作方式、休息时间和工作绩效，并与工人交流以了解他们的感受。这种积极的关注使工人感到他们受到了重视。接下来，研究者不断改变工作条件，例如工作时间、休息时间、休息室设施等，以观察工人的反应。他们还进行了定期的工人访谈，以了解工人对这些变化的看法。在实验过程中，工人被鼓励参与决策，如制定工作时间和休息时间的安排，工人的参与程度逐渐提高。在实验结束后，工厂的工作效率得到了普遍的提升。

这个在 100 年前进行的实验，已经发现在对人的激励方面，人的眼睛的热度胜过人造出来的电灯发出来的亮度，看见就是力量，只要被看见就会激发出一种力量，而被听见能够带来主动参与和自我负责。当员工被看见、被听见时，动能及协作的愿望和行为会被大大地激发。

心理学中还有一个著名的实验被运用到开启管理者五感能力的训练中。20 世纪 50 年代末，美国威斯康星大学动物心理学家哈里·哈洛做了一系列实验，这一系列实验通常被称为“恒河猴实验”，主要是研究依恋行为以及早期环境对灵长类动物心理发展的影响。研究者将刚出生的恒河猴幼崽从母亲身边带走，放入一个笼子中，并用两个代母猴替代真母猴。这两个代母猴分别是用铁丝和绒布做的，实验者在“铁丝母猴”胸前特别安置了一个可以提供奶水的橡皮奶头，按哈洛的说法这就是“一个柔软的、温暖的，可以 24 小时提供奶水的母亲”。

令人惊讶的事情发生了：尽管“铁丝母猴”提供了生存所必需的食物（奶水），但幼猴们几乎总是选择与“绒布母猴”待在一起，甚至在饥饿时也只是短暂地前往“铁丝母猴”处吃奶，之后便迅速返回“绒布母猴”的怀抱。这一发现揭示了接触安慰（touch comfort）对于幼猴的重要性远超过单纯的食物供应，颠覆了“有奶便是娘”的说法，而是“有暖才是娘”。

研究者进一步发现，由“绒布母猴”抚养大的猴子性格孤僻，不能和其他猴子一起玩耍，甚至性成熟后不能进行交配。哈洛又做了一个实验，他制作了可以摇摆的“绒布母猴”，并保证新一批的幼猴每天都会有半小时的时间和真正的猴子在一起玩耍，这样哺育大的猴子基本上正常了。

哈洛等人的实验研究结果证明了爱存在三个变量：触摸、运动和玩耍。

心理学的研究发现给了我们很多有意义的启示。比如，父母对孩子的养育不能仅仅停留在喂饱层次，要使孩子健康成长，一定要为他提供触觉、视觉、听觉等多种感觉通道的积极刺激，让孩子能够感受到父母的存在并且获得安全感。

结束“开启五感情境管理模式”训练营后，高管苏苏决定开始面对女儿带给她的困惑。苏苏和丈夫都是博士，苏苏是企业高管，丈夫搞科研，两人平时工作都很繁忙，好在女儿懂事听话，也不黏人，让人省心。女儿今年 16 岁，在学习上好像完全没有继承父母的禀赋，成绩一直平平。苏苏说，她和丈夫是接纳这一点的，并经常安慰女儿不要介意，他们在学习方面对她并没有过高的要求。苏苏没有留意女儿的情绪状态是何时发生变化的，大概在半年多前的一天，女儿突然情绪激烈，崩溃大哭，到医院心理科检查后，被诊断为中度抑郁症。苏苏很吃惊，也百思不得其解，她觉得自己和丈夫从来都没有给女儿什么压力，女儿怎么会抑郁呢？从那天开始，女儿已经半年没有回到学校上课了，一边治疗一边自己在家里看书，没有再发生情绪失控的情况，家里似乎又恢复了平静。苏苏和丈夫一如既往地忙碌，不同的是现在苏苏上班时总会隐隐地觉得惶惑不安。

在“开启五感情境管理模式”训练营的几天中，苏苏的脑海里不停地出现女儿那张懂事的小脸，她突然发现，自己不了解女儿在想什么、喜欢什么、害怕什么、在意什么。苏苏意识到，自己看似无条件的接纳中似乎有一种忽略。回到家中，她开始有意无意地观察女儿的面部表情、走路姿势和眼神。她下班的时间也比以前早了很多，有一天她进家门时，看见女儿正在窗户边上浇花，一回头看见她，就对她笑了。那一刻，她发现女儿已经是一个好看的大姑娘了。几天以后，苏苏带着女儿走进了心理咨询室，当屋子里只剩下孩子和咨询师两个人时，咨询师刚说了一句“你妈妈很关心你”，孩子一下子就哭了，她说，“我妈妈早就放弃我了……”。

苏苏的女儿和案例 2 中的小丽，两个女孩子看似个性不同、处境不同，但有一点是相同的，她们都渴望被看见和被听见，希望有人看见自己的努力，看见自己的价值，听见自己的渴求。苏苏和所有的管理者一样，尽管他们在职场中表现出来“三头六臂”，但他们依旧是生活中的普通人，有血肉之躯的脆弱和对幸福的家庭生活的期许与责任。“苏苏们”在成为职场任务的主力军的过程中接受了多种技能训练，也以同样的方式训练了很多可以胜任不断变化的职场环境的劳动者，但他们恰恰缺乏的训练是，通过开启自己和他人的五感，提升情绪认知力和情感联结力，从而掌握领导力的精髓——在特定的情境中，对特定的追随者发挥应有的影响力。

一些在组织管理创新方面走在前列的企业，已开始将开启团队五感作为提升组织士气的一项举措。2021年疫情期间，一家央企采用“开启五感情境管理模式”训练营中的谈心谈话工具，组织203位管理者对1448位员工进行了一对一谈心谈话，收集困扰员工的问题共计883个，访谈后协调解决员工问题522个，剩余361个问题通过安全健康部门、工会、人力资源部和EAP协调资源以提供帮助。

管理者的谈心谈话技能训练和开启团队五感之间存在密切关系，管理者通过倾听，理解员工的需求，在关注员工的同时激活员工的视觉、听觉和触觉感知，这种情感联系有助于提高员工的工作满意度和忠诚度。

在谈心谈话中，管理者倾听员工的声音、问题和建议，鼓励员工分享他们的想法和感受。这有助于营造开放的沟通氛围，促进员工积极互动和表达自己，员工感到他们的声音被倾听和被尊重，从而激活了听觉感知。谈心谈话不仅仅是语言沟通，还包括非语言沟通，如面部表情、姿势。管理者的非语言沟通可以激活员工的视觉感知，因为员工会根据管理者的肢体语言和表情来感知情感和态度。通过建立亲近的关系和情感联系，管理者可以激活员工的触觉感知，握手、拥抱或亲切的姿态传递的善意会让员工感到被尊重和被关注。

一些企业采用了“开启五感情境管理模式”的日常解决方案之一“CEO工作午餐会”的设计，每月每地有一个中午，员工可自愿参加有CEO参加的自助简餐，其间可就自身关注的组织问题或困惑向CEO提问并交流互动。这种活动有效地促进了员工与管理者建立更紧密的关系，同时也有助于开启团队的五感。

在工作午餐中，CEO可以与员工进行面对面的互动，这种视觉接触有助于与员工建立更亲近的联系，因为他们能够亲眼见到CEO真实与务实的存在，领导的面部表情和姿势也可以传递情感和关怀。工作午餐提供了一个场所，领导与员工可以互相倾听彼此的声音，了解彼此的观点和想法，这有助于员工更好地理解公司的愿景和目标，同时也为他们提供了一个表达自己看法的机会。面对面的互动、近距离的接触激活了触觉感知，增进了情感交流。而工作午餐的食物和饮料可以激活参与者的味觉和嗅觉感知。与此类似的社交互动和庆祝活动都能够在激活团队成员的味觉和嗅觉感知的同时，增进团队文化建设和凝聚力。

> 若要优美的嘴唇，要讲亲切的话；若要可爱的眼睛，要看到别人的好处；若要苗条的身材，把你的食物分给饥饿的人；若要美丽的头发，让小孩子一天抚摩一次你的头发；若要优雅的姿态，走路要记住行人不止你一个。
>
> ——奥黛丽·赫本

提升情绪价值的情境服务

人与人之间的沟通不仅仅是信息的传递，还涉及情感的交流和交互。从本质上说，人际互动可以被视为一种情绪劳动。情绪劳动指的是管理和表达情感以满足社会或职业需求的过程，通常涉及情绪感知、情绪表达和情绪管理。人类和人工智能在情绪劳动方面各有优势和劣势。人类具有丰富的情感体验和情感理解能力，可以更好地感知和理解他人的情感，并能够以多种方式包括面部表情、声音、肢体语言创造性地表达情感，这种多样性使人类可以建立深层次的情感联系，更好地适应不同情境。但是，人类在情绪劳动方面也有劣势，比如我们常说的情感疲劳。情绪劳动可能导致情感疲劳，尤其是在需要不断表现积极情感的职业中，甚至会对个人的心理健康产生负面影响，如果是在高压力或冲突情境下，那些不太擅长管理自己情绪的人会容易造成误解和冲突。

相比之下，人工智能的情绪劳动优势则具有更多的一致性，能够在不同情境下表现出始终一致的情感，不受情感疲劳、情感偏见或情感变化的影响，还可以提供全天候的无差异服务，不受时间和精力的限制。但目前，人工智能有限的情感适应性表现还难以适应不同的文化和个体差异，它缺乏建立深层次的人际关系的能力，而这在某些职业和情境中非常重要。

以客服人员的工作为例。人工智能在客服领域已经开始替代一部分客服人员的工作，但仍存在一些难以完全替代的情绪劳动。已经被替代的客服工作包括标准化回答和信息提供，通过编程，人工智能可以提供标准化的答案和信息（例如产品规格、服务费用等），这方面的工作不涉及复杂的情感表达，情绪劳动成分相对较少。人工智能还可以自动将客户请求分类反馈到合适的部门或团队，无须情感管理。对一些情绪并不激烈的服务质量问题反馈，人工智能系统可以通过自动回答常见问题和提供自助服务功能，减轻客服人员的工作负担。但人工智能目前以及在未来的一段时间里，还无法替代客服人员给予客户需要的较为丰富的情感支持，比如在面对投诉时，客服人员需要理解客户的情感状态，表达同情和理解，对于涉及多个因素和复杂情况的问题，客服人员通常需要独立思考和灵活应变，找到解决方案，在处理客户不满、投诉和冲突时以情感智慧和冲突解决技能灵活地、动态地进行交流和互动。

如果我们不机械地把情绪劳动作为某些职业特定的属性，我们就会理解情绪劳动其实存在于我们每一个人的日常生活中，存在于每一位管理者每时每刻与员工的互动中。举一个在我们日常工作中常见的场景：公司在工作时间安排了一个你很感兴趣的培训，你很想去参加，但是担心自己的直接上司会觉得耽误工作，你会怎么办？[1]有三个选项：选项

[1] 结合数字化技术，职场心理健康服务领域有了一些新的突破。这个场景是盛心公司的产品研发小组根据组织需要，训练管理者和个体提升自我情绪价值和情感沟通能力的泛数字疗法心理产品中的一个练习场景。选择不同的场景，会获得不同的心理知识点和技能提升练习的提示。

一，调整优先级，先去听讲座，听完回来后再完成剩余工作；选项二，观察上司对活动的支持情况，如果组里其他人去，自己也去；选项三，担心上司对自己的看法，尽管内心很不情愿，还是放弃听讲座。

在这个场景中，我们首先需要意识到：公司做出讲座安排，是鼓励我们在持续学习中获得提升，这不仅对我们自身成长有帮助，也是公司的发展需要，因此，在这一点上，我们与公司的目标是一致的。我们之所以会为“去不去”感到纠结，可能是我们做了一系列猜想，例如“上司认为我参与本职工作以外的活动都是不务正业”“上司不鼓励我参与其他部门的活动”“上司会把我工作中的问题归结于我去听了讲座而没有按时完成工作”……但我们需要了解：猜想不等于事实。在这个场景中，我们需要平衡好当下任务与未来发展的关系，通过与上司沟通，确认工作的重要性和紧急程度，衡量自己能否保质保量地按时完成工作。同时，也可以借此机会把自己学习上进的意愿传达给上司，让上司看到我们对工作的责任心和主动性，获得上司的支持和认可，为自己争取更多的机会。

如果你选择选项一，去听讲座，表明你希望获得更多的成长，并尊重自己的内在需求，对工作做优先级调整也体现了你的灵活性。需要注意的是，这个优先级的调整可能仅你自己了解，而上司并不了解，所以对于你的调整是不是合理、有没有打消领导的顾虑、你自己是不是真的能够在规定时间完成任务等，你其实都没把握。这种没把握一方面可能导致你在听讲座时无法全情投入，影响参与效果，另一方面，假如领导由于不了解你的工作安排而真的批评你影响整体工作进展，你可能会感到委屈或愤怒。因此，更可行的做法是将你想去听讲座的想法告知上司，询问工作安排的优先级再进行调整。

如果你选择选项二，参照他人的做法来行动，那你采取的是一种常见的行为方式。需要注意的是，在职场中，分工不同会导致行为决策的不同，比如：讲座的内容很可能跟某些同事的工作直接相关，他们的参与可能是上司的直接安排。此外，或许上司不希望本部门内离岗的员工超过某个数量或比例。因此，加强跟部门同事的沟通，多了解其他员工参与培训的背景信息、部门内部一些约定俗成的规则等，能帮助我们更好地做决定。

如果选择选项三，放弃听讲座，可能是一种最省事儿的方法，既不需要跟任何人沟通，也不会因此跟他人发生冲突或造成不悦，但需要觉察的是，你是否对自己的内在需求存在习惯性的压抑？可以回顾自己以往面对类似的两难困境时习惯做出什么样的选择，这个反思将对了解自我有所帮助。此外，放弃听讲座可能让你把“我的上司是不支持我去参加工作以外的学习的”这种猜想当作一种事实，这有可能造成你对上司意图的误解，产生失望和不满情绪，并错失很多自我提升的机会。

数字化技术提供了丰富的资源和工具，可以用于情感训练和情感管理。有许多应用程序可以帮助我们提高情感识别能力，这些应用程序通常包括练习识别不同情感的游戏和测试，通过这些应用程序，我们可以学习更好地理解他人的情感和表达自己的情感。我们还可以使用情感日志应用程序来记录自己的情感体验，这可以帮助我们更好地了解自己的情感模式，以及学会在不同情境下做出更好的情感反应。在线资源、应用程序和课程提供了情感智慧和情感管理方面的教育资源，这些资源通常包括视频、文章、练习和测试；通过社交媒体和在线支持群体，我们可以分享情感经验，获得建议和支持，并与其他人建立情感联结；生物反馈应用程序可以帮助我们更好地理解和管理身体的情感反应，如呼吸、心率、肌肉紧张度；虚拟现实技术可以用于创造沉浸式的情感训练体验，这有助于情感管理和应对技能的提高。技术为人类的创新提供了各种可能性，职场心理健康管理和行为健康管理的专业工作者需要做的就是精准锚定不同人群不同岗位功能需求的应用场景，设计通过场景化提升情绪价值的情境服务。

以客服工作为例，这项高情绪输出的工作很容易使人产生共情疲劳和情绪失调。以往针对客服人员的心理服务主要以压力和情绪管理培训及个体的一对一咨询为主，旨在使受到客户情绪攻击或感染负性情绪的客服员工恢复平静，减轻挫败感，但这并不能缓解他们再次面对情绪冲击时的负性情绪体验。更好的做法是通过提升自我情绪价值能力的训练，提升他们理解他人痛苦情感的能力，让他们可以做到深度的共情式倾听和回应，从而在帮助他人的过程中真正获得情绪的升华，在与人的联结中获得真实的快乐。

一项针对快消人员的提升情绪价值训练营的前后测数据表明，完成自我情绪价值能力训练过程的人在情感智慧、情感管理技能和心理健康方面，都有了很大的改善。全部完成三周训练的员工整体共情能力从一般水平（3.35 分）提升至较高水平（4.29 分），其中，在共情能力的二级维度情绪识别能力（3.27 分→ 4.35 分）、共情接纳能力（3.29 分→ 4.40 分）和共情行为能力（3.50 分→ 4.11 分）均从一般水平提升到较高水平（见图 1-1）。

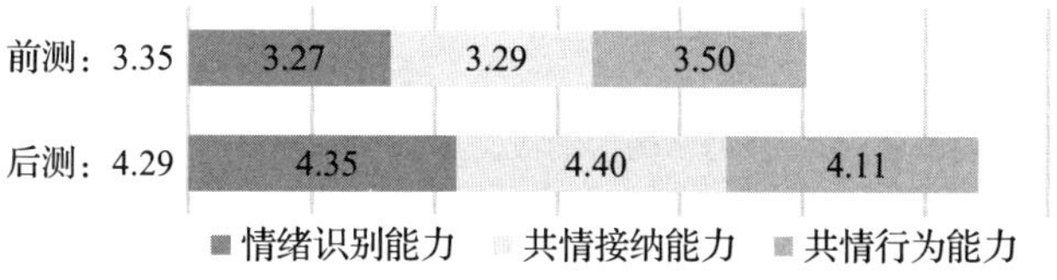

图 1-1　共情能力二级维度训练前后变化

三级维度也均有较为明显的提升（见图 1-2）。除需求满足能力外，员工各级维度均从一般水平提升到了较高水平。

经过情绪价值提升训练的员工对自我情绪的识别更加敏锐、精准，并能够较为有效地应对自己的情绪，同时，对他人情绪的识别特别是非言语信息的识别更加准确，情绪接受能力更强，更少批判他人的情绪情感，能更冷静地对待负性情绪。此外，经过训练的员工情绪体验能力更强，即对他人的情绪情感理解更加精准，情感支持能力也从以建议为主、尝试给予情感支持，扩展到有意识地对他人提供情感支持和安慰。

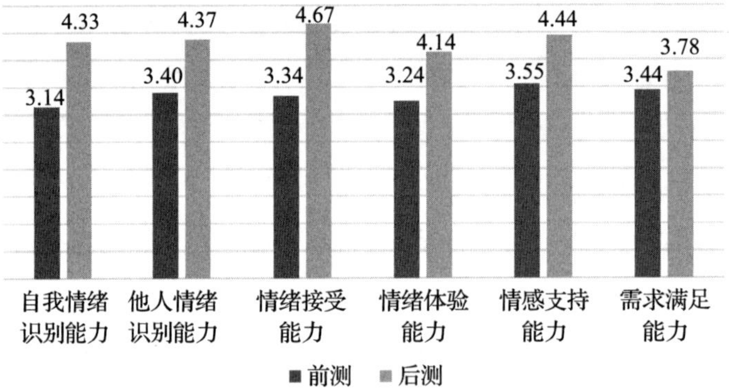

图 1-2　共情能力三级维度训练前后变化

经过练习，员工整体共情式倾听能力从 3.28 分提升至 3.90 分，其中，二级维度倾听准确性从 3.16 分提升至 3.64 分，倾听支持性从一般水平（3.40 分）提升至较高水平（4.15 分）（见图 1-3）；员工共情式表达能力从较差水平（3.54 分）提升至一般水平（7.67 分）（见图 1-4）。共情式表达能力与共情式倾听能力关联度较高，两者都有所提升，代表活动对共情表达行为的训练有一定成效。

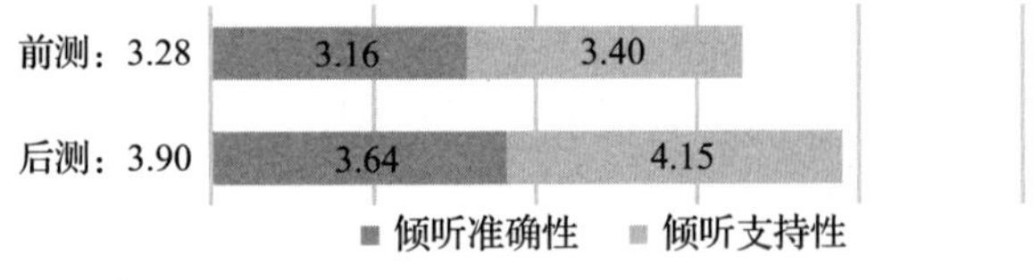

图 1-3　共情式倾听能力训练前后变化

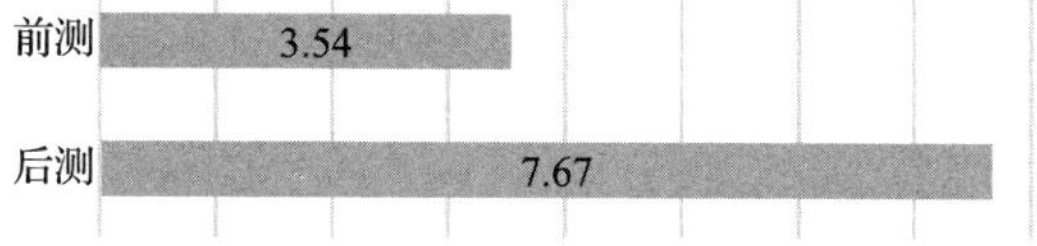

图 1-4　共情式表达能力训练前后变化

√ 测一测　你的情绪价值水平

情绪价值水平的一个重要体现是共情式倾听能力，通过表 1-3 的测试可以简单了解你的共情式倾听能力水平。

表 1-3　共情式倾听能力水平测试

题目	从未	偶尔	有时	经常	总是
1. 对方认为我能准确理解他表达的意思	1	2	3	4	5
2. 我在倾听时会受到“先入为主”的影响	5	4	3	2	1
3. 对方讲完话后，我会通过归纳或提问的方式澄清和确认对方讲话的内容	1	2	3	4	5
4. 我能听出对方字里行间的弦外之音	1	2	3	4	5
5. 我难以准确区分对方表达的是事实内容还是个人观点	5	4	3	2	1
6. 我能给别人一种安全感，能够让对方放心说出心中所想	1	2	3	4	5
7. 我能对对方表述的内容保持好奇心	1	2	3	4	5
8. 我不会打断对方的表达	1	2	3	4	5
9. 我既关注对方言语表达的信息内容，也关心对方表现的情绪情感	1	2	3	4	5
10. 我不会评判对方所说的内容的对错	1	2	3	4	5
11. 在对方表达时，我容易走神	5	4	3	2	1

资料来源：盛心研发团队根据倾听能力的双因素模型理论编制。

计算所有题目的总平均分，分数越高说明您的倾听能力越强。扫描左侧二维码可在线测试，发送关键词“倾听”，点击测评链接，进行测试并获取你的详细测评报告。

我们还可以通过共情能力水平测试（见表1-4）来了解自己的情绪价值水平。

表1–4　共情能力水平测试

题目	从未	偶尔	有时	经常	总是
1. 我可以知道我的情绪是什么样的	1	2	3	4	5
2. 别人说我有时情绪波动较大，但我完全没有感觉	5	4	3	2	1
3. 我能觉察心情复杂，但无法用语言清晰地向他人表述	5	4	3	2	1
4. 我不善于觉察别人的情绪变化	5	4	3	2	1
5. 我能够感受到一个房间中的气氛	1	2	3	4	5
6. 我可以知道他人的情绪是什么样的	1	2	3	4	5
7. 虽然我未被感动，但我很理解那些因文学或影视作品而感动的人	1	2	3	4	5
8. 我不能理解因工作而产生情绪的人	5	4	3	2	1
9. 我无法接受他人因无法挽回的事情而失落	5	4	3	2	1
10. 我不理解那些在工作场合担心他们病重亲友的人	5	4	3	2	1
11. 我很容易沉浸到文学或是影视作品的情节中，并感受到主人公的情绪	1	2	3	4	5
12. 当别人取得成就时，我也会感到开心	1	2	3	4	5

（续）

题目	从未	偶尔	有时	经常	总是
13. 看到别人失落或不幸时，我的沮丧情绪会有所缓解	5	4	3	2	1
14. 我认同可怜之人必有可恨之处	5	4	3	2	1
15. 经常有人说能从我这里得到安慰	1	2	3	4	5
16. 指出别人的不足前，我会考虑对方的心理感受	1	2	3	4	5
17. 别人处于情绪中时，我会先安抚他的情绪而不是立刻讨论问题	1	2	3	4	5
18. 别人对我抱怨时，我会尝试站在对方的角度思考问题	1	2	3	4	5
19. 别人对我发火时，我能分辨出对方是因某件事情愤怒而非针对我	1	2	3	4	5
20. 我会基于他人的经历和处境引导他人探索应对方法	1	2	3	4	5

资料来源：盛心研发团队根据共情理论理论编制。

简单了解你的共情能力：计算所有题目的总平均分，分数越高说明你的共情能力越强。扫描左侧二维码可在线测试，发送关键词“表达”，点击测评链接，进行测试并获取你的详细测评报告。

本章小结

本章论述了组织作为一个超级生命在情感经济时代的新机会。情感经济强调了情感联结和情感价值在商业和组织中的重要性，组织可以利用这些机会来增强其竞争力，情感智慧、情感分析、情感支持和情感导向的策略都可以帮助组织更好地利用这些机会，实现可持续的成功。本章还探讨了五感管理在情感经济时代的力量。五感管理不仅是一种工具，更是一种哲学，它可以帮助我们更好地理解和应对情感经济时代的挑战，诸如通过五感管理来加强情感联结，在组织内建立更紧密的关系，通过五感管理来提高情感智慧，更好地理解自己和他人的情感需求，通过五感管理来提升工作满意度、提升领导力和增强创造力等。

复习题

- 何谓挑战性压力，何谓阻碍性压力？
- 请列出心理学期望理论的公式。
- 霍桑效应研究开始于哪一年？

CHAPTER 2 | 第2章

应激反应与个体情绪成本

谁是害死野马的凶手

强壮的野马，已经成为一种稀有的动物。我看过一部有关纳米比亚野马的纪录片，从中得知野马不畏严寒、干旱和饥饿，性情凶暴，难以驯服。野马善于奔跑且时时警觉，狮子和猎豹也不能轻易捕获它们。即便如此，在大自然中，野马的生存依旧充满了危险与艰辛。

比如，时刻尾随、垂涎野马肉的斑鬣狗，它们的伎俩是孤立马群中无法保护自己的老马、小马、病马。野马的策略则是把小马护在一侧，这样的情景很动人：斑鬣狗一路尾随，野马一路群体守护，直到回到它们喝水的地方。

再如，无论怎样保护，受伤总是难免的。小马由于受攻击，身上被撕开了一道血口，母马会舔小马的伤口，以便促进伤口愈合。在需要时，野马表现出了团结与对彼此的照料。

野马群有内部治理方式，比如，要时刻确保作为首领的公马是强壮的，从而持续地保护母马，因为母马需要很多的能量来为小马提供奶和食物；作为首领的公马要能够找到好的草场，最大限度地保障野马群的存活概率和存活质量。野马们通过嗅闻粪便来获取作为首领的公马的健康状况和马群的食草质量等重要信息，野马群在做这件事情时，要足够专注，因为这关乎整个野马群的存亡。

▣ 思考与启示

思考3：如果将作为首领的公马，母马和老马、小马、病马的角色分别比喻为领导者、管理者和团队成员，野马的生存本能和智慧可以给由人组成的团队带来什么启示呢

启示一：野马将领导者和管理者的角色做了区分，各司其职。作为领导者的公马要负责找到草质良好的草场，解决的是野马群生存的战略问题，而作为管理者的母马要完成的是照料的任务，建立友爱、信任、体贴的团队文化。野马之间相互守护和呵护，觊觎小马的斑鬣狗难以得到机会。

启示二：对领导者的监督考核核心胜任指标清晰。野马群对作为首领的公马具体的考核指标有两个，一是作为首领的公马的健康状况，二是作为首领的公马是否带领它们找到了草质良好的草场。优质草场意味着群体当下的生存质量，作为首领的公马的健康指向未来的生存安全。

启示三：野马群在执行群体目标时，把集体生存利益放在首位。野马群对领导者的考核指标保持客观，并坚定执行，一旦发现问题，群体会换掉作为首领的公马。在面对群体的共同利益时，从野马群的状态中没有看到更多的私心。在由想法多多的人类建构的组织中，将人导向群

体的共同利益，是一个重要的议题。

但是，如野马一般的强者也会面临不为人知的困境，心理学中有一个词“野马结局”就来源于野马面临的一种困境：只有几厘米长的吸血蝙蝠竟成为野马的天敌。吸血蝙蝠体小轻盈，牙尖齿利，可以刺穿野马的皮吸食野马的血液，不少野马会被它们生生折磨死。研究者发现，这些蝙蝠每次吸食的血量有限，并不会使野马因为失血过多而死。这些野马的死因是它们在被蝙蝠吸血时所产生的暴怒与狂暴的反应。野马善于通过奔跑躲开比自己强壮的天敌，但是，无论它们怎样焦躁地奔跑，又蹦又跳，不断用尾巴抽打自己的躯体，都无法甩掉那些依附在身上的讨厌的吸血蝙蝠。

吸血蝙蝠使野马陷入了一种困境，无论怎样战斗或者逃跑，都无法摆脱。在心理学、生理学中有一个名词，叫作“战斗或逃跑反应”（fight-or-flight response），这个名词是 1929 年美国心理学家怀特 · 坎农提出的，他发现当遇到或者感知到外界的威胁时，机体的神经和腺体将被引发一系列应激反应，以投入反击或者逃跑。吸血蝙蝠带来的恐惧与愤怒的情绪引发战斗或逃跑反应，野马的困境在于无论战斗还是逃跑，吸血蝙蝠都与之“融为一体”，战斗是一场自我战争，逃跑也无处可逃。行为的无果又带来了更加强烈的情绪反应，野马陷入了情绪与行为的死循环。

战斗或逃跑反应是一种本能的应激反应，加拿大生理学家塞里研究了应激反应的三个阶段：第一个阶段是惊觉阶段，表现为肾上腺素分泌增加，心率增快，体温和肌肉弹性降低，血糖水平和胃酸水平暂时性提高，严重可导致休克；第二个阶段是阻抗阶段，身体动员许多保护系统去抵抗导致危急的动因，如果时间过长，体内糖的储存会被大量消耗，而下丘脑、脑垂体和肾上腺系统活动过度，会给内脏带来器质性损伤；第三个阶段是衰竭阶段，体内的各种储存几乎耗尽，机体处于危急状态，可导致重病或死亡。吸血蝙蝠是野马的应激源，应激源激发了应激情绪反应，野马经历了从惊觉到阻抗，直到衰竭而死的应激反应全过程。

由此可见，情绪是有成本的，这个成本可以巨大到以生命为代价，或者可以这样理解，杀死这些野马的真正凶手是本能的情绪反应带来的身体耗竭。吸血蝙蝠作为野马的应激源，是外部的因，真正内部的因是野马的情绪。大漠壮丽，生命不易，每一段生的旅途都充满了情绪与应激源狭路相逢的艰辛与凶险，只是，马不知道，但人知道。塞里在 1974 年的研究表明，应激状态的持续能击溃生物化学保护机制，使主体抵抗力降低，容易罹患心身疾病。人类管控情绪的过程就是一个如何解释并面对应激源，与应激源阶段性或者长期共处的过程。从本性到人性，从任性到理性，理性或许违反了本性，但它超越了任性而更加接近人性。能进行情绪成本的管理是人类和组织区别于野马和野马群而闪耀着理性光芒的独特之处。

吸血蝙蝠的强悍生存

说完了野马，我们来看看吸血蝙蝠这个让野马奈何不得的群体是何等厉害的角色。听到“吸血”两个字，人类会有一种本能的恐惧和厌恶，在这一点上，人类或许和马类是一致的。吸血蝙蝠毛色很暗，鼻部有一个呈“U”字形沟的肉垫，耳朵尖，为三角形，上门齿锋利如刀，可以刺穿其他动物的突出部位而吸食血液。吸血蝙蝠的相貌从人类的眼光来看或许是丑陋的，甚至是肮脏的，但实际上它们是比较干净、整洁的动物，大部分的时间都用来认真地打理自己，用利爪把身体上纤细柔软的毛梳理整齐。由于吸食流质的血，它们的食道短而细，并且有狭长的胃。它们的前后肢和指尖都由宽大的翼膜相连，从而形成一对强有力的翅膀，以利于飞行。

吸血蝙蝠群体中的一种特殊的互助行为，引发了人类生物学家和社会学家的研究兴趣：吸血蝙蝠如果连续两昼夜吸食不到血就有极大可能会饿死，但并不是每只吸血蝙蝠都能及时吸到其他动物的血。一只刚刚饱餐一顿的吸血蝙蝠有时会把自己吸食的血液吐出一些来反哺那些濒临死亡的同伴，尽管它们之间没有任何亲缘关系。人类将动物中的互惠行为区分为亲缘利他、互惠利他和纯粹利他，如果说母野马在小野马受伤时舔小马的伤口以促进伤口愈合是一种亲缘利他行为，那么吸血蝙蝠有时发生在虽无亲缘关系但经常同栖一处的个体之间的以血相赠行为则属于互惠利他。

进化论说，"物竞天择，适者生存"，野马由于自然环境的严酷性、人类活动的干扰和猎杀，以及各种天敌的捕杀，已经成为比大熊猫还要珍贵的动物，被列入《濒危野生动植物种国际贸易公约》附录。和野马被人类保护的命运轨迹不同的是，吸血蝙蝠在自然界强悍地生存着，人类正在研究如何从中汲取对人的健康有益的价值，也就是说，人类试图从它们的强悍生存中发现宝藏。医学与免疫生物技术的研究显示：吸血蝙蝠的唾液里含有与组织型纤溶酶原激活剂（t-PA）同源的物质，正是这种物质使它能够畅通无阻地吸食大型哺乳动物的血液，而利用这种物质可望研制出治疗缺血性脑梗死的药物。目前治疗缺血性脑梗死的主要药物只适用于发病早期，必须在脑梗死发生 3 小时之内用药，而研究发现吸血蝙蝠唾液纤溶酶原激活剂可以在脑梗死发生最长 9 小时以内用药，对大脑的损伤较小。

▣ 思考与启示

思考 4：从吸血蝙蝠强悍的生命力中，组织可以获得什么启示

启示一：组织有什么样的目标就需要配备什么样的个体。吸血蝙蝠的生存之本就是吸动物的血，吸血蝙蝠的核心构造都是为此而生的：上门齿锋利如刀，以便刺穿动物的突出部位，食道短而细，有狭长的胃能

很好地消化食物，还有强有力的翅膀。它的功能部位与生存任务高度匹配，具备活下来的强悍的生存特质，这是生命力的基础。

启示二：互惠利他给吸血蝙蝠群体带来生命力。野马群中母马对小马的照料，更接近亲缘利他行为，这种利他行为多发生在有血缘关系的生物个体之间，通常以血缘和亲情关系为基础提供帮助，比如父母子女、兄弟姐妹之间的帮助，随着亲缘关系的疏远，亲缘利他的强度会递减。家族企业是亲缘利他的典型模式，也因此会产生远近亲疏的利益和情感斗争。吸血蝙蝠的利他行为则有时发生在同处一处、彼此没有血缘关系的同类之间，互惠利他的回报不是即时回报，而是有点类似于期权投资，可以在同类中形成一个互惠链，A 救助 B，B 救助 C，C 在某一个阶段又回报给 A。互惠利他更常见于比较长期的关系中，在人类组织中，互惠利他以利他文化的形式存在，组织倡导利他文化，以促进彼此协作，这不仅仅是制度与流程的要求，更是团队成员默契的行为方式。

启示三：吸血蝙蝠的生命力还在于它对人类的价值贡献。利用吸血蝙蝠唾液中的纤溶酶原激活剂，可研制出治疗人类缺血性脑梗死的药物，可使目前治疗用药从脑梗死发生 3 小时之内用药延长到最长 9 小时以内用药，对人类大脑的损伤更小。这使得人类对吸血蝙蝠的珍视和保护不同于对濒临灭绝的野马的保护，人类对野马的保护是为了维持物种的多样性，而人类对吸血蝙蝠的保护是为了从吸血蝙蝠身上获得稀缺的价值，吸血蝙蝠在一定意义上与人类是命运共同体的关系。

生活中有哪些“吸血蝙蝠”

尽管吸血蝙蝠不常吸人的血，但对人来说，如芒在背却挥之不去如吸血蝙蝠一样激惹情绪的应激源却无处不在。在一次互联网研发工程师管理团队的情绪科普课堂上，一位年轻的工程师站起来提了一个问题，他说："我怎么能在发脾气之前就意识到自己情绪出问题了呢?"这位工程师晋升到管理岗位已有一年的时间，仍然感觉自己在管理团队方面力不从心。一周前，他最信任的员工突然离职，这让他产生了严重的自我怀疑，而当他把这位离职员工的工作交给另一位下属时，觉得对方在找理由躲活儿，一时没控制住就发了大火。这位年轻的管理者的困惑引起了共鸣，坐在他身边的一位年龄稍长的管理者半年前跳槽到一家公司，由于两家公司的业务方向完全不同，他还没有找到办法很好地发挥技术特长，团队调动起来也很困难，当员工达不到自己的期待或任务没能按照自己的安排完成时，他时常会爆发情绪，已经严重影响了睡眠。

两位管理者都遇到了与员工互动方面的管理困境，看起来似乎是员工成了管理者的应激源，而在现代职场中，硬币的另一面是，管理者也日益成为员工的应激源。在咨询热线中，员工小言描述了自己的不堪重负：近一年来，他天天加班到晚上九十点钟，部门经理是去年刚刚提拔的，一开始还颇为自信地指导大家的工作，但按照其指导和要求写的报告和方案都被如数退回，返工量大，怎么加班都做不完，整个部门都处于较大的压力状态之下。一个月前，小言的妈妈乳腺癌手术，小言很着急，想请一星期的假回老家照顾妈妈，经理却只给了两天的假，还要求必须把手头的报告交上来再回去。小言回到家时妈妈已经出院了，而且一到家他自己也病倒了，于是小言打电话给经理想要续几天假期，经理话语中充斥着盘问和不耐烦，小言感觉到委屈和不安，又有一种强忍着的愤怒感，他不知道自己还能在公司坚持多久。

吸血蝙蝠吸血是野马的应激源，也就是触发事件，而对人类来说，令人紧张的导致情绪起伏的应激源无处不在。美国华盛顿大学医学院精神病学专家霍尔姆斯和拉厄（Holmes and Rahe，1967）经过多年的研究和调查，对人类生活中可能出现引发危机的应激事件进行了归纳并划分等级，编制了一个社会再适应评定量表（social readjustment rating scale）（见表 2-1），也可称为应激评定量表。这个量表列出了 43 种不同的生活事件，有离婚、亲人亡故等不愉快的经历，也有结婚、家庭成员团聚等愉快的经历，所有这些事件包含着个人生活的种种变化，根据疾病的发生与各种生活应激事件的相关研究，霍尔姆斯和拉厄把这些事件按照造成的应激水平不同标上了分数。

表 2-1 社会再适应评定量表

排列等级	生活事件	平均分值	排列等级	生活事件	平均分值
1	配偶亡故	100	23	子女成年离家	29
2	离婚	73	24	官司缠身	29
3	夫妻分居	65	25	个人有杰出成就	28
4	坐牢	63	26	配偶新就业或刚离职	26
5	亲人亡故	63	27	初入学或毕业	26
6	个人患病或受伤	53	28	改变生活条件	25
7	结婚	50	29	改变个人习惯	24
8	失业	45	30	得罪上司	23
9	夫妻破镜重圆	45	31	改变工作时间或环境	20
10	退休	45	32	搬家	20
11	家庭中有人生病	44	33	转学	20
12	怀孕	40	34	改变消遣方式	19
13	性关系适应困难	39	35	改变宗教活动	19
14	家庭又添新成员	39	36	改变社交活动	18
15	改变买卖行当	39	37	借债少于一万元	17
16	经济状况改变	38	38	改变睡眠习惯	16
17	密友亡故	37	39	家庭成员团聚	15
18	跳槽从事新的行业	36	40	改变饮食习惯	15
19	夫妻争吵加剧	35	41	休假	13
20	借债超过一万元	31	42	过圣诞节	12
21	抵押被没收	30	43	涉及轻微的诉讼事件	11
22	改变工作职位	29			

具体的计算方式是，将过去 12 个月中个人所经历的应激事件对应的分值加起来，达到 150 分定为生活转折点。如果一个人生活事件变化值为 150 ～ 199，那么他下一年有 37% 的可能性患病；若分值为 200 ～ 299，则患病的可能性为 51%；若分值在 300 以上，则患病的可能性为 79%。也就是说，应激程度越高，患病的可能性就越大。

对照这张表格，我们很容易找到触发两位管理者情绪激惹状态的应激源——第 22 项的“改变工作职位”和第 18 项的“跳槽从事新的行业”。所有的显性变化都有可能引发更多的连带的隐性应激压力，比如，对员工小言来说，他经历了“改变工作时间或环境”和“家庭中有人生病”的双重变化，每一种变化都可能引发其他连带反应，比如，“改变工作时间或环境”可能带来的是“改变个人习惯”“改变社交活动”“改变睡眠习惯”等，而“家庭中有人生病”，小言请假后带来的是“得罪上司”等，小言自己也在这期间经历了“个人患病或受伤”，累计小言可能的应激分值，已逼近 200 分。一个应激分值如此之高的员工，躯体和心理都处于风险边缘，无异于一匹高度紧张和敏感的野马，一触即发。

情绪的生理和心理成本

心理学研究表明，刺激物若具备超负荷、冲突性、不可控制性三个基本特点，就可能成为一个应激源。超负荷指的是事件数量上的叠加，或者刺激的强度超过个体的正常承受水平；冲突性是指事件引发我们的内在冲突或外在冲突，比如，内在的自我价值观、信念体系内部发生冲突，外在的人际冲突；不可控制性是指刺激物不随人们的行为而发生预期的变化或转移，因此引发主体恐惧、紧张或者愤怒的情绪。

应激源同步刺激心理和身体，在引发情绪反应的同时导致身体产生应激状态。大脑中枢在受到危险的或出乎意料的外界变化的刺激后，迅速将信息传至下丘脑，激发脑垂体分泌促肾上腺皮质激素，这时候，身体处于充分动员的状态，心率、血压、体温、肌肉的紧张度和代谢水平等都会发生显著变化，这些变化是为了增加机体的活动力量，以应对紧急情况。这最早是应对大自然中环境变化时的反应，这一机制保证我们可以在严酷的条件下生存下来，是生物本能。

人对应激源的反应是人类抵抗风险时的本能反应，刺激来了，人会有反应，刺激消失后就回归到正常水平，在身体和心理上有一个循环往复的紧急状态与放松状态的交替。当应激事件强度与应对能力相对一致时，大体上不会导致躯体化，即不会对躯体造成较大的冲击，但现代人类社会的高速发展和变化使人持续处于高水平的应激状态，长期处在实际的或者想象的危险中，并且感到不可控，从而形成了应激—情绪反应—防御—进攻这样一个引发持续应激而导致耗竭的周而复始的循环。现代医学研究表明，应激时，内脏会发生一系列变化。中枢神经系统是应激反应的调控中心，情绪上的焦虑和恐惧会引起睡眠障碍和厌食等反应，而持久过强的应激会造成机体免疫功能的紊乱。应激持续时，交感－肾上腺髓质系统持续兴奋，持续的心率增快、心脏收缩力增强会使皮肤、内脏缺血、缺氧。应激对生殖功能也会产生不利影响，如过强应激作用后女性月经紊乱、哺乳期妇女泌乳停止等。

情绪的应激反应可以带来足以致命的危害，在这一点上，现代人已经具备了基本的常识，比如，暴怒导致心血管破裂或猝死已不是特例，生气造成体内环境失衡似乎已众所周知。受到应激事件的激惹，从产生愤怒甚至暴怒情绪到采取以挣脱为目标的进攻行为，在这一点上，愤怒的人与愤怒的野马似乎并无区别。医生对心脏病患者的第一条医嘱就是，避免情绪激动，放平心态。生气会使心脏的劳累程度比平时增加一倍，但生气对人体各脏器的严重危害还不止于此，医学研究表明，生气和愤怒的情绪会使肝脏比平时更加努力地工作，从而造成肝脏损伤，胃肠道则表现为功能紊乱，容易引发腹泻、胃疼痛、黏膜充血等。近年来，女性患乳腺和甲状腺疾病的比重急剧上升，女性最常见的恶性肿瘤中，乳腺癌排在首位，其中情绪造成的激素分泌紊乱是重要因素。研究还表明，生气还可能会加速脑细胞的衰老，因为生气时会有大量的血液涌向大脑，脑血管的压力增加会导致脑细胞的衰老。

和愤怒同样致命的是近十年来全球范围内高发的抑郁症。应激事件是抑郁症的成因之一。研究发现，患有抑郁症的女性在发病前一年生活中所经历的应激事件是正常人的 3 倍，也有专家发现人们在经历一些重大的负性生活事件，比如说丧偶、离婚、婚姻不和谐、失业、严重的躯体疾病、家庭成员患重病或突然病故等之后的半年内，抑郁症的发病风险增加 6 倍。据世界卫生组织于 2022 年 5 月发布的消息，大流行病导致全球抑郁症的发病率大幅上升了 28%。令人类越来越关注的是，抑郁症可引致自杀，据世界卫生组织数据显示，因抑郁症而选择自杀的患者约 15%，这已成为全球公共卫生与医疗事务的重要挑战。

√ 测一测

表 2-2 有 20 道题，每一题后有 4 个方格，1 表示没有或很少时间，2 表示少部分时间，3 表示相当多时间，4 表示绝大部分时间或全部时间。请仔细阅读每一题，然后根据你最近一周的实际情况在适当的方格内画“√”。(请在 10 分钟内完成。)

表 2-2　抑郁自评量表（SDS）

题目	1	2	3	4
1. 我觉得闷闷不乐，情绪低沉				
2. 我觉得一天之中早晨最差				

（续）

题目	1	2	3	4
3. 我一阵阵哭出来或觉得想哭				
4. 我晚上睡眠不好				
5. 我吃得比平常少				
6. 我与异性密切接触时没有以往愉快				
7. 我发觉我的体重在下降				
8. 我有便秘的苦恼				
9. 我心跳比平时快				
10. 我无缘无故地感到疲乏				
11. 我的头脑没有平常清楚				
12. 我觉得经常做的事情有困难				
13. 我觉得不安而平静不下来				
14. 我对将来不抱有希望				
15. 我比平常容易生气激动				
16. 我觉得做出决定是困难的				
17. 我觉得自己是个没用的人，没有人需要我				
18. 我的生活过得很没意思				
19. 我认为如果我死了，别人会生活得好些				
20. 平常感兴趣的事我不再感兴趣				

资料来源：戴晓阳，《常用心理评估量表手册》（人民军医出版社，2010年版）。

扫描左侧二维码，发送关键词“抑郁”，点击测评链接，测试并获得你的详细测评报告。

学习斑马的响应模式

我在非洲大草原上观察过狮子围猎斑马的情景，所以对“斑马不得胃溃疡”这种说法有基于感知方面的认同。胃肠疾病与压力应激反应密切相关，应激时交感–肾上腺髓质系统兴奋，胃肠缺血，是导致胃肠黏膜糜烂、溃疡、出血的基本原因。如果斑马时时刻刻都在防御狮子的猎捕，那斑马就会持续地保持高水平的应激状态，但斑马不是这样的。狮子大部分时间都在懒洋洋地睡觉、打盹，放松而闲淡，斑马与狮子相隔不远，怡然自得地食草和嬉戏，当狮群开始围猎布局时，斑马群才呈现出躁动与不安。经过迅疾如风的追猎、逃脱与血腥之后，草原重归平静，狮群重归闲淡，斑马依旧淡定优雅。

斑马的淡定优雅或许来自世代传递的基因信息和经验信息，它们深谙狮子出没的规律，包括狮子什么时候捕食、可能造成的风险。在更多地了解斑马的特质和习性后，我才知道其实斑马防御风险的能力很强，当我们看到斑马身上漂亮而雅致的条纹时，会盛赞其美观，殊不知这是其长期形成的适应环境的保护色，是其保障生存的一个重要防卫手段。在开阔的草原或者沙漠地带，这种黑褐色与白色相间的条纹在阳光或月光照射下会使斑马的轮廓变得模糊和分散，很难在周围环境中被清晰分辨。研究发现，这种保护色是在长期适应环境和自然选择的过程中逐渐形成的，因为历史上也曾出现过一些条纹不明显的斑马，由于目标明显，容易暴露在天敌面前，在漫长的生物演化过程中逐渐被淘汰了。只有那些条纹分明、十分显眼的种类存活了下来。人类从这种现象中得到了启示，将条纹保护色的原理应用到海上作战方面，在军舰上涂上类似于斑马条纹的图案，以此来模糊对方的视线，达到隐蔽自己、迷惑敌人的目的。除了天然的屏障之外，斑马还有严谨的预警方式：斑马在觅食时由群体成员轮流负责警戒，一有危险便发出警告信号，群体立即停止进食，迅速奔跑，速度可达每小时60公里以上。

总结起来，长期形成的天然屏障、有组织的预警方式、奔跑的速度成就了斑马不焦虑的响应模式。

◐ 小贴士

响应模式与应激模式

心理学中有各种各样将人的需求归类的方法，美国神经心理学家里克·汉森归纳出了人的三种基本需求：安全、满足、联结。他说，这些需求根植于生命本身，并基于过去6亿年间人类神经系统的进化。这三项需求对应着大脑的三个区域：脑干关注安全的需求，主要是活下去，由下丘脑、丘脑、杏仁核、海马体和基底节组成的皮质下帮助我们更有效地追求满足感，而作为人类移情、语言、合作和关怀的神经基础的新皮质满足了我们对联结的复杂需求。里克·汉森把需求得到满足时的状态称为"响应模式"，也叫"绿色地带"；当需求受到威胁或者得不到满足的时候，身体和意识从闲适的状态被激发进入"应激模式"，也称为"红色地带"，此时身体开始应战，情绪出现失调。人类遇到的难题是，当危险过去后，大脑还会惯性地停留在"红色地带"。对此，里克·汉森给出了关于培养响应资源的一些建议：感受到这一刻是安全的，保持那种满足的感受；看见别人对你微笑或者想起一个你爱的人，体会进入绿色地带的感受，并尽量多停留一会儿。

面对潜在的或者现实的挑战和风险，人类会有野马式的应激模式或者斑马式的响应模式。应激模式把我们击败，响应模式帮我们重建。因为保持对风险的适度警觉而产生的焦虑，我们称为现实性的焦虑，它是人类在进化过程中形成的适应和应对环境的一种情绪和行为反应方式，焦虑的强度与现实的威胁程度成正比，并随现实威胁的消失而消失；而病理性的焦虑相对持久，并不随客观问题的解决而消失，常常与人格特质有关，表现为无现实依据地预感到灾难、威胁或产生大祸临头感，比如由于对亲人或自己的生命安全、前途、命运等的过度担心而产生烦躁、紧张、恐慌、不安等情绪，常常伴随主观痛苦感或社会功能受损。

√ 测一测　你的情绪处于“绿色地带”还是“红色地带”

表 2-3 有 20 道题，每一题后有 4 个格子，1 表示没有或很少时间，2 表示少部分时间，3 表示相当多时间，4 表示绝大部分时间或全部时间。请仔细阅读每一题，然后根据您最近一周的实际情况在对应的方格内画“√”。(请在 10 分钟内完成。)

表 2-3　焦虑自评量表（SAS）

题目	1	2	3	4
1. 觉得比平时容易紧张或着急				
2. 我无缘无故地感到害怕				
3. 我容易心里烦乱或觉得惊恐				
4. 我觉得我可能将要发疯				
5. 我觉得一切都很好，也不会发生什么不幸				
6. 我手脚发抖打颤				
7. 我因为头疼、颈痛和背痛而苦恼				
8. 我觉得容易衰弱和疲乏				
9. 我觉得心平气和，并且容易安静坐着				
10. 我觉得心跳得很快				
11. 我因为一阵阵头晕而苦恼				
12. 我有过晕倒发作或觉得要晕倒似的				
13. 我吸气、呼气都感到很容易				

（续）

题目	1	2	3	4
14. 我的手脚麻木和刺痛				
15. 我因为胃痛和消化不良而苦恼				
16. 我常常要小便				
17. 我的手脚常常是干燥温暖的				
18. 我脸红发热				
19. 我容易入睡，并且一夜睡得很好				
20. 我做噩梦				

资料来源：戴晓阳，《常用心理评估量表手册》（人民军医出版社，2010 年版）。

简单评估你的焦虑情绪风险：扫描左侧二维码，发送关键词“焦虑”，点击测评链接，测试并获得你的详细测评报告。

◈ 案例 3

过劳的小艾

员工小艾近一年来天天加班到晚上八九点钟，一直处于较大的压力状态之下。小艾去年结婚，三个月前，岗位变换，有很多新的工作。上个月，原有岗位同事休产假，领导又将原来的工作任务分配给了自己。小艾说，以前可以通过多努力一些兼顾个人需要和他人的好评，但现在已经很明显有过劳的感觉，身体处于亚健康状态，无心顾及家庭和个人生活，对于承担两个人的工作，小艾感觉到委屈和不安。

如果你是小艾，你接下来会怎么做？

A. 和咨询师“吐槽”后，继续回到原来的状态，委屈着，付出着

B. 不多做解释，直接拒绝目前岗位之外的工作

C. 主动找经理谈谈，获得经理的理解，减轻工作量

D. 关注自身的健康状态，早睡早起，调整生活方式

解析

小艾的个性特质

小艾说他“以前可以通过多努力一些兼顾个人需要和他人的好评”，这句话体现了他的性格特质。小艾注重外界好评，也在意自身的需要与感受，“兼顾”既反映了他追求内心平衡的诉求，也反映了小艾的行事风格，他一直通过“多努力一些”来实现自我和外界的平衡与和谐。小艾换了新的岗位三个月后，领导在他承担新的工作的同时又把原来岗位的任务分给了他，这一方面因为他在领导心目中具备这个能力，另一方面也和小艾的不拒绝、一向合作的态度相关。小艾的性格类型属于隐忍型与和平型，不到迫不得已不会发作。著名的心理治疗师维吉尼亚·萨提亚提出的五种沟通姿态中，有一种姿态被命名为“讨好型”，表现为不会拒绝，隐忍、委屈，明明内心感到为难，但在行为上又会配合和接受。而内心的感受跟外在的行为不能达成一致所产生的结果是，在实在无法承受时，可能出现瞬间的爆发，或者“用脚投票”，一走了之。由于他们经常迎合他人的需要而很少表达自己，他人通常会忽略这一类人的极限和他的个人感受，而他们通常会把自己的感受和困难压抑到最底层，直到承受不住而爆发。

小艾的应激状态

小艾用两个词——委屈和不安，描述了目前自己的情绪状况。委屈通常与求全而不得相关，而求全不得、“兼顾”的失衡，又使小艾感到不

安。视平衡与和平为要义的小艾们，是愿意通过苦自己来换取内心的安宁的，而现在，和平已被严重打破，过分投入工作会愧对太太和家庭，而拒绝领导安排的工作，又会强化内心的不安。委屈和不安是偏压抑的低能量的情绪表达，而小艾的应激状态已经从应激的第一阶段情绪应激反应发展到了第二阶段，出现了应激的躯体化症状。对照表 2-1（社会再适应评定量表），我们测算出小艾的总分值已达 260 ～ 280 分，这表明小艾在未来一年患病的可能性达 51%。

小艾会如何应对

我们分析了小艾的性格与沟通特点，也就大概率能猜测到，大多数的小艾们会选择采取行动 A——**和咨询师“吐槽”后，继续回到原来的状态，委屈着，付出着**。接下来，小艾的情绪成本会继续增加，应激分值会持续上升，对小艾来说，迎合或者满足他人常常是出于和平的需要，而现在，他的内在感受与外在表现、工作与生活都出现了割裂，这些对他是巨大的挑战和冲击。小艾持续的超负荷工作与情绪及躯体的应激反应也会使家人和领导的满意度持续下降。选择了 A 的小艾，由于不善于表达，隐忍内敛到了一定程度，一旦崩不住了，可能就会直接拒绝，言行突兀地变成 B——**不多做解释，直接拒绝目前岗位之外的工作**。前后外在表现的强烈反差，会使小艾陷入更大的困境，一不小心还会被贴上“任劳不任怨”的标签，而这又会加重他委屈的情绪感受。选项 C——**主动找经理谈谈，获得经理的理解，减轻工作量**不失为一个可行的行动方式，但就当下来说，有两个现实的操作性问题：一是对小艾来说，说出自己内心的想法，尤其是面对领导袒露心声，本身就是一种巨大的压力和挑战，这项技能尚需训练，而目前情绪能量极低的小艾无力练习新的技能；二是可能领导也有心无力，新岗位的人员招聘到岗和培训需要时间，远水解不了近渴。

所以，小艾目前应对压力最有效率的方式是选项 D——**关注自身的**

健康状态，早睡早起，调整生活方式。首先，从迫切性上，小艾已经有了明显的过劳的感觉，身体处在亚健康状态，从情绪到躯体化，包括他的睡眠问题、饮食问题、身体疼痛等，都会叠加在一起影响职场和家庭的人际关系，如何止损，使应激分值停止上升，是当下减压的第一目标。其次，这也是最可能实现的一种方式，因为只需要两步就能够完成，第一步，做出一个决定，第二步，行动并坚持。关键在于小艾们通常会有一个疑虑，阻碍他们做出一个简单而有效的决定，这个疑虑就是："我现在这样工作都做不完，而且工作还在变得越来越多，越来越难，怎么可能早睡早起，怎么可能关注健康?"在这里，小艾们有一个基本的信念是，只有问题解决了，才能照顾自己，而只有获得了别人对自己的照料，才能关注自己。这是一个前后顺序的问题，只有先照顾好自己的能量，才能向着解决的方向撬动问题。弄清楚前后顺序和基础达标项——每天必须保证七个小时的高质量睡眠，其他都是方法层面的事情了。而这些方法又极其常规和有效，比如，调整作息时间，如果能确保晚上 22：00 入睡，就可以将需要每晚 20：00 ～ 21：00 加班做的工作移到每天凌晨 5：00 ～ 6：00 去做，而且你会惊奇地发现，你的效率将是过去的两倍甚至更多，因为早睡早起的决定和行为，不仅能够帮助修复身体的亚健康状态，更会使你的大脑有足够的时间去加工整合你给它的任务信息，并使你有足够的时间去清理掉大脑的垃圾。

本章小结

本章从人与动物的多种生存方式的角度介绍了生物体的个体情绪成本是如何产生的，尤其关注了不同的应激反应与情绪应对在物种进化中的作用，指明了在面临外界可能的风险时的两种状态：安全与满足的"响应模式”，也叫“绿色地带”，以及受到威胁时，身体和意识被激发进入“应激模式”的“红色地带”。当我们对自己的应激模式有所觉知时，就可以进入到压力缓解的练习中。

复习题

- 应激反应有哪三个阶段？
- 刺激物具备哪些特点就有可能成为应激源？
- 如何发展自己的响应模式？

CHAPTER 3 | 第3章

组织情绪成本消损士气

“习得性无助”与士气

通过案例3的解析，我们观察到小艾们在隐忍和放弃这两个极端之间循环的模式，和年长一辈的隐忍不同，年轻一代的隐忍时长在日益缩短。小李大学毕业后加入了一家互联网公司，互联网公司工作节奏很快，加班（也就是人们通常所说的“996”的工作状态）是常态，小李每天下班后都感到很疲惫，生活中几乎没有运动和娱乐了。小李的直接主管也才刚刚毕业三年，他们之间很少交流。小李觉得自己的工作重复琐碎，而且永远没有办法让主管满意，小李也很少见到主管对谁满意。工作将近一年的时候，小李的状态越来越差，觉得自己实在没有办法坚持下去了。他提出了辞职。走出办公室的那一刻，他觉得万物都变得可爱了起来。小李来到了第二家公司，投身生产制造行业，现在又工作近一年了，一年前的那种无力感再次出现，小李有点不知所措，对自己产生了怀疑：是不是自己不论在哪儿都做不好？小李很想了解，为何自己工作一段时间就会产生这种莫名的无力感？

情绪反应中除了我们比较了解的愤怒、恐惧和抑郁，还有一种常见的反应，在心理学的研究中被称为“习得性无助”。“习得性无助”是美国心理学家马丁·塞利格曼在20世纪六七十年代通过对动物的实验形成的概念。

塞利格曼的实验开始于观察狗在受到电击后的反应，后来类似的观察和实验被拓展至对其他动物和人类的行为研究中。比如，人们观察马戏团里的训练师对大象进行的训练，训练师采取三步法完成了对大象的“习得性无助”构建，从而使其长大后也不会逃脱：第一步，在大象还很幼小的时候，把它绑在一根结实的木桩上，小象的力气还不够大，所以无论它怎样挣扎，每次都以失败告终；第二步，在付出了巨大的努力后，小象认为自己再也没有办法挣脱出来；第三步，即使小象长成了大象，它的力气足够轻松拔掉木桩，它仍然认为自己无法挣脱，长大后的大象从未尝试过挣断绳子。

初入职场的新人的经历与小象的困境惊人地相似。在初入职场的第一年中，很多新新人类也经历了小象的三部曲：任务、规则与技能的三盲挤压—努力应对、耗竭与自我怀疑—自我否定、抑郁或者“躺平”。而直接管理新员工的，是职场中的另一类新人，他们是初出茅庐，刚刚被提拔到管理岗位的基层管理人员。当“初入职场”和“初出茅庐”相遇时，两者的共性是都处在新的环境中，心理安全感尚未建立，与组织文化及团队成员之间的联结还很微弱，同时又都带着新鲜、兴奋而茫然的期待；不同的是，初入职场的新员工因为工作任务看似简单且重复，很难获得成就感和满足感，而很多初出茅庐的新任管理者在业绩指标和人员管理的双重挑战下，在上司的高期待下，深陷于自身的紧张感与挫败感中，而无暇顾及新员工的感受，更难以对新员工的团队融入和业务技能给予必要的指导。两种新能量的摩擦，如果不能产生有价值的动能，就会耗损最初新鲜的热情：新员工因始终无法启动自身的能量而感到无力，新任管理者则因能量多点发散而无果，同样感到无力。

在现代组织中，管理者和员工的这种双向无力感正在消损组织的士气。《心理学大辞典》是这样定义士气的：士气是指“所属成员对其群体或组织感到满意并乐意成为其中的一员，努力实现群体目标的积极态度”。使新员工乐意成为组织中的一员，使新任管理者成为实现群体目标的基层带领者，是每一个组织都要面对的管理议题。

新成员士气提升三步法

越来越多的组织开始关注管理者的心理管理技能训练。在一个通过战胜“习得性无助”来提升自我能量和团队士气的管理者训练班中，管理者小北分享了自己的管理视角和行为的变化带来的团队变化。

◈ 案例 4

小北使新成员没有“躺平”

今年我们部门招了一个新同事，在面试的时候表现不错，也比较年轻，才毕业三年，我们当时并没有觉得他的适应会成为一个问题。他来了第三个月时，适应还是困难，作为他的主管我觉得很难和他沟通。可能是他原来的工作虽然累，每天加班到九点，但是很少需要他自己思考，有点像高级操作工这种类型的工作。他来到我们公司做的是采购岗位的工作，需要更多的独立思考，自己推动一些项目，所以对他来讲，虽然工作的时间缩短了，但是他的压力很大。而且我们公司更注重团队文化的建设，我们组一直倡导彼此互相帮助，分享经验，但是慢慢地，我发现在大家分享经验的时候，这位新同事不是默默地看手机，就是低着头，很少跟大家互动。到了他转正评估的时间节点，说实话，我对他很失望，他这样的员工让人感到很累，很无力。要放在以前，我早就放弃了，因为我听过一些管理类的演讲，都说选拔大于培养。当你做了一段时间的管理工作之后，你会越来越相信这点。

假如不是我正好参加了管理者心理管理训练营，我应该就放弃他了，因为我觉得很累。现在我决定把这位新同事当作我的作业来完成，所以我按照课堂上分析案例的步骤，第一步是自我觉察，我回顾了近阶段的工作，发现平时太忙了，部门今年招了好几位新员工，我都没有什么时间带他们；那第二步就是确定一个可行的计划，从一个小的切入点开始行动，我定的计划是，每天一小时，分别和几位新员工做一对一的访谈和交流，就从眼前这位新员工开始。我找到他，开诚布公地和他交流了一个小时，我问他："你是觉得大家分享这些经验没有意义吗？"他说："要我说实话吗？"我说："对，我们都说实话。"他说："我觉得一点意义都没有。"我说："那你觉得其他同事觉得这种分享有没有意义呢？"他说他不知道。我说："那你可以选几位你相对熟悉的同事去问一问，这样，也会增加他们对你的了解。"然后，我让他把来我们团队之后开心的事情列出来，也把不开心的事情列出来，把目前觉得比较难的项目分解成一个一个小项目，看看我们可以一起做点什么。

谈话之后的几周，他变化很大，以前他一天基本不和其他人讲话，而且经常出去抽烟，现在我看他很少出去抽烟，包括平时午休时间，有的时候女同事在那聊天儿，开玩笑，他还会参与说，"哎呀，我女朋友也是这样说的"……两周之前，我们又办了一场员工之间的分享会，我们安排他做他擅长的电脑知识的普及，虽然我们60%的同事都听不大懂，但是他自己讲得眉飞色舞，看着同事特别是女同事们"盲目崇拜"的眼神，他好像觉得很有成就感，很光荣。

> 人力资源发展代表的是个人的成长，而个人的成长往往必须从内在产生。因此，管理者的工作是鼓励并引导个人的成长，否则就无法充分运用人力资源的特长。
>
> ——彼得·德鲁克，《管理的实践》

小北在分享完自己的管理实践后，又提出了一个问题：让新员工融入新环境只是第一步，组织最终的目标还是要大家充分发挥自己的潜能，为集体和团队做贡献，那应该用什么方法去激励呢？

解析

新成员士气提升三步法

从无力到积极，是一个士气逐渐恢复和提升的过程。按照士气定义（所属成员对其群体或组织感到满意并乐意成为其中的一员，努力实现群体目标的积极态度）中的关键维度，我们以一位新成员为例，看看如何通过三步法提升其士气。

第一步是使新成员"乐意"，即让一位新成员从该群体的陌生人到"乐意成为其中的一员"。

乐意在汉语释义中，是甘心愿意的意思，甘心愿意带有很强的主观情感性，是一种情感上的趋同和认同。情感上的认同取决于双向趋同的沟通意愿，而沟通意愿的达成有赖于沟通频率和沟通质量。沟通频率既可以是接触的次数和时长，也可以是多点的接触；沟通质量指沟通时彼此接纳的姿态和坦诚的态度带来的亲近与熟悉的程度。新人如果在最初的阶段没有达成"乐意"，即心甘情愿成为其中的一员，就会出现像叶圣陶先生《小病》中所描述的状态："他觉得都可以，但都不是心里乐意做的。"

情感上的认同是文化认同的基础，来自群体成员的友善接纳和坦诚自如的交流与协作，如同环境中对流的空气一样，可以使新成员在不知不觉中慢慢觉得舒适，其紧张防御的情绪状态就会松弛下来。但实际情况正如管理者小北所说的，管理者都太忙了，鲜有时间去观察和帮助新成员融入。被忽略的新成员很难在新的群体中获得安全感和依恋感，与忽略相比，坦诚地沟通，哪怕带有批评的意味，只要表达的是在意对方，也会对新成员的无感和管理者的无力起到有效的破解作用。

在案例4中，新成员在加入群体3个月后，第一次有管理者用一个小时的时间与自己沟通，新成员有被坦诚对待和被重视的感受。管理者小北通过与新成员真诚有效地沟通，使新成员在行动上发生了变化——很少出去抽烟，与同事搭话和开玩笑，参与原来认为毫无意义的团队分享活动，并开始享受这样的活动带来的成就感，这些都是新成员对群体和组织乐意的开始。

第二步是帮助新成员理解“群体目标”。

正如管理者小北所说的，我们招募新成员并努力使之融入新环境，是为了一同来实现组织目标。但是，组织目标常常会让组织中的个体，尤其是最基层的员工觉得遥不可及，所以，组织目标还要分解成不同的群体目标，也就是我们常说的团队目标，在案例4中，也就是管理者小北所在的小组目标。小北在面试时，觉得新同事“在面试的时候表现不错”，这个“表现不错”，指的就是小北预测了该新人具备一同实现群体目标的某些有利的特质和相应的经验。新成员主动离开原来单调重复、不需要更多的独立思考的工作，而承接了这份需要独立推进工作的任务，也说明新成员对新加入的群体的工作方式和目标是有所期待的。由于对新的组织和群体缺乏足够的了解，这种期待往往还停留在直觉和想象中，一个好的管理者会通过对新成员最初工作状态的及时观察反馈、一对一的沟通交流，发现新成员的工作特点与长项，并帮助新成员将之及时运用在与组织目标更接近的工作中。这样一方面不会浪费新成员宝贵的资源，另一方面，也会让新成员获得成就感，通过这样的方式，最初的直觉和想象转换成了有价值的贡献和共享。

管理者小北在下一步和新成员的交流沟通中，重点挖掘新成员当时来面试时看中组织的一点或者几点是什么，这一点或者几点就是新成员与组织文化一致的地方；他在接受这份工作的时候，除了这份工作可以回馈给他的薪酬之外，他还认为这份工作会给他带来什么，这就是他对工作的期待和目标。将新成员所期待的目标与群体目标进行对比，发现其中的共同点，就能够渐渐帮助新成员找到与组织目标的契合点。

管理者的群体目标感直接影响团队成员建立和达成共同目标的能力。我们这里所说的群体目标感，不仅仅是清晰的团队 KPI 数字，KPI 数字是群体目标完成后的结果，而对群体来说，激励完成目标的行为的深层动力是群体成员的共同需求。按照里克·汉森归纳的人的三种基本需求——安全、满足、联结，在案例 4 中，管理者小北让新成员通过融入团队文化获得安全感，下一步就是让新成员在工作中通过满足群体目标的工作表现获得满足感，如果个体的安全感和满足感能够借由完成组织目标的过程达成，那么个体就能够成功地在组织中做出自己的贡献。

第三步是激发新成员的“积极态度”。

小北作为一个好的管理者，提出了一个好问题：用什么方法去激励员工？管理学中大量的研究表明，激励的最核心的要素并不是钱，加薪会让人的行为积极一阵子，但不会带来积极态度的持续。能够真正激励员工的要素都在员工自己身上，概括起来有两点：员工最看重什么，员工的特长是什么。管理者逐渐把员工的亮点发掘出来，让他用他的特长为他所珍视的目标而努力工作的时候，就是最激励他的时候。

德鲁克说，企业在雇用员工的时候，雇用的是整个人，而不仅仅是“人手”。主宰双手的依旧是一个人的意愿和动机。因为双手是主人的，所以，人对于自己要不要工作，或者说，要不要好好地工作，拥有绝对的自主权。案例4中，管理者小北的新下属原来的工作单调、耗时，且很少需要他独立思考，这种工作性质带来的是劳动者的被动疲劳，由于知识工作者的大脑有被激活和参与创造的基本需求，他接受了当前的这份需要更多的独立思考和主动推进的采购岗位的工作，这正符合他当下的心理诉求。但多年的工作训练，尤其是步入职场前三年的工作惯性，以及由此产生的对工作的认知，会延续相当长的一段时间，这就需要管理者的理解与推动。

一个好的管理者往往可以与不同个性特质和行为表达的人建立深度的联结，进而在看似文化背景不同和理想不同的人之间建立起紧密的纽带关系。对待新加入者，可约定清晰可量化的考核指标作为试用期的考核依据。过分强调文化和行为表现，并以此作为观察新成员适应度和行为合格度的标准，容易产生偏差。一些在试用期表现绝佳、几乎没有瑕疵的新成员也会在半年或者一年左右时选择离职，缺乏充分沟通而对群体任务的过度屈从，其结果是新成员还没有充分融入群体目标能量就已经耗竭了。而案例4中，小北帮助新成员从乐意到逐渐理解群体目标，再到激发正向的态度和行为，渐次推进，使新员工从“要我做事情”变成“我要做事情”，真正有效地起到了激励员工的作用。

心境对士气的影响

尽管管理学中有诸多的理论、概念和模型对人在组织中的行为进行诠释和假设，但在实际的应用中，管理者很难照着某一个理论或者模型去处理正在面临的工作困境，或者是带来工作困境的成员。而经济人假设、社会人假设和自我实现人假设也往往无法帮助一位管理者去预测一位目前表现良好的成员是否会在下一个时间段选择离开当前的组织。但是，有一点对所有的管理者来说是最显性的可感知的，那就是团队成员的情绪。情绪可用高低衡量，比如团队成员情绪高涨还是情绪低迷，也可以用积极和消极来衡量，比如团队成员中充斥的是饱满热情的情绪还是负性抱怨的情绪。情绪是团队士气的晴雨表，也是预测个体在未来一段时间表现的重要指标。

基于 2022 ～ 2023 年度“美世中国卓越健康雇主评选”员工端健康风险调研，美世整理出了《2022 中国职场员工健康风险报告》，报告中呈现了职场员工总体情绪问题，核心发现有：在受访的 26 720 名员工中，44% 的员工参加调研前四周内有心理感受不良的情况；从情绪对工作的影响上看，61% 的员工在参加调研前四周内，因情绪而影响到工作，其中 26% 有显著影响。

美世 2022 ～ 2023 年全球人才趋势研究显示：2022 年 97% 的企业计划进行重大转型，对员工倦怠的担忧则使这些计划面临风险，在工作中可能出现倦怠的员工比例从 2019 年的 63% 上升至 2022 年的 81%，导致员工出现倦怠的因素包括不公平的待遇、缺少支持网络、工作负荷和疫情期间的情感需求。

作为中国最早一批提供职场心理健康服务的机构之一，盛心公司 2023 年 1 月发布了《疫情三年中国职场心理风险洞察报告》，分析数据表明，疫情三年，在咨询案例中，职场人际关系问题相关咨询数量呈上升趋势，盛心职场心理健康年度数据分析也显示，尤其是在 2022 年，职场人际关系类咨询出现明显上升趋势，相关咨询个案增长了 189%，其中上下级冲突与沟通问题较为突出。员工在咨询中反映的问题集中在几个方面：一是领导要求多而不清晰，缺乏指导和支持，令工作成倍返工；二是领导情绪激惹，言辞激烈，缺乏尊重，甚至有谩骂和威胁的言辞，使人感到委屈压抑；三是工作时间长，没有周末，身心疲惫，兼顾不了家庭，使人产生愧疚感。在对管理者的个案分析和对管理者的访谈中，我们发现，管理者面临着由于组织变革、自身业务和工作的调整的不确定感带来的压力，与上下级沟通的不通畅而每时每刻都会引发的紧张焦虑和情绪激惹，以及在快速变化中对自身能力的本领恐慌和身心长期缺乏照料而导致的疲劳等主要问题。

尽管在咨询室里，无论员工还是管理者都对自己的情绪有丰富的描述，比如难过、委屈、慌张、害怕、愤怒、内疚、沮丧、憎恨、悲伤等，但在实际的工作中，这些情绪体验往往是被掩盖和被压抑的，人们似乎认为一个脱离情绪的组织才是运行良好的组织。一个根本性的问题还是：组织到底是一部机器还是一个生命体？由于组织是由无数生命体组成的，那么组织的创造力也正来源于这些生命体。实际的情况是，员工每天都会把情绪带到工作中，而在工作互动中，他们还会产生新的情绪。如果一种反复出现的情绪没有被有效地释放或者处理，久而久之，被压抑和忽略的情绪就会转化为我们通常所说的心境。心境和情绪的最大不同就是，到了心境阶段，引发某种情绪的事件和客体已经不清晰，比如，会莫名的难过、悲伤，或情绪烦躁、低落等。心境不好会引发更强烈的消极情绪，例如，当你心境很糟时，你会对下属一个不尽如人意的表现暴跳如雷，而在正常的状态下，它只会引起你轻度的反应。

◈ 案例 5

小西所在的部门有三位副主任——张主任、李主任、王主任。小西的直接主管是李主任，但小西有多项任务与张主任存在业务汇报关系。上周，张主任和李主任分别交给小西一个大报告任务，小西夜以继日地加班加点，按照两位主任的要求，分别完成了两个报告。李主任看了小西提交的报告之后，重重地把报告甩在了桌上，说给了他一周的时间，怎么质量这么差。小西解释说自己本周还提交了另一份报告，李主任说，“到底谁是你的领导，你这样做也太不尊重人了……”。小西当天什么也没有说，第二天主动找李主任道歉，说自己没有提前请示工作的轻重缓急，李主任说，自己昨天的情绪也有些急，最近压力太大了……小西这周总是想起这件事情，感到委屈和愤懑：领导自己情绪不好为啥要拿员工出气，明明是领导之间的问题，却令自己受夹板气，而部门领导分工又不清晰。左思右想，小西出现了失眠和胸闷的反应……

在案例5中，从小西一周之内夜以继日地完成了两位领导交给他的大报告任务大体可以看得出来，小西无论在工作态度还是工作能力上，应该都是骨干层级的。李主任“重重地把报告甩在了桌上”，并指责报告“怎么质量这么差”，这对小西的工作热情和工作信心都是一次挫败和打击。尽管李主任解释了自己的情绪“有些急”，但小西还是左思右想，出现了失眠和胸闷的反应。在这个案例中，李主任“最近压力太大了”已经持续了一段时间，意味着他已经将很多的负面情绪“消化”成为心境，而在一个以负面情绪为主基调的心境生态中，作为管理者的李主任已经无法看到下属的付出和努力，也无法感受到下属心中希望被公平对待的基本愿望，更无法给予下属积极正向的反馈和鼓励。而小西经过一周的加班加点，体力和心力都多有损耗，这时最佳的“营养液”就是领导对他工作成果的认可和对他工作态度的赞许，但事与愿违，在得到带有明显冲突行为的负反馈后，小西最初的情绪反应是委屈和愤懑，然后左思右想，最终也出现了心境式的反应——失眠和胸闷等。

从这个案例我们可以了解到，心境与情绪彼此关联，心境如河床，情绪就像河床上流过的河水，河床平坦，河水就波澜不惊，平稳浩荡向东流；河床松动或塌陷，河水就波澜四起，水流或停滞或湍急，风险重重。无论喜不自胜还是心绪如麻，不平稳的心境都会让你对同一事件的反应更加情绪化。心境和情绪也有明显的区别，情绪通常由具体事件引起，持续时间较短但表现更加显性，心境是一种宽泛的、不清晰的感受，通常会持续较长的时间，因而具有更大的弥散性。同时，由于心境通常伴随着认知性的反应，因此更有可能对组织文化产生深远的影响。比如，李主任发怒时的内在感受“你这样做也太不尊重人了”，和小西觉得“明明是领导之间的问题，却令自己受夹板气”以及“部门领导分工不清晰”给自己的工作带来了困扰，这些在认知层面的解读，更容易使团队成员士气低迷，并成为一种集体情绪，从而对组织效能产生根本性的影响。

▣ 思考与启示

思考 5：小西何以在主动道歉，领导态度缓和后，依旧感到“委屈和愤懑”

启示一：工作场所中的冲突本质上来自人的情绪和感受，工作质量或者工作事件只是冲突的导火索。案例 5 中的冲突双方并没有就报告质量进行讨论，表达的都是“不被尊重”的强烈感受，希望获得尊重是冲突产生的组织环境背景。

启示二：基于恐惧的沟通会产生新的心理冲突。小西的主动道歉是行为上的主动，而不是发自内心的乐意和心甘情愿，是担心自己未来在李主任手下的日子不好过，而不是基于对李主任也有很大的压力的理解和关心，其动机是基于恐惧而不是爱。尽管领导的态度有所缓和，但双方并没有进行基于理解和关心的互动，小西的情绪经过一周的“左思右想”，蔓延为委屈和愤懑的心境。

启示三：领导者的情绪能力影响员工的情绪复原。我们不能给别人我们没有的东西，这条原理决定了一个情绪处于焦虑或者愤懑中的领导者无法使员工获得情绪上的安宁和安全。领导者要及时地觉察和处理自己的情绪，尤其要关注自我价值感和工作中影响自我心境的困难和挑战。

重视管理者的情绪成本

在现代企业中，企业生产过程中的资本要素除了狭义的金融资本外，数据、信息、知识和情绪正成为基本的资本要素。管理者在组织里完成企业的经济绩效任务时，关键的工作在于将人作为一个核心资源，将其与组织的各种资本要素资源进行整合。在现代组织中，管理者越来越将团队成员的情绪作为资本，计入组织的收益或者支出中。

> 你可以买到一个人的时间，你可以雇一个人到固定的工作岗位，你可以买到按时或按日计算的技术操作，但你买不到热情，你买不到创造性，你买不到全身心的投入，你不得不设法争取这些。
>
> ——杰克·弗朗西斯

管理者要设法争取团队成员的热情、创造性和全身心的投入，而实际情况是，在某种程度上，这些东西也是很多管理者所匮乏的，或在工作生涯的某一个阶段所匮乏的。组织首先要为管理者的情绪成本买单。

◈ 案例 6

某跨国公司招聘到了一位市场总监，工作积极主动，有较强的市场拓展能力，业务能力看上去还是不错的，但工作一个月下来，招聘他的人事总监迪总监听到一些令她不安的反馈：这位市场总监性格暴躁，在与一些核心人员甚至是客户的互动中，或在一些重要的场合，表现得很强势，几乎任何人都不能对他的意见进行反驳，急躁时还会说出一些不雅的语言，甚至会带脏话。迪总监感到很困惑，认为**在这么高的职位上，**类似的行为不应该出现。她知道在用人上应该本着“用人不疑，疑人不用”的态度，但内心总隐隐有些不安，考虑究竟是不是选错了人，选聘的这个人如果有问题，大家也会认为这是她在管理上的一个失误。迪总监很纠结要不要做一个替换，但目前公司已经做了一些前期的工作部署，市场总监也按照工作计划在很多相关部门进行了推进。从组织用人的角度应该快速地做决定，如果花的时间更长可能会**导致各种成本和代价**更大，迪总监陷入了两难。

解析

迪总监的困惑

市场总监的情绪表达和行为方式令迪总监感到困惑，她认为“在这么高的职位上，类似的行为不应该出现”。这就涉及作为公司的高管需要具备的基础特质的问题。具备市场拓展能力是市场总监岗位的基本要求，仅从这一点来看，迪总监并没有选错人。但作为公司的一位市场总监，**“市场”是他的岗位任务，“总监”是他的高管身份标识，**而对一位高管来说，需要具备的基础特质还有两项——愿景力和情绪力。

愿景力主要体现在使命感和价值观上，高管在率先垂范传递组织文化方面具有较大的影响力，如果该组织的价值观注重尊重与协作，那么该市场总监的行为显然是与文化倡导所需要的示范相违背的。高管的愿景力对于士气的激发至关重要，我们在该市场总监的言行中没有看到这一点。

情绪资本是正面情绪和情感投入带来的价值，而情绪成本则更多地关乎负面情绪对个体或组织产生的损耗或负面影响。高管通过情绪劳动对团队创造业绩起到激励的作用对应前者，团队成员及组织均需为高管的不良情绪买单则对应后者。不同个体在情绪表达上具有差异性，这种差异性首先来自个体特质，也来自不同个体特质的人在与环境互动中遇到的场景事件。对同样的事件，拥有不同个体特质的人会做出不同的情绪反应。在案例6中，市场总监的情绪特质暴躁强势，他说出不雅的语言不仅仅是行为问题，负性情绪被强烈唤起显示出他在任务应对中已经遇到困难，也说明他的情绪能力水平无法胜任目前的岗位。仅仅入职一个月的时间，市场总监在情绪能力方面带给团队的是情绪成本而不是情绪资本这个事实已经比较明晰了。

迪总监选错人了吗

对人事总监来说，招聘到一位合适的高管的确是一件难且重大的工作。我们用了“合适”这个词，而不是“合格”，就是因为如果按照岗位任职标准逐一对照后合格的人，在实际工作中不一定合适。就高管这个岗位而言，合适，于组织来说是价值观的匹配，于团队来说是情绪能力的达标，一份简历和最初的面试无法展现和较难评估的恰恰就是情绪能力。如何通过简历和前期的沟通选到既合格又合适的高管候选人呢？

首先从任职标准上，组织对基层管理者、中层管理者和高层管理者的任职要求不同，基层管理者更多的还是在做事层面，考核时主要还是看小团队相对单一的目标的达成能力，即使带领团队的能力相对薄弱，但只要自身的工作技能和投入度足够高，就能够比较顺利地达标甚至升职。中层管理者需要通过带领团队和跨部门沟通协调资源达成部门的整体目标，在这个层级，管理者的情绪能力是一项重要能力，如果不能有效地以情绪资本带领和激励团队，那么部门的绩效压力就会使管理者个人的情绪成本支出加大，管理者会感受到挫败与耗竭。通常，组织对业务能力超群而情绪能力较差的管理者总是包容有加，为了保有其在业务方面的贡献，会采取一种安抚策略：将其加薪提拔成为高层管理者，只负责某一部分的业务，但不再实质性地管理团队。作为一名高层管理者，具备战略视野与全局观，具有整合组织内外资源的能力，以及在危机处理中的洞察力和决策力是核心要求，而这些要求无一不与情绪能力相关联。一位情绪能力问题没有解决的管理者即便不再管理具体的团队，其情绪会继续耗竭，直到他选择新的组织。在新的组织中，情绪的激惹可能短暂地被掩盖，但过一段时间就会按照原有惯性发作，内外冲突的夹击会使其难以应对而再次逃离工作岗位。

所以，从履历背景来看，当人事总监在简历中看到某位候选人从升职到高层管理者岗位开始，在不足两年的时间内就跳槽，并且接下来频繁跳槽的经历时，就要格外关注该候选人在情绪能力和人际互动方面的特质了，如果背景调查显示他的确有这方面的问题，那么即使决定录用，也要做好整个团队情绪成本支出的准备。

如何看待人员任用中的沉没成本

“如果花的时间更长可能会导致各种成本和代价更大”，这看似是迪总监的纠结点，其实，在迪总监的经验与认知中，答案是肯定的，这样是会导致各种成本和代价更大的。使迪总监陷入两难的不是她的判断力，而是如何面对人员任用中的沉没成本。目前，这个是沉没成本包括猎头招聘的高昂费用和试用期间的薪酬、福利成本，这些是显性的沉没成本，还包括一个月中团队的沟通时间成本和情绪成本，这些是隐性的沉没成本。如果现在止损，损失的就只有这些。但人们在面对沉没成本时常见的心理反应是期待有一种办法来减少沉没成本，总是幻想能收回来一些，比如希望该市场总监正在进行的工作计划最好能再创造一些市场拓展方面的业绩等。经济学和商业决策制定中用“沉没成本”代指已经付出且不可收回的成本，如时间、金钱、精力等，沉没成本常用来和可变成本做比较，可变成本可以被改变，而沉没成本不能被改变。所以，我们要看的是市场总监的情绪成本是可变的还是不可变的。如果在相当长的一段时间内，市场总监的情绪能力无法从情绪成本转化为情绪资本，那么，该团队隐性的沉没成本会越来越大。

大量研究表明，领导的负性情绪表达会对员工情绪、态度和行为产生重要影响。团队成员在面对一个高压的、情绪暴躁的领导时，通常会选择退缩、压抑或者逃避，也就是情绪应激反应中的僵住或逃跑反应。高管的语言暴力会给员工带来严重的不公平感，一些有行动力的员工可能会选择离开，不能快速决断的员工则会出现习得性无助。有研究表明，团队成员的情绪直接影响客户的满意度，从员工到顾客的情绪感染过程会进一步影响顾客对服务质量的感知，负性情绪的传递也会影响到顾客的消费行为。一个团队的士气匮乏和习得性无助会体现在工作动力和回应客户需求的工作质量上，最终，团队情绪成本的终端体验者是客户。

▣ 思考与启示

思考 6：如果你是迪总监，你的选择是 X 评估是否解雇还是 Y 留任观察

启示一：选择 X 的重点在于评估。首先从集体心境的动态变化来评估：界定一个集体心境的基础水平，评估市场总监在任的这一个月团队集体心境的变化趋势。在这里，我们用罗素的环状情绪分类（见图 3-1）来说明。罗素认为（Russell，1980）情绪可以用两个维度来划分——愉快度和强度，其中愉快度从不愉快到愉快，强度从中等强度到高等强度。这一分类方法在英语国家和非英语国家都得到了一致的研究结果（Larsen and Diener，1992；Reisenzein，1994）。

假设团队集体心境的基础水平位于图 3-1 所呈现的 B 区，如果这一个月的变化趋势是从 B 区向 A 区转化，则为正向转化；从 B 区向 C 区转化，则为负向转化；如果团队集体心境从 B 区向 C 区再向 D 区转化，则为风险性转化，可以预测情绪成本在继续增加。其次是评估市场总监

这位高管的情绪能力水平，除了人事总监迪总监之外，市场总监的直接上级及跨部门管理者也要对市场总监的情绪能力水平进行评估：他们与他合作是否感到愉悦？他们是否愿意向他提供帮助？如果答案为否，则意味着需要更多的高管为市场总监的情绪能力买单。

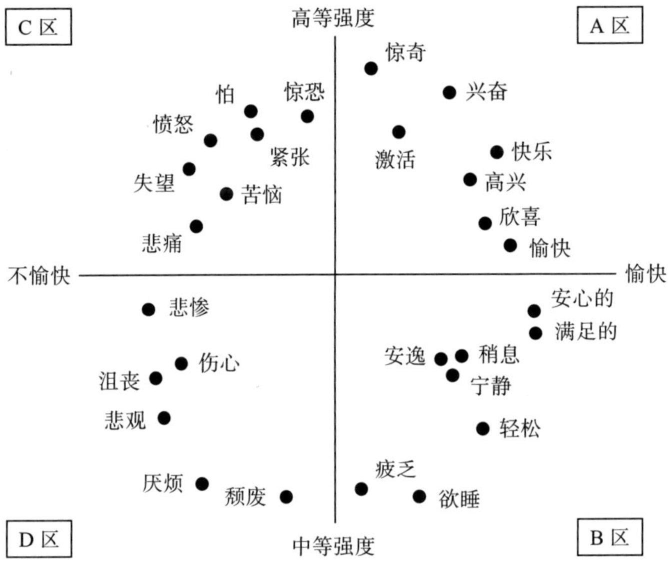

图 3-1　罗素的环状情绪分类

启示二：选择 Y 留任观察，要界定观察的维度。首先要与当事人进行坦诚的沟通，使之了解观察与评估的必要性，并清晰告知具体的指标是什么。如果当事人不能接受留任观察的指标，表明他对共同的规则与约定无法认同，组织可据此考虑去留；如果当事人认同观察与评估的指标，就要共同探讨怎样改进，改进的效果从两方面考量，一是当事人行为的变化，二是团队集体心境的变化。团队集体心境是考核管理者融入度的重要指标。

团队情绪：资本 vs 成本

在企业的运营和管理中，通常都是按财务资产、销售额、不动产以及其他可见的资产来评估自身的价值，这种“工业时代”的观点主导了人们对商业运作的认识。在 20 世纪 90 年代，这种状况有了变化，瑞典斯堪的亚公共保险有限公司（Skandia）在 1994 年的年度报告中，专门用一篇讨论和研究公司的智力资本，它提出，需要重视被疏于评估的自身知识资产和情绪资产。

我们还是用罗素的环状情绪分类来评估团队情绪资产，即评估团队情绪是资本还是成本。

团队成员的整体情绪水平如果处于 A 区，是一种高能量的激活状态，将这种情绪状态转化到工作的创造中，更易产生集体荣誉感、协作的愿望和行动、高投入度和心流状态，也更能够群策群力、攻坚克难，当团队在这样的情绪状态下工作时，会产生集体收效大于个体收效之和的效果，事半功倍；团队成员的整体情绪水平如果处于 B 区，是一种处于安全岛的情绪生态，团队成员较多地表现出友善、包容、信任、互助和互赖，在安全和轻松的情绪状态下，员工更容易摒弃杂念，促进共同目标的达成。

团队成员的整体情绪水平如果处于 C 区，是一种高能量的激惹状态，极易引发冲突、猜疑、指责、不合作，或表达上心口不一，团队成员处于惊恐或者失望的情绪中，无法聚焦于任务，难以达成共同的目标；团队成员的整体情绪水平如果处于 D 区，是一种低能量高倦怠的情绪状态，情绪反应为悲观与抱怨，或者悔恨与自我谴责，团队丧失了行动的动力和能力，常常不作为或者无法作为。

资本是能够产生效益的投入，它在本质上体现的是一种生产关系，而成本是一种价值牺牲，是在生产中的耗费之和。当团队情绪处在 A 区和 B

区时，体现的是一种能够产生效能的生产关系，是情绪资本；而当团队情绪处于C区和D区时，团队成员彼此传递的是耗竭的情绪，会对团队效能带来耗损，是情绪成本。大量研究发现，领导的情绪表现会影响到员工的情绪，继而影响到员工的态度、行为和绩效。管理者的情绪能力水平对团队情绪有决定性的作用，如果团队领导处于高等强度的不愉快状态，那他对团队情绪会产生强烈的冲击，团队成员将处于或战或逃或僵住的状态，难以聚焦于工作任务，更难以产生集体性的创新成果。案例6中的市场总监的情绪即便在常规状态下，也处于高等强度的不愉快，他的暴躁、焦虑、愤怒会导致团队情绪在C区和D区上下徘徊，这是一种安全感丧失或行动力匮乏的情绪体验状态。有研究表明，企业的中高层管理者蔓延出来的恐惧感会使组织产生惰性，进而无力应对快速的市场变化。

◐ 小贴士

权力与微笑

微笑对营造积极的组织氛围有正向作用。关于“老板效应”的研究，有一些有趣的发现，比如微笑的传递由更有权势的一方决定，当一个人觉得自己有权力的时候，通常不会回应别人的微笑。这也就解释了这样的一种现象：一位在公司不苟言笑的总经理，回到家中与妻儿相处时可以笑容可掬，因为在家庭关系中，他没有以职场中的权力角色出现。这些研究成果可以应用到工作场景中：作为下属，当领导表情肃穆或者冷漠时，可能不意味着他对你有意见；作为领导，可以通过自我觉察和自省来突破“老板效应”的局限，意识到自己的神态对团队成员的情绪有很大的影响，通过有意识的自我训练，更多地呈现愉悦和微笑的表情，调整声调、手势等，展现自己的积极情绪，以提升团队的情绪能量水平。

测算一下：团队士气指数

“组织情绪能力”在 20 世纪末成为学者们研究组织能力的一个新兴主题，这类研究将组织视作一个“活体”，认为组织能释放一种群体情绪能量，而引导和调控组织情绪的能力是一种重要的组织能力。引导和调控组织情绪的根本目的是提升士气，但在现实的应用层面，情绪的调控主要还是聚焦于个体层次，还没有简捷有效的工具可以协助组织进一步分析和评估复杂环境下组织的情绪能量水平与情绪能力。

盛心公司的研究人员结合近 20 年来对全球长寿企业、中国高速增长中的新兴企业和转型中的传统企业的职场行为健康管理的应用实践与研究分析，探索出一个基本的评估组织情绪的工具，用来协助组织评估团队士气指数。

团队士气指数 = 团队情绪状态 × 管理者情绪状态 × 团队融合热度

我们重新回顾一下“士气”的定义：士气是所属成员对其群体或组织感到满意并乐意成为其中的一员，努力实现群体目标的积极态度。其中，团队情绪状态包括了士气关键要素中的“满意”和“乐意”这两个重要维度，我们采用罗素的环状情绪分类（见图 3-1）来评估团队情绪状态；管理者情绪状态是团队“积极态度”的情绪基础，我们采用积极与消极两个维度；团队融合热度是群体目标达成的保障，以成员间的沟通质量为评估指标。

管理者可以采用 10 分制对自己带领的团队的士气进行主观评估。0 分代表主观评价最差状态，10 分代表满意状态，具体评估方法如下。

1）对所在的团队中的团队情绪状态进行主观感受的评分：看一下团队的综合情绪处于图 3-1 中的哪个区域，A 区（8 ～ 10 分），B 区（5 ～ 7 分），C 区（2 ～ 4 分），D 区（0 ～ 1 分）。

2）选取所在的团队中的核心领导者 1 ～ 3 位，进行管理者情绪状态评分：从 0 到 10 分，情绪状态从消极到积极，然后将 1 ～ 3 位领导者分值相加再除以参评人数，得出管理者情绪状态分值。

3）对团队融合热度评分：彼此能够真诚回应并有具有实效的交流内容（8 ～ 10 分），正向回应但无坦诚的交流内容（5 ～ 7 分），负向回应（2 ～ 4 分），几乎无回应（0 ～ 1 分）；

用这个公式，我们分别对案例 4、案例 5 和案例 6 的团队士气指数进行一个测量。

案例 4 的团队士气指数

团队士气指数 = 团队情绪状态（9 分）× 管理者情绪状态（10 分）× 团队融合热度（10 分）=900 分

评分依据：

1）团队情绪状态：A 区，激活。在案例描述中，午休时员工放松地闲聊和开玩笑，男同事也会加入其中说，“哎呀，我女朋友也是这样说的”……团队注重文化建设，倡导彼此互相帮助，分享经验，分享者被激活，感到兴奋和愉快，学习者扩大视野，有希望感。

2）管理者情绪状态：积极情绪。具有很强的推动力与学习力，坦诚沟通，直面困难，有热度地帮助新成员完成破冰，并发生行为上的改变。

3）团队融合热度：真诚回应，交流内容具有实效。管理者主动找到新成员，开诚布公地交流了一个小时，对目前比较难的工作内容进行指导。谈话之后的几周，新成员变化很大，很少再出去抽烟，并加入了他在最初非常抗拒的团队学习分享活动中，在员工之间的分享会上做他所擅长的电脑知识的普及，并且“讲得眉飞色舞”，觉得“很有成就感，很光荣”。

案例5的团队士气指数

团队士气指数 = 团队情绪状态（2分）× 管理者情绪状态（4分）× 团队融合热度（4分）=32分

评分依据：

1）团队情绪状态：C区～D区，紧张、伤心。在案例描述中，领导和员工均觉得对方没有尊重自己，可以推测感觉没有受到尊重是一种集体心境。领导的反馈是负向的，而且自我情绪处于愤怒、紧张和失望中，而骨干员工高强度地加班但工作成果不被认可，感觉到不公平，处于伤心和沮丧的状态。

2）管理者情绪状态：消极情绪。管理者描述“情绪也有些急，最近压力太大了”，管理者的行为是把员工的报告重重地甩在了桌上，指责其“质量这么差”“到底谁是你的领导，你这样做也太不尊重人了”。

3）团队融合热度：负向回应。管理者对员工的工作产出是负反馈，对员工的工作行为是否定的，员工主动找到领导道歉，双方并没有借此机会进行真诚的沟通和交流，员工道歉后反而觉得愤懑和委屈。

案例6的团队士气指数

团队士气指数 = 团队情绪状态（4分）× 管理者情绪状态（0分）× 团队融合热度（5分）=0分

评分依据：

1）团队情绪状态：C区，愤怒、惊恐、紧张、易激惹。在案例描述中，“市场总监性格暴躁，在与一些核心人员甚至是客户的互动中，或在一些重要的场合，表现得很强势”。管理者尤其是一把手的绝对强势与愤怒，带来的是团队整体的情绪心境处于惊恐、紧张和易激惹状态。

2）管理者情绪状态：消极情绪。市场总监不仅在态度上表现暴躁，也在语言上出现不雅，甚至会说出攻击性的语言，职场中的语言暴力是需要禁止和杜绝的，这已经超出了一般个性上的差异或因为应激事件和压力场景所引发的负性情绪反应。

3）团队融合热度：呈现为几种沟通回应状态——负向回应 + 不回应 + 正向面对的并存。市场总监是负向回应，同时他表现得很强势，几乎任何人都不能对他的意见进行反驳，这可能带来集体的噤声与不回应，人力资源总监正在探讨和思考能够正面沟通和交流的方法。

士气是组织情绪的晴雨表，当士气高昂时，组织成员通常会表现出更高的工作热情和更强的合作精神，这种情绪状态有助于激发成员的潜能，达成积极的创新成果；反之，当士气低落时，组织成员则会更多地表现出消极、抵触或冷漠的态度，这种情绪状态会削弱组织的凝聚力和向心力，内部员工从情绪到行为，再到产出，直接影响的是外部客户对服务和产品的体验、信任和忠诚。对投资者来说，将资金投入到士气指数 900 分、32 分和 0 分的团队中，当下与长期的风险及收益是可预测和测算的。

> 基于我们是社会性动物，我们的生存有赖于我们对他人行为、意图和情绪的理解。镜像神经元使我们不仅可以通过概念推理来了解别人的思想，还可以通过模仿的方式，通过感觉而不是思考。
>
> ——贾科莫·里佐拉蒂

情绪在团队中具有很强的感染力，团队情绪会直接影响团队中的成员的感受、态度和行为，并进而影响团队的工作效能与工作绩效。一些研究表明，积极的情绪感染会使得团队成员对彼此的表现给予更加正面的评价，从而引发更多的积极表现，团队成员也更多地表现出互助行为和沟通意愿，也能够更加心平气和地对待不同的意见，在冲突处理中更多地采用非攻击性的处理方式。而消极的情绪感染，会使团队成员对他人的意见和行为采取怀疑和不信任的态度，并进一步加剧人际间的冲突，当团队成员存在挫败、愤怒或悲伤和无力感时，这种情绪会进一步蔓延并表现为团队的工作热情度降低，凝聚力下降。在一个负面能量蔓延的团队中，日渐累积的不适感也会造成团队的离职率上升、工作动力和工作满意度下降，进而影响组织发展目标的实现。

◐ 小贴士

镜像神经元与组织情绪资源

镜像神经元是 20 世纪末由意大利帕尔马大学首先发现的，科学家们首先在猴子中发现了镜像神经元，随着研究的深入，在人类、鸟类和某些鱼类中也发现了类似的神经机制。镜像神经元能够“镜像”观察到的动作，即当个体看到某个动作时，其大脑中与执行该动作相关的神经元会被激活。除了动作模仿外，镜像神经元还涉及情感共鸣，当我们看到他人表达某种情绪时，我们的镜像神经元系统会激活相应的情感反应，使我们能够理解和感受他人的情绪状态，从而促进社会交往和共情能力的发展。这个发现一经公布，立即在科学界引起巨大反响，学界称镜像神经元之于心理学如同 DNA 之于生物学，DNA 作为生物遗传信息的主要载体，决定了生物体的基本特征和遗传规律；而镜像神经元则作为理解和模仿他人行为的神经基础，深刻影响着人类的社会认知、情感共鸣能力和学习能力。

看到别人的笑容你自己脸上的肌肉也蠢蠢欲动跟着想笑，“兔死狐悲”说的是看到别人痛苦时你自己心里也不舒服，就好像你自己也在受苦一样。当人际间发生情绪体验的传递时，镜像神经系统得以激活。这一机制表明，情绪感染在很大程度上是自动的和潜意识的，而且个体相互模仿表情会导致双方情绪状态的融合，并由此产生情绪状态的同步，进而时刻影响个体的情感体验。在同一个组织或者团队中，不同个体间会发生情绪资源传递活动，而该活动的实质就是情绪资源在不同个体间的刺激—认知—反应过程，触发了某个或某类情绪事件，并不断经过不同个体不同的认知方式的加工，影响组织整个场景的情绪互动。

本章小结

组织情绪是资本还是成本，本章我们利用公式进行了讲解。在组织情绪从资本到成本，又从成本到资本的转化过程中，管理者的情绪能力是一个核心变量。本章提到了心理学的两大重要发现——“习得性无助”现象（相关研究促进了积极心理学的诞生）和镜像神经元（这一发现之于心理学如同DNA之于生物学），并尝试阐释这些重大发现与组织情绪的关系和作用。

复习题

- 职场新人的习得性无助会经历哪三个阶段？
- 士气的基本定义是什么？
- 心境与情绪有哪些区别？

CHAPTER 4 | 第4章

人格特质、情绪价值与士气

以情绪价值提升士气

“情绪价值”的研究最初源自经济学和营销学领域。美国爱达荷大学商学院的 Jeffrey J. Bailey 教授（2001）从顾客与企业之间的关系营销视角出发，将情绪价值定义为顾客感知的情绪收益和情绪成本之间的差值，情绪收益为顾客的积极情绪体验，情绪成本则为消极情绪体验。

情绪价值 = 情绪收益 – 情绪成本

用“情绪价值”这个概念可以解释一些出其不意的营销案例，比如在 2021 年中国教培行业出现滑铁卢之后，教培行业“鼻祖级”公司新东方集团改辕易辙推出“东方甄选”平台，火爆出圈。“东方甄选”直播带的货与卖场的商品或许在品类上并无差异，但“东方甄选”与商品捆绑出售的还有大量的情绪价值：丰富的知识点带来的获得感、幽默有才华的表达引发的愉悦情绪、跌入低谷时乐观面对并能够触底反弹的勇气，这些都给顾客带来了“买并快乐着”的积极情绪体验。为消费者创造积极正向的情绪体验这个重要的营销手段有助于提升产品和服务的竞争力，也带来了从关注商品服务质量到同时关注消费者情感体验的服务升级。

一位在生活中很节俭的“60后”女性知识分子热衷于在东方甄选完成购买行为甚至酒店预订，朋友问她：“是里面的东西物美价廉吗？”她说：“这倒不是，但我就喜欢里面的年轻人干干净净、快快乐乐的样子，而且他们很有才华和才气。”

在创办之初，东方甄选给人们的感觉就不仅仅是在销售产品，更是在打造一个拥有思想和情感的“拟人化”形象，一个有文化、有品位，有情、有趣、有审美的品牌形象。情绪价值依循“刺激引发情绪，情绪驱动行为”的逻辑，东方甄选就此靠着情绪价值一路高飞，仅用两年的时间便一跃成为中国全新的头部自有品牌及直播电商公司。

但“成也萧何，败也萧何”，直播经济非常依赖主播的情绪劳动以及在互动中形成的一种虚拟共同体，尤其当人们的情感被激发之后，可以短时间形成一个高潮。然而，维系这种共同体的纽带——情绪刺激的效果往往是瞬时性的。2023年12月的“小作文风波”引发的一场大戏，使足不出户就能在直播间体验到诗和远方的粉丝如梦初醒。从虚拟的情绪价值中醒来未必不是一件好事，说到底，任何一个看上去很美的产品，都要经得起“真”的推敲和捶打，东方甄选在这起公关事件中的表现，是一次从情绪价值到情感价值的品牌重塑过程。互联网经济已然尽显时代的心灵特征，如今消费者购买产品时，不再单纯地为了吃、喝，而是会考虑选择这款产品时自己能否得到情感满足，而对企业来说，从为消费者提供情绪满足转变到与之建立情感价值纽带才是真正的王道。

▣ 思考与启示

思考 7：东方甄选“小作文风波”，可以为情感经济时代带来哪些组织管理启示

启示一：企业管理不再是 CEO 一个人的事，也不再是组织内部的私事。

传统上，企业管理被视为内部高层领导者的职责。社交媒体的兴起增强了组织的透明度和公开性，社交媒体同时成为粉丝互动的重要平台。在粉丝经济这种通过吸引、培养和服务一大群热忱的粉丝或忠实用户来创造经济价值的商业模式下，粉丝不仅是产品或服务的消费者，更是品牌的推动者、传播者和忠实支持者。粉丝经济的崛起使大众在一定程度上拥有了对企业的影响力，用户可以迅速传播信息、表达观点，对企业进行赞美或批评，从而对企业经营产生决定性的影响。

在东方甄选的“小作文风波”中，粉丝展现出了巨大的能量，推动企业高层从最初略带含混的息事宁人转变为倾力安抚，坚定表态，果断处理，慷慨共享。不得不说其间企业面临的巨大压力和威胁主要是来自外部，而内部决策层也敏锐地感知和倾听了大众的心声，做出了符合社会期待的快速决策。

启示二：情绪价值需要表里如一，方可持续。

情绪价值的一致性指的是品牌在形象、定位、营销策略以及产品服务中向消费者传递的情感和情绪的一致性。这种一致性既包括内部的一致性，即公司内部的员工在价值观、情感和行为层面保持一致，共同传递产品理念；也包括内外的一致性，即消费者所感知到的情绪价值与品牌内涵的一致性。这次风波乍起时，看客及粉丝的情绪价值面临对内外一致性感知上的断裂，情绪价值始于“美”，兴于“善”，终于“真”，此

次危机公关中公司高层表现出来的诚恳与平实倘若可以贯彻到整个团队，那这次风波就将是一次重新与消费者建立深层联结和情感共鸣的机会。

启示三：重新定义“小编”的价值，“小编”不小。

这次风波的导火索“小编”虽然名不见经传，但闹出来的动静着实不小。而当这个事件发酵到最热点时，人们似乎已经忘记了“小编”的存在。互联网的兴起，捧起了一批“草根”，也给更广大的人群调侃式地贴上了网络用语“标签”，比如“小编”。公司运营有台前幕后，如果用一个电视剧剧组来比喻东方甄选的主创班底，那么大主播无疑是剧中的主角，以其魅力吸引着观众的目光，文案团队则扮演着编剧的角色，精心为各个角色设定台词和情节，CEO是导演兼制片人，在台前确保所有演员表现好，幕后还要协调运营，而通常所说的大老板就是出品人。

原本应该顺理成章的配置何以会闹出乱子？我们可能忽略了重要的一点，就是在一部电视剧长长的主创名单中，连“茶水”都有一席之地。

东方甄选此次风波之后，可能会像公司“舵主”俞敏洪所说的“相信经历这次事件之后，我们一定能够借此契机更上一层楼，为未来的发展聚集更多的能量”。这番话在2023年12月18日的直播中，俞敏洪在给全体主播的一封公开信中所说的。在发布这封公开信时，俞敏洪还特别提到以后不论是哪位“小编”写的文稿，都要特别说明，并宣布当月25日和26日公司休息两天，大家一起去滑雪团建。回归团队建设，回归对团队中每一个个体的关注与尊重，这是在全球ESG（环境、社会和公司治理）的大背景下，企业管理从仅仅关注业务指标上升到关注公司的全面治理的必由之路。企业管理需要考虑到环境、社会和道德层面的因素，企业越来越重视与员工、股东和公众分享信息，以建立信任和提高企业形象，并通过企业文化的塑造来引领整个组织。

情绪价值看似不易量化，却时时刻刻都在影响我们的决策与行为。比如，在恋爱关系中，在外表、经济收入、职业、身份等这些显而易见的条件外，还有一个重要的加分项叫“性格不错”。有的父母百思不得其解，为什么自己的女儿会选择一个在他们看来其貌不扬且经济条件一般的恋爱对象，仅仅因为“对方更懂自己”“和他在一起很开心”。这个“懂”和“开心”，就是情绪收益：“懂”是一种共情力，“开心”是一种积极的情绪体验。反之，即便是建立了法律约束的婚姻关系，当负性情绪冲突到了不可调和的地步时，也会因为“性格不合”而导致家庭解体。这里所说的“性格不合”，其实更多说的是彼此相处时感受到的是不开心和其他负性情绪，而负性的情绪体验即情绪成本也会放大双方所感知到的时间成本和财务成本的损失。由此可见，在一段关系中，当情绪价值超过了物质价值带来的情绪体验时，情绪价值就会对决策起决定性的作用。

在职场中，当员工感知到的情绪成本高于物质价值带来的收益时，就会发生我们通常所说的员工“用脚投票”的离职情况。在全球对造成员工离职的因素的研究中，持续多年高居第一位的是与直接管理者的关系及互动体验，第二位是个人成长空间，薪酬排在第三位或者第四位。在中国的职场背景下，上下级关系的挑战在新入职的员工、新晋升的管理者和中层管理者群体中尤为明显，在遇到困扰时，由于彼此的关注点都在自身需要完成的任务以及对方在完成任务过程中的行为表现上，较少关注彼此互动中积极情绪体验的输出，形成了负面反馈与负性情绪的循环，个体健康、人际关系和工作绩效也进入了非良性的循环。

前文案例2中的小丽及其领导的情况是当今职场情绪生态的一种写照。在工作场所中，情绪成本从隐性变得越来越显性化，表现为因为精神健康问题导致的请病假与缺勤行为数量日益攀升，由于情绪冲突导致的员工关系成本上升，以及团队士气低迷带来的集体情绪倦怠。

士气的基础是所属成员满意并乐意成为组织的一员，满意指的是符合心愿，乐意是一种心甘情愿的动能，满意和乐意这种主观感受与团队成员之间自然而然相互输出的情绪价值密切相关。

研究表明，情绪价值和士气之间存在密切的关系。一方面，情绪价值能够带来积极的情绪体验，而积极的情绪体验可以激发员工对工作的热情和动力，使他们更有能量追求目标，获得成就。反之，当员工体验到消极的情绪，如沮丧、焦虑和愤怒时，则会引发团队成员之间的抱怨、猜忌、抵触，导致士气低落，进而影响员工的工作动力和表现。另一方面，情绪价值反映的是个体对情绪的调节和管理能力，这种能力可以影响员工的士气。具备有效的情绪调节能力的员工能够更好地管理自己的情绪，适应工作中的压力和挑战，进而增强适应性和韧性。

与“士气”相比，构成“情绪价值”的元素更具有可分解性和可量化性，所以，培养个体与组织的情绪价值能力，是提升士气的一条有效路径。还是以案例 2 为例，小丽需要培养的情绪价值能力是情绪的稳定性，而小丽的领导需要培养的情绪价值能力是同理心和积极正向的反馈。在职场的沟通困境中，就沟通谈沟通破解不了沟通的困境，同样，在职场压力缓解的问题中，就压力谈压力，也解决不了压力缓解的问题，用爱因斯坦的话说：“解决一个问题的答案往往并不在问题的同一维度，而是在更高维度上。”在这里，这个更高的维度就是通过情绪价值能力的提升，提升了个体和团队管理情绪成本的能力。如果把能力和问题作为博弈的双方，通过提升管理组织情绪成本的能力，使能力圈覆盖问题圈，就可以实现个体与组织的持续成长与发展。

> 解决一个问题的答案往往并不在问题的同一维度，而是在更高维度上。
>
> ——爱因斯坦

何种人更具有情绪价值

人们在网络上热议的“情绪价值在恋爱中的作用”主要包括：具有“情绪价值”的恋爱对象能够营造舒适快乐的感受，减少彼此负面情绪的传递，保持恋情的新鲜感，让彼此之间的情感变得情真意切。总之，一个情绪价值高的人在爱情里是受欢迎的。情绪价值在恋爱中不仅可以影响一个人的判断，还可以影响这段感情的发展态势。

那么，如何成为一个情绪价值高的人呢？网络情感高手给出的建议有两条：一是自我情绪稳定，二是做到积极反馈。

以上的两条建议说的是什么样的人能够悦己悦人。“自我情绪稳定”对应的是心理学人格理论的大五人格特质中的低神经质的特质，而“积极反馈”对应的是宜人性中的信任维度“相信他人的意愿是好的”、同理维度“对别人的问题感兴趣”“能够体会他人的情感”，以及外倾性特质中的友善维度“很容易交到朋友”、合群维度的“享受成为群体中一分子的感觉”、开心维度的“总是看到生活中积极的一面”。也就是说，一个低神经质、高宜人性、高外倾性的人，具有较高的情绪价值。

由于情绪本身具有高开放性和高感染性的特点，一个具有高情绪价值的人对周边的情绪生态有很大的影响力。

我刚刚进入心理学领域时，有一次和北大的一位心理学博士同台为一些年轻的职场人进行心理学知识的科普。其间，一位年轻人站起来问道：“如果我的原生家庭并不完整，我的个性天生悲观，与周围人难以相容，是不是我这一生就很难好起来了？”我清晰地记得当时那位心理学博士的神情，他停顿了几秒钟，然后回答：“不是的，有一些方法，但我没有想好要不要在这里说出来。”台下响起了一阵鼓励的掌声，现场年轻的职场人用这种方式表达了他们都希望听到一些答案。心理学博士说出了他当时的答案：“娶一个爱你的好女孩做太太。”然后，他解释了什么是

“好女孩”，他说，“好女孩指的是她受到过很好的养育和对待，性格宽容，情绪稳定，也许她并不会让你感到那么热烈和有趣，但如果她包容你并鼓励你，你的生活会慢慢好起来的”。

这位心理学博士后来成为国内很有影响力的心理学家，而我在进行心理学与组织行为学的交叉研究时，探讨到情绪生态，时常会想起当年的那个场景和对话。

回到多年前那个年轻人的困惑和心理学博士的答案，一个情绪稳定并能够给予他人鼓励的人，即一个具有情绪价值的人，本身就是一种情绪生态。一个具有情绪价值的配偶，能够倾听和关注对方的情绪，提供情感上的支持和理解，使人获得被关心和被接纳的体验，这种体验能够增强情感联结和归属感。家庭的归属感可以使人获得安全感。但还不止于此，具有情绪价值的配偶可以帮助对方建立和维护社交关系，他们会更多地鼓励对方参加社交活动，与朋友和家人保持联系，达成更多的社群联结，从而获得社会支持并提高社会安全感。具有情绪价值的配偶也是一个好的鼓励者，在遇到问题时，他们更少地抱怨和挑剔，更多地提供情感支持和实际的帮助，在情绪稳定、包容和鼓励的情绪生态中，人们更容易从困境中走出来，在成功应对困难的过程中获得对自我的认同，习得更好的解决问题的方法，而不会因为困难产生被排斥感和孤独感。

所以，无论择偶还是择友，正确的选择都决定了你人生的幸福效能。在孔子关于“益友”和“损友”的描述中，益友有三个特点——“直”“谅”“多闻”，即正直、包容、见多识广，我们可以看到，在孔子的标准中，益友无关乎功利与交换，而在于品质特征。正直带来信任感，包容带来安全感，见多识广带来愉悦感和未来感，益友是具有高情绪价值的朋友，而孔子总结的益友的三个特征比较精准地对应了心理学人格特质理论中大五人格特质的三个重要因素，即尽责性、宜人性、开放性，其中正直对应尽责性，包容对应宜人性，见多识广对应开放性。

> 益者三友，损者三友。友直，友谅，友多闻，益矣。友便辟，友善柔，友便佞，损矣。
>
> ——孔子

人格特质在研究什么

既然我们已经了解了具有情绪价值的管理者对士气的影响作用，也探究了何种人格特质的人更具有情绪价值，那接下来我们可以从人格特质入手，通过帮助管理者觉察自己的特质与领导行为，提取、强化并训练其中具有高情绪价值的方面，从而提升管理者提振团队士气的技能和本领。整个路径即**人格特质→情绪价值→士气**，这是**一条提振团队士气的有效路径**。

组织心理学关注个体与环境的交互作用，尤其关注个体在压力状态下的反应，对管理者来说，就是在困难的管理情境下的情绪反应与应对。不同的管理行为会导致不同的工作结果，关键在于，为什么同样面对管理压力，不同的管理者会有如此大的差异？

情境怎样影响我们的行为，我们的行为又怎样反映出我们每个人的特质？这是人格心理学 100 年来一直在研究的主要议题，换句通俗易懂的话就是：是什么使你与你身旁的人不同？人格心理学家认为这种不同又具有一定的行为稳定性，在过去一个世纪形形色色的人格理论中，特质论在工作和生活中被应用得最为广泛，因为特质论所描述的与我们日常观察到的人的特点很接近，比如，我们可能都思考过或者回答过下面两个问题。

问题一：在你朋友的心目中，你是一个怎样的人？

不同的人可能会给出不同的答案。A 说：“在朋友的心目中，我是一个说到做到、有主见、公平可靠的人。”B 说：“在朋友的心目中，我是一个乐观开朗、幽默风趣、善解人意的人。”C说：“在朋友的心目中，我是一个包容、开放、有创造力、总是有新的想法的人。”这些回答一方面来自日常生活中他人给予我们的反馈，另一方面来自我们对自我的认知与自我认同，即我们认同的自我在他人心目中的样子。

问题二：你怎样评价你的管理者或上级？

A说：“我的领导是一个刚愎自用、听不进去别人的意见、容易发怒和指责他人的人。”B说：“我的领导是一个关心下属、温暖但对工作要求严格的人。”C说：“我的领导是一个敏感细腻、有才华但难以接近的人。”在这里，我们描述的是一个管理者表现出来的行为模式，这些独特的行为模式所唤起的下属的情绪和感受会对彼此之间的关系和下属的工作行为带来影响。

以上描述A、B、C的特点时采用的诸如“可靠”“乐观”“善解人意”“开放”等，就是特质论中描述人格特质的一些基础词汇。特质论认为，人格特质是建构人格的基本“砖块”，具有影响人类外显行为和感知的作用。

1921年，美国心理学家高尔顿·奥尔波特在《人格特质：分类与测量》中开创性地提出了人格特质的概念，并首次对人格特质进行了系统的描述和分类。奥尔波特认为，“特质是一种概念化的神经生理系统，它具有使许多刺激在机能上等值的能力，能诱发和指导相等形式的适应性和表现性的行为”。

从人格特质概念的提出到运用方法进行研究和测量，经历了几代学者的努力。最初，高尔顿·奥尔波特让助手奥德波特不经删减地计算出英文词典中描述人的特点的词的数量，得出的结果是17 983个。奥尔波特从词汇的浩瀚海洋中开始了捞珍珠的工作，他对这些词进行分类观察，希望找到最本质的特质。他从中区分出在他认为可以很好地描述人格的4500个词，但显然，4500个还是太多了。美国著名的心理学家卡特尔又将人格特质的研究向前推动了一大步，卡特尔从中选取了他认为很重要的 35 个词，并概括出 16 种根源特质，设计了著名的卡特尔 16 种人格因素问卷（简称 16PF）。艾森克扩展了人格结构的生物因素，提出内外倾、神经质和精神质是人格特质的三个基本维度。艾森克预言，高神经质对压力的反应更为强烈，具体表现为心率、皮肤电、呼吸、肌肉张力、血压、消化系统的反应更为强烈。艾森克发现焦虑与神经质存在很强的正相关。艾森克推断，“如果生物因素不是起着主导作用的话，就不会有这样跨文化的一致性，一般说来，巨大的文化教育和环境差异会导致不同的人格维度，然而实际上并没有”。多项研究发现，艾森克总结的人格的三个基本维度在若干年的时间内都保持着相对的稳定性。

一个理论的应用模型如果能够用三个基本维度来体现和概括，已经很理想了。但多年以来，艾森克遇到的来自学界的挑战是，这三个基本维度的来源是艾森克本人认为重要的，也就是说这三个基本维度的产生过程中的方法论的科学性受到质疑。人格特质的“五因素模型”（five-factor model，简称 FFM，也被称为大五模型）整合了卡特尔、艾森克和之前的特质论的理论和方法，它的构建基于一个简单却深刻的观点和假设：哪些人格特质对应最多的词，哪些人格特质在不同的语言中都是最普遍的，那么，哪些人格特质就是重要的。图普斯和克罗斯特尔对卡特尔的特质变量进行重新分析，获得了五个因素，也就是我们通常所说的大五人格特质。

人格特质与人们依据日常生活的观察，对个体进行的差异化描述具有一致性。比如说某人“很体贴、好相处”或另一个人“尖刻孤僻”，某人“做事情一丝不苟”或另一个人“马马虎虎、不拘小节”，某人“对新鲜事物接受快、学习能力强”或另一个人“更因循传统和常规做法”……这些描述几乎准确地对应了心理学家提取的大五人格特质的不同维度，与人格特质的其他工具相比，大五模型在人们的生活和工作中得到了更广泛的应用。

◐ 小贴士

人格心理学的六个学派

人格可以定义为：个体身上稳定的行为方式和内部过程，它包括两部分内容：第一部分是稳定的行为方式，比如在工作中喜欢竞争的人在体育运动中很可能也喜欢竞争；第二部分关注的是内部过程，即从内心发生，影响人怎样行为、怎样感觉的所有情绪动机和认知过程。对稳定的行为方式和内部过程产生的根源是什么，人格心理学从不同角度做出了回答。在过去一个世纪形成的形形色色的人格理论中，有六个人格理论学派比较成体系，它们是精神分析学派、特质学派、生物学派、人本主义学派、行为主义和社会学习学派、认知学派。每个学派都验证了人格的一个重要方面。比如，精神分析学派认为人的无意识心理对行为方式起着很大的作用，特质学派确信人处在各种各样的人格特质的连续体的某位置上，生物学派用遗传因素和生理过程来解释人格的个体差异，人本主义学派认为人的责任感和自我接纳感是造成人格差异的主要原因，行为主义和社会学习学派把稳定的行为方式说成是条件反射和期望的结果，认知学派则用人加工信息的方式来解释行为的差异。每个学派都为帮助我们理解“我是谁”做出了贡献。

——Jerry M. Burger，《人格心理学》(第八版)

介绍一种人格测量工具

本书采用大五模型为工具，帮助管理者和团队在了解自我特质的基础上，优势互补地带领团队，从而激发士气，提升效能。在人格理论的六大学派的各种工具中，之所以选择大五模型作为主要的工具，是因为大五人格特质的描述和测量更易在不同层级和不同文化背景的人群中形成通识性的理解。换言之，大五人格特质的描述更加亲民，与日常生活和工作场景结合得更加紧密。比如，当我们说一个人很外向，大体上人们对外向可能具备的特质会有相对一致的认知和理解，而其他人格理论学派的描述，比如精神分析学派的无意识或认知学派的信息加工等，需要更多的理论和概念的解释，更多适用于专业人员而非普罗大众的日常生活和工作。在本节里，我们会介绍大五人格特质所包括的因素以及如何进行测量。

人格特质五因素被高德伯格称为“大五”，根据 Costa 和 McCrae 的 NEO-PI-R 测验手册中的定义，大五模型包含的五大维度分别是：神经质、外倾性、开放性、宜人性和尽责性。

我们在此给出大五模型每个维度对应的几个子维度的名称（见表 4-1），供大家参考。

表 4-1　大五人格特质子维度名称

神经质	焦虑、生气、敌意、沮丧、敏感、害羞、冲动、脆弱等
外倾性	热情、乐群、支配、忙忙碌碌、寻求刺激、兴高采烈等
开放性	想象力、审美、感情丰富、尝新、思辨、不断检验旧观念等
宜人性	责任、直率、利他、温顺、谦虚、慈悲等
尽责性	自信、有条理、可依赖、追求成就、自律、深思熟虑等

资料来源：刘玉凡、王二平，《大五人格与职务绩效的关系》（《心理学动态》，2000 年第 3 期）。

√ 测一测　认识我自己：我是一个怎样的人

请评估表 4-2 中每个陈述在多大程度上符合你的情况。注意，陈述没有对错和好坏之分，只反映每个人不同的特点，请不要顾虑，根据第一印象尽快作答（在相应选项上画“√”）。

表 4-2　大五人格测试

题目	完全不符合	比较不符合	一般	比较符合	非常符合
1. 有时候自己也不明白为何会做某些事	1	2	3	4	5
2. 说话和做事比较谨慎	1	2	3	4	5
3. 不喜欢阅读起来费劲的材料	1	2	3	4	5
4. 不喜欢谈论自己	1	2	3	4	5
5. 总是会害怕做错事	1	2	3	4	5
6. 容易被激怒	1	2	3	4	5
7. 经常感到忧郁或不开心	1	2	3	4	5
8. 如果有人冒犯我，我会立即还击	1	2	3	4	5
9. 喜欢变化多过常规	1	2	3	4	5
10. 对艺术很着迷	1	2	3	4	5
11. 担心很多事情	1	2	3	4	5
12. 喜欢从容的生活方式	1	2	3	4	5
13. 很少帮助他人	1	2	3	4	5
14. 在压力下能保持冷静	1	2	3	4	5
15. 让思想无拘无束地漫游对我来说是件难事	1	2	3	4	5
16. 对别人的问题不感兴趣	1	2	3	4	5
17. 总是看到生活积极的一面	1	2	3	4	5
18. 别人说的话我都不太相信	1	2	3	4	5
19. 能够推测他人的需要	1	2	3	4	5
20. 喜欢什么事情都尝试一下	1	2	3	4	5
21. 相信他人的意愿是好的	1	2	3	4	5

（续）

题目	完全不符合	比较不符合	一般	比较符合	非常符合
22. 喜欢秩序和常规	1	2	3	4	5
23. 容易恐慌	1	2	3	4	5
24. 害怕最糟糕的事情会发生	1	2	3	4	5
25. 很容易交到朋友	1	2	3	4	5
26. 尝试领导其他人	1	2	3	4	5
27. 喜欢整理	1	2	3	4	5
28. 不容易感到尴尬	1	2	3	4	5
29. 很享受成为群体一分子的感觉	1	2	3	4	5
30. 觉得自己就是个一般人	1	2	3	4	5
31. 认为我们对罪犯太宽容了	1	2	3	4	5
32. 享受大自然的美	1	2	3	4	5
33. 相信事情没有绝对的对错之分	1	2	3	4	5
34. 道德原则绝对不应该违反	1	2	3	4	5
35. 在必要时会操纵、控制别人，以达到自己的目的	1	2	3	4	5
36. 我的生活是快节奏的	1	2	3	4	5
37. 会尽心尽力去完成自己该做的事	1	2	3	4	5
38. 总能成功完成任务	1	2	3	4	5
39. 做事情的时候全身心投入	1	2	3	4	5
40. 喜欢传统或常规的做法	1	2	3	4	5
41. 当我答应做一件事时，人们总相信我能坚持到底	1	2	3	4	5
42. 能够保持冷静	1	2	3	4	5

（续）

题目	完全不符合	比较不符合	一般	比较符合	非常符合
43. 总能找到好的解决方案	1	2	3	4	5
44. 与其他人保持一定距离	1	2	3	4	5
45. 对自己的评价比较低	1	2	3	4	5
46. 能给朋友们带来欢乐	1	2	3	4	5
47. 更喜欢独来独往	1	2	3	4	5
48. 强烈地感受到自己的情绪	1	2	3	4	5
49. 不想清楚就开始行动	1	2	3	4	5
50. 尽量不出头	1	2	3	4	5
51. 有明确的目标，并能逐步地实现	1	2	3	4	5
52. 如果有人挑起事端，我会随时准备好反击	1	2	3	4	5
53. 能够完成自己的计划	1	2	3	4	5
54. 很喜欢沉浸在幻想和白日梦里，并探索所有可能性，任其蔓延和发展	1	2	3	4	5
55. 需要催促才能开始做事情	1	2	3	4	5
56. 喜欢解决复杂的问题	1	2	3	4	5
57. 喜欢刺激	1	2	3	4	5
58. 能够控制自己的欲望	1	2	3	4	5
59. 不能理解那些情绪化的人	1	2	3	4	5
60. 能够体会到他人的悲哀	1	2	3	4	5

资料来源：盛心公司基于“国际人格项目库”（IPIP）中的“大五人格题库”翻译、修订。

了解你的人格特质：扫描左侧二维码可在线测试，发送关键词“大五人格”，点击测评链接，测试并获得你的详细测评报告。

我们是什么样的人、我们在工作或生活上的伙伴是什么样的人，这类问题是如此如影随形，充斥在我们日常的情绪和感受中，它们深刻地影响我们的幸福感，并成为影响团队能否有高绩效行为和成员之间是否乐意持久贡献的重要变量。一个有能量的组织就像一个活跃的生命体，每一个器官的功能是良好的，同时多种营养和多种元素又是彼此兼容的。理想的状态是每一个岗位的功能需求与个体生产者的素质是匹配的，既包括知识技能，也包括岗位需要的人格特质。但现实和理想总是存在一定的差距，任何岗位都无法完全匹配到合适甚至合格的人选，只能使管理者和员工双向厘清岗位的素质要求，在评估和选拔的前提下，经过磨合和训练，逐渐趋向较为理想的人格特质与岗位相融合的状态，使个体和团队的功能实现较好的运行效率。

目前，大五模型的研究已被广泛应用于人力资源管理等多个领域，相关研究主题有人格特质与职务绩效、个性特质与不同岗位素质、个体特质与工作投入度、人格特质与人才选拔等。

Barrick 和 Mount 选取五类职务（专业人员、警察、管理者、技工、销售人员）进行元分析，研究人格与绩效的关系，结果发现：大五人格特质中的尽责性能有效地预测所有职业群体的职务绩效，尽责性和神经质对所有职务和所有绩效的效标都有很高的预测效度。Borman 和 Motowidlo 的研究将职务绩效划分为作业绩效和关系绩效，认为大五人格特质中的外倾性和宜人性对关系绩效的影响更大；姚若松、陈怀锦、苗群鹰的研究表明，外倾性、尽责性和开放性是工作奉献的有效预测因子；曾垂凯、时勘的研究发现神经质是情绪衰竭和玩世不恭的有效预测因子；Barry 和 Stewart 考察了大五模型中的外倾性和尽责性两个因素对实行自我管理的小群体的团队绩效的影响，当群体中外向者所占的比例适当时，团队绩效最好，而群体中外向者过多或者过少都不利于团队绩效的提高。

▣ 思考与启示

思考 8：根据案例描述，案例 4 的小北、案例 5 的小西、案例 6 的市场总监较为凸显的人格特质类型是什么

启示一：一个理想的管理者的人格特质。

案例 4 中的小北，具有高尽责性、高开放性、高宜人性、高外倾性、低神经质，这是一个理想的管理者的人格特质。首先在尽责性方面，小北在追求成就、忠于职守和自我效能感维度上都有很好的表现，她知道作为一名管理者，不仅仅要带领团队完成绩效，同时要激励和帮助员工成长，在帮助新员工尽可能地融入团队的过程中，她找到了很好的解决方法；在开放性上，管理是一种实践，需要不断地学习新的技能并加以实践，小北积极投入到企业心理管理的学习中，并将新学到的谈心谈话技能活学活用，同时，小北在团队中也一直在持续创造团队成员彼此开放交流和分享的文化；在宜人性方面，小北表现出了愿意帮助他人成长的利他特质；小北具有较高的外倾性特质，能够看到生活中积极的一面，享受作为团队中的一分子，并尝试领导他人；小北在感知到新员工的不合作时，能够从成长的角度，动态地看待员工现阶段的问题，能够识别员工个人的问题，而没有情绪化地被激怒，即不觉得是对自己的冒犯，表现了低神经质特质。

启示二：低外倾性、高神经质特质更易感知人际压力。

案例 5 中的小西，具有高尽责性、低外倾性、高神经质的特质。小

西有较高的尽责性特质，谨慎自律，忠于职守，尽心尽力完成自己认为应该做的事情。而在人际互动中，小西表现出更多的内倾性特质，当自己的感受不好时，不能有效地释放情绪，也无法用恰当的方式进行一致性的表达。小西对外委曲求全，而内在压抑难过，面对领导的情绪化行为，小西的情绪也处于激惹状态，有明显的担心和焦虑，感到抑郁、不开心。尽管他去道歉了，但内在存在很强的冲突，并严重地影响了睡眠，引起躯体化反应。可以看到小西具有高神经质特质，当遇到高神经质的领导时，就会产生较大的反应。

启示三：高管的情绪管理是尽责性的表现。

案例 6 中的市场总监“性格暴躁”、易激惹，一些行为表现已经超出了职场人际互动可以接纳的基本底线，但为何人力资源总监还犹豫是否留任他呢？一个重要的原因是市场总监的业务能力还不错，而业务能力强、对下属严要求通常会被理解为尽责性的表现。尽责性的确与高标准的工作要求相关，但就高管而言，自我情绪管理也被视为尽责性的表现，因为高管的情绪状态可以对整个组织产生积极或消极的影响。如果高管以成熟、理性和稳定的态度来处理问题，这将有助于营造一个积极的工作氛围，减少团队情绪内耗，提升工作效率。

在案例呈现中，有这样的描述，“几乎任何人都不能对他的意见进行反驳，急躁时还会说出一些不雅的语言，甚至会带脏话”。高管对员工使用语言暴力不仅不道德，也不负责任，可能会对员工的身心健康和组织的工作氛围造成严重的危害，例如导致员工产生焦虑、抑郁、自卑、失眠的心身反应，导致员工之间关系紧张、团队合作效率低下、员工士气下降等。

这些问题会影响组织的内部沟通和协作，阻碍组织的发展和成长。而对客户使用冒犯性语言，会让客户感到不被尊重，产生不满和失望的感觉，降低客户的满意度和忠诚度，进而导致客户对组织的信誉和形象产生负面印象，这甚至可能会对组织的品牌价值产生长期的负面影响。组织中的高管对客户使用冒犯性语言时，还可能会失去潜在的客户和商机，削弱组织的竞争力。反之，一个具有较强的情绪管理能力的高管可以为组织带来多方面的收益，比如，他可以更好地处理压力和挑战，有效地处理冲突和问题，并以积极的方式与员工、客户和合作伙伴交流，从而使组织更具创造力和竞争力。

综上分析，案例6中的市场总监的人格特质中体现出来的高神经质、低宜人性会为团队带来高情绪成本、低情绪价值。组织是由情绪不同的个体组成的，情绪的开放性特质使不论积极情绪还是消极情绪，都会迅速通过镜像机制和反馈机制演化成集体性情绪，通过感染、体验、传播等过程渗透到组织生活的每个场所。而高管积极情绪的传递会使集体有热情、有动力、有干劲，团队成员互相激励和鼓励，有更强的信心和信念去攻坚克难，从而为企业带来巨大的财富；而消极情绪的传递会使集体充满抱怨和紧张情绪，害怕失败，彼此推诿和相互指责，团队无效率也无能力去完成组织制定的经营目标。

◈ 案例7

小易主动从技术部转到销售部，想做销售工作挑战一下自己，但他在销售部工作一年多了，还是没有办法适应。小易自述一直受到领导的打压和“PUA”，这让他产生了强烈的自我怀疑，比如领导说他年纪轻轻的但对新东西接受得慢，又不肯学习，“肚子里没货”，还容易情绪化。前两天领导带他去见客户，见面后，领导和客户一边自我介绍，一边寒暄，自然而然地就聊了起来，小易完全插不上话，坐在一旁很尴尬。客户提到上海堵车、孩子读书等话题，小易一点儿都不了解，其间小易起身倒了两次茶水，因为紧张和焦虑，第二次倒茶时把杯子打翻了，领导脸色很难看，令小易更加紧张。到小易呈现时，他准备了好几天的材料信息没能完全表达出来，会谈结果很不理想，小易感到特别沮丧、挫败和自责。回来后，领导直接和他说可以考虑换一下工作，并说自己感觉小易很不适合做销售。小易觉得自己平时人缘不错，熟悉的人都很信任他，但自己性格的确比较内向，见到陌生人会紧张，小易很想了解：内向的人是不是真的不适合做销售？

解析

小易的人格特质

在这个案例中，小易所说的内向可对应人格特质中的内倾。内倾和外倾有一个比较容易感知到的表征就是在群体中的活跃水平：外倾者在社交场合或者陌生人面前更容易自然而然地融入，也表现得更加主动和开心；内倾者则相反，他们常常会和人保持一定的距离，尤其是对陌生人，较难在短时间内打开局面。从小易的自我描述及他在商务交谈现场的表现可以看出，他是一个偏内倾的人，也就是小易说的“的确比较内向”。

在小易的自我感觉中，他“觉得自己平时人缘不错，熟悉的人都很信任他”，“信任”是衡量大五人格特质中的“宜人性”的重要维度。从现场表现看，小易不擅长攀谈，可能也不会高调地谈论和表达自己，再加上紧张，他可能会给人谦虚的印象。宜人性还有一个重要的维度是利他，即愿意帮助他人并自然而然地有所行动，小易在交谈中两次主动起来倒茶水，可能出于礼貌，也可能出于助人和服务的习惯。容易和他人建立信任的关系、比较谦虚、利他，这些特质都指向较高的宜人性，小易可以评估一下自己的宜人性特质。

小易适合做销售工作吗

每个人的人格特质都具有多元性，小易也不例外。销售工作的主要内容是与人打交道，尤其是在必要的社交和商务场所与陌生人打交道，与他人建立关系除了需要热情、自然和主动融入之外，能获得别人的信任也很重要。有研究显示，外倾性和宜人性是一个销售人员的重要特质。小易内倾但宜人，也具备了一些做销售的特质。

还有一个特质对所有的工作岗位都很重要，是加分项，这个特质就是大五人格特质中的尽责性。尽责性，指的是做事情的时候全身心地投入。做销售工作，除了谈判之外，还要针对客户需要进行充分的准备，对产品有更多的了解，然后形成可行的有吸引力的方案。在这次任务中，小易花了几天的时间来准备材料。此外，他主动地从技术岗转到销售岗，想挑战一下自己，这表明他有主动成长的意愿，有追求成就的动机。可以根据小易能否达成这部分的工作要求、在工作中是否有自律性和主动性来评估他的尽责性。

综合以上分析，小易可能具有内倾、宜人、尽责的特质，尽管在社交场所的表现还需要更多的训练与练习，但如果他热爱销售工作，并且有进步的动力，那他还是具备做销售工作的潜质的。

知己知彼，知人善用

知人才能善用，而“知人”的前提是“知己”，管理者要了解自己的特质以及对下属的期待是什么。从这个案例的描述中，我们看到小易的领导可以自然而然地与客户攀谈，可能是经验使然，也可能是他具有较强的外倾性，热情主动，能够把握交流节奏并带动社交场所的氛围。从小易的描述中，他感到被领导“PUA”，领导会给出指责性的评价，在小易表现欠佳时“领导脸色很难看”，小易的领导表现出了高外倾性和低宜人性的特质。领导需要了解与觉察是否个性的差异加剧了他对小易的不满。

从人格特质来看，小易和领导有高度的互补性。做管理工作，对自己的成长最大的一个溢出价值是，能够积累更多的人类差异性行为及表现样本。容纳与自己个性相异的人，是带领团队的第一步；发掘差异化带来的互补性，实现1+1>2的价值是第二步；借此丰富对人的理解，并逐步了解和发展自己是第三步。通过“知人”了解自己，通过“知己”能够达人。

管理者情绪与“PUA”

在本案例中，小易自述受到领导的打压和“PUA”。在当今的中国职场做管理工作，有必要知道的一个词就是“PUA”，它被评为2022年中国十大网络热词。PUA一词源于美国，全称pick-up arist，原意为“搭讪艺术家”，泛指吸引异性、让异性着迷的行为，后来形成一套可学习的步骤，以组织形式迅速发展。它通过五步陷阱（好奇—探索—着迷—摧毁—情感虐待）对目标进行心理控制，达成自己的目的。

同样是网络热词，如果说“情绪价值”是从经济学、营销学领域引入到了社会交往和亲密关系领域中，那么“PUA”这个热词则是从两性关系领域引入到了职场上下级关系中。“PUA”这个词被“90后”员工引入职场并迅速成为网络流行语，指的是年轻人认为领导通过精准地打击员工的自信心，以达到从精神上掌控员工的目的。比如无论下级怎么做都会对其进行批评和打击，使其认为要经历变态的压力才能成长，然后施加巨大的“压力”，使之接受无休止的加班和批评。年轻的员工认为管理者的这种行为是从精神上控制员工，从而压榨员工为公司带来利益。想要有效地发挥管理功能，而不让员工感觉到被“PUA”，首先要清晰的是管理员工的目的是有效地激发其工作热情，从而使其最大限度地发挥潜力和优势。在这个过程中，管理者关注自己的情绪表达很重要。员工的情绪是向积极正向的方向发展还是越来越气馁、沮丧、不合作，是衡量管理者士气管理能力的一个动态的“温度计”。了解员工的个体特质是为了更好地发现员工的特点以便安排恰当的工作，而不是为了给出一个绝对的评价甚至批评，使员工陷入持续的挫败感中。在本案例中，领导对小易“肚子里没货”的评价就容易引发异议。管理者可以直接指出员工在工作中需要改进的方面，或者对工作产出进行具体的指导，避免情绪化的管理甚至语言暴力，否则会造成团队成员的自我怀疑与对管理者的抵触情绪。

研究发现，不同类型的工作需要员工不同的人格特质，工作类型与人格图谱相匹配时，人格评估对工作绩效的预测力就会大大提高。任国华和刘继亮的研究发现，可以用外倾性、宜人性预测销售人员的胜任度，用尽责性和宜人性预测蓝领工人的胜任度；刘畅的研究表明，开放性主要对培训工作和创造性工作（如艺术类、广告类）的绩效有中等程度的预测作用，宜人性对服务类工作的绩效有较好的预测性；Barrick 两项关于人格特质和职业类型之间关系的元分析一致表明，外倾性和宜人性与社会性的职业兴趣相关，开放性与调查类及艺术类的职业兴趣相关，尽责性与遵循习惯、传统的职业兴趣相关，神经质与任何职业兴趣都不相关。

关于管理者人格特质与管理表现的研究显示，宜人性和尽责性与下属的工作动机、下属的工作满意度及下属的组织承诺显著正相关（孟慧、李永鑫，2004）；外倾性与领导力的相关性最强，在人格特质的二阶维度中，社交能力、控制能力、成就和可靠性与领导力相关性较强（Timothy et al.，2002）；在社会组织中，外倾性强的人更容易成为领导者，拥有更高的职位和更大权力，而神经质较明显的个体通常与较低的社会地位联系在一起（Anderson et al.，2001）。学者们还研究了不同的人格特质与影响力手段的内在关联，发现外倾性强的个体更有可能使用鼓舞人心的和迎合的手段（Cable and Judge，2003）；高尽责性的 CEO 会倾向于集权并且不断监控手下的一举一动，试图减少不确定性以完成预定的绩效目标，面对环境变化时做出战略调整的速度相对较慢（Miller and Droge，1986）；情绪稳定性较高的领导者会在变化的环境中保持冷静，通过减少员工在逆境中的焦虑感而创造一个更有安全感的氛围。

◐ 小贴士

PUA 的神经语言学基础

在 20 世纪 70 年代的美国，心理学领域出现了一个新的学派——神经语言程序学（NLP）学派。这个学派的创始人理查德·班德勒和约翰·格林德通过深入研究发现，神经反应、语言使用和行为模式之间存在密切的联系。他们认为，通过深入理解这些联系，可以利用特定的语言和行为模式来激发人体神经系统的变化，进而在沟通、个人形象塑造等方面取得显著效果。NLP 学派的创立初衷是帮助那些面临睡眠障碍、抑郁症、神经质和工作压力等问题的人们。

随后，美国现代泡学（pick-up artistry）的奠基人罗斯·杰弗里斯将 NLP 理论引入到他的研究中，发展出了“极速引诱学”。他结合精神疗法和人类行为学的知识，进一步丰富和完善了泡学理论，使之能够帮助人在极短的时间内吸引异性。然而，NLP 学派的成果在 PUA 文化中的应用就像炸药的发明一样，具有双重性。它既可以为人们带来积极的影响，也可能引发一些负面的后果。

◈ 案例 8

小介连续三年被评为优秀员工，晋升为支行副行长，但在工作中，他遇到了前所未有的困难，主要是在与行长的工作配合方面。小介感觉行长态度强硬，很强势，总是把一些根本完不成的任务分配下来，还要求高质量地完成。行长还非常焦虑，经常更改计划，而下属工作已经很饱和了，压力很大，小介夹在行长和下属之间感到非常为难。而且，行长很多工作都亲力亲为，给小介的工作带来了特别多的障碍。小介觉得自己和行长气场不合，但又动弹不得，好像被卡住了，找不到可以撬动的点。

解析

小介和行长的特质类型

从小介的描述中，行长和小介的个性特质可以略见一斑。作为一个新任管理者，小介如果能够在面对上级时，做到知己知彼，便能有的放矢，有效协作。

在本案例中，行长在工作互动中让副手感觉到“态度强硬”“很强势”，这样的描述指向的是低宜人性的特质，同时，行长“非常焦虑”“经常更改计划”的情绪及行为表现，指向高神经质的特质。行长对工作的高质量要求，并且“很多工作都亲力亲为”，又体现了尽责性特质中的忠于职守、自律、追求成就等维度的特点。

小介连续三年被评为优秀员工，并获得认可和提拔，从工作表现和绩效结果来看，小介在成就动机、自我效能、自律等方面，也就是在尽责性特质方面有不错的表现。同时，在案例描述中，小介能够体恤下属的工作压力状况，也表现出一定的共情和利他的特质，也就是宜人性的特质。

认知性格，求同存异

小介与行长在人格特质方面最大的差异是宜人性，而相近的是尽责性。通常一位具有低宜人性、高神经质，而同时又具有高尽责性的管理者，在高标准的工作要求中，往往采用的是一种比较严厉的，如案例中所描述的“强硬”“强势”的工作态度和工作方法，这会给下属带来一定的情绪紧张感和挫败感。尤其是与这样的领导搭班子的副手，很容易感受到一种压迫感和无力感，就如同小介所说的，感觉“动弹不得，好像被卡住了”。

小介作为一位新任经理人，与不同个性特质的人搭班子对他来说是一个崭新的课题。小介感受到的行长给自己的工作“带来了特别多的障碍”，很大程度上是行长的个性特质使然，而不是主观故意为之。认识到这一点，求同存异的能力将会决定小介管理之路的长度和广度。行长的亲力亲为是个性特质使然，也是一种工作方法，同时是尽责性的一种表现。当两个高尽责性的人一起工作时，建立起信任就很重要，如果不能相互信任，双方都担心对方做不好，就会出现摩擦，而管理者之间的摩擦会严重影响团队士气。

以情绪价值撬动工作

如何顺利地度过与行长协作的磨合期，而不是进入周而复始的摩擦期？小介可以充分发挥自身的宜人性特质，给予行长更多的情绪价值，这是小介自身非常宝贵的资源。如上所述，对于如何成为一个情绪价值高的人，网络情感高手给出了“自我情绪稳定”和“做到积极反馈”两条建议。

新任管理者通常会对上级的业务能力和管理能力有更高的预期，未达成预期的失望以及受上级不稳定情绪的影响，使得小介这个新任管理者也会处于一种情绪激惹或者焦虑的状态。当小介及时觉察自我情绪，调整自身对行长应该具备的素养的预期，将行长还原为一个具体的活生生的人的时候，小介的宜人性特质中的共情部分，即“体会他人的困境”“对他人的问题感兴趣”的特点就会显现出来，小介就能在体恤下属的同时，感知到上级所面临的来自自身和工作的困难和挑战。

信任是宜人性特质中的一个重要维度，如果小介发挥信任方面的特质，充分信任行长的亲力亲为是要把事情做好，而不是给他制造障碍，那么对新晋升到副行长岗位的小介来说，行长的亲力亲为是把关，是带领，也是一种保护。小介可在自己情绪稳定后，汇总对行长尽责性的观察，给予行长积极的反馈，同时通过自己对工作的担当，在行长无法亲力亲为的地方把好质量关，以情绪价值的输出和尽责性的表现获得信任，逐渐形成合力，并在人际互动中获得自身的成长。

就像管理者的情绪价值会影响团队成员的情绪与士气一样，作为一家之长的父母的情绪价值对孩子的心理品质和情绪能力的形成至关重要。

◈ 案例 9

小福前来咨询孩子“拖延”的问题，她自诉孩子让她特别紧张。小福的女儿再有一年就要中考了，女儿的成绩在中等偏上和中等偏下之间摇摆。他们夫妇两人工作都很努力、很靠谱，但孩子偏偏有些拖延。她看到女儿“磨洋工”就很着急，忍不住会有间歇性的情绪发作，女儿很怕她，和她在一起时情绪也很激惹。咨询师询问小福，孩子通常在什么情况下不拖延，并且“成绩在中等偏上”，小福说，通常是在她丈夫陪孩子时，一旦丈夫出差，孩子的学习成绩波动就很大。小福说她丈夫比较淡定幽默，爱开玩笑，挺和善和宽容的，也比较会照顾人。可能是因为夫妻俩原生家庭的氛围不同，小福父母家就比较严肃，父母情绪很容易激惹，经常产生争执，小福自己也比较爱去丈夫家，大家都比较自由、和谐、放松。当孩子应该完成作业但一直做跟作业不相关的事情时，丈夫会跟女儿开玩笑，很容易打破家庭紧张的氛围。但是最近小福的丈夫经常出差，孩子成绩下滑得厉害，小福希望知道自己应该怎么做。

解析

小福丈夫的宜人性特质

从小福描述丈夫的特质——“淡定幽默”“爱开玩笑”“和善和宽容”“会照顾人”，可以感知到小福的丈夫是一个具有高情绪价值的人，也就是说，和他在一起时的积极情绪体验远远多于负性情绪体验。小福对丈夫特质的描述与大五人格特质中的宜人性高度吻合，比如当感觉到自己被冒犯时，低宜人性的人会立即还击，他们也会更多地觉得对方的行为是对自己的冒犯，而高宜人性的人会理解对方的行为，并有效地化解情绪。在本案例中，面对“孩子应该完成作业但一直做跟作业不相关的事情”，小福会产生激惹情绪或者说出指责的话，这种激惹情绪可能来自外界升学指标的压力，也可能是因为觉得自己的信条和要求没有被重视而产生了被冒犯感。而面对同样的状况，丈夫的关注点更多放在女儿的状态和需求上。孩子需要的是专心学习，专心学习需要一定的环境和情绪状态，那就要考虑如何让她按照自己的方式安静地学习，如果学不下去了，可以出去透口气，暂停十分钟，休息一下再回来，而不是因为孩子没有达到“我要”的目标而僵持不下。能够揣测到别人的需要，体会到他人遇到的困难，是宜人性的体现。

人格特质与情绪生产力

小福丈夫的个性特质不仅能够缓解小福和女儿之间的冲突和紧张氛围，还能够提高孩子的学习效率，使孩子的成绩保持在“中等偏上”的预期水平。在动机方面，小福和丈夫对女儿的爱和殷殷期待别无二致，但从客观效果来看却有天壤之别。在这里，人格特质、情绪价值与学习效率产生了高度相关，人格特质可以产生情绪收益与学习成绩收益的双重价值。

与人互动中包容、亲和、友善的表现，也来自宜人性中一个本质性的基础——对人的信任。小福的丈夫从本质上相信女儿在获得更好的成绩这一点上的目标和意愿同父母是一致的，并且也在用自己可能的方式努力，而小福则感到女儿不够努力，在意愿上也不够强烈。

在管理行为中，信任也是管理者能够正向激励团队，为团队带来情绪价值的行为表现。案例4中的小北基于对团队文化的认同和对新员工有上进动力的信任而采取的对新员工的管理行为，使新员工有效地融入了团队。

大五人格特质中，还有一个特质是神经质，它对家庭或团队的情绪价值也起到了关键性的作用。在本案例中，小福“看到女儿‘磨洋工’就很着急，忍不住会有间歇性的情绪发作，女儿很怕她，和她在一起时情绪也很激惹”，在这段描述中，可以看出小福有神经质中的脆弱性，在压力下无法保持冷静，有焦虑，担心最糟糕的情况发生，有愤怒，容易被激惹，而女儿的表现是“很怕她”，“怕”是恐惧或恐慌，这是一种应激情绪反应，会导致应激对象的“或战或逃或僵住”的应激反应。无论在学习还是工作中，陷入应激状态的个体都缺乏基本的功能性，为之投入的时间成本、财务成本和管理成本很难转化成预期的产出。管理者或者父母输出的是情绪成本还是情绪价值，决定了管理对象的合作度及其聪明才智的发挥程度，进而决定了其工作或者学习的效率和产值。

原生家庭的情绪价值

我们来自不同的原生家庭，也是或将要成为后代的原生家庭。父母通过人格特质营造的原生家庭的情绪生态，对儿女的情绪能力有很大的影响。小福说自己“父母家比较严肃，父母情绪很容易激惹，经常产生争执”，可以看到小福的父母或其中的一方具有低宜人性和高神经质的人格特征。在这样“比较严肃”的家庭氛围中成长起来的小福，身上既带有天然的遗传基因，也带有在养育环境中习得的行为模式，所以，她和女儿的互动也以怕、激惹和严肃为主基调。在我们因为一件小事而大发雷霆，或因为一次误解而深陷悲伤之后，我们需要用更多的能量和时间去消化和处理这些事情带给我们的影响。在一个情绪成本大于情绪收益的家庭中，家庭成员的幸福指数会严重降低。

情绪价值能力是一个人对他人情绪的正向影响能力，小福和丈夫的婚姻组合提升了家庭的情绪收益，因为小福丈夫的原生家庭更加和谐、放松，他将在原生家庭中承袭和习得的情绪价值能力带到了自己和小福组成的核心家庭中。人类对正向情绪的需求与生俱来，小福同样希望在经历负性情绪体验时，有人能理解和接纳、关怀和抚慰她，所以，小福“自己也比较爱去丈夫家，大家都比较自由、和谐、放松”。小福和丈夫组成的核心家庭，虽然不同于小福和丈夫各自的原生家庭，但带有两个家庭深刻的情绪烙印，这使他们女儿的情绪能力发展具有了更多的可能性。

就像小福一样，当我们开始探究“我为什么是一个这样的人”时，“原生家庭”这个词就进入了我们的生活中。原生家庭是指自己出生和成长的家庭，与它相对的是我们成年后组建的自己的家庭，即核心家庭，也称为新生家庭。在案例 9 中，小福的原生家庭就是孕育她和养育她的父母的家庭，小福的核心家庭是她与丈夫共建的孕育和陪伴女儿成长的家庭。一般而言，当核心家庭中的关系出现问题时，人们通常会溯源到原生家庭的影响因素。近代的婚姻家庭治疗理论关注父母的养育方式对子女在亲密关系中的行为和情感表达方式的影响，但显然，在很多时候，“我为什么会有这样的生活”取代了“我为什么是一个这样的人”。两者有紧密的关系，但有区分的必要，因为了解了后者，才有选择前者的可能性。

人格特质是天生的吗

“是什么因素使我成为现在的我？”一般而言，大多数人会将答案归结为父母的养育方式、周围长辈或同辈行为方式的影响、学校的教育，以及生活和工作中的重大挫折，也就是我们通常所说的环境因素。也有人会思考或者探究：“是不是我天生就是这样的人？”

心理学家一直在关注这个议题，他们从科学实验和研究的角度进行了探究。就像人的外表具有很大的遗传性，高血压、高血糖、肿瘤、心脏病等生理疾病具有家族遗传性，人类也越来越多地意识到抑郁症、精神分裂症等心理障碍和精神疾病的遗传性。那么，在人格特质或者说人的心理品质中，基因的作用有多大？人格特质是先天的还是后天的？研究者认同完整的人格是通过遗传和经验相互作用塑造的，问题是，此二者中哪一个占主导地位？

美国门多西诺学院（Mendocino College）心理学教授明罗杰·霍克纵观心理学研究的发展历程，选取了在心理学研究中具有突破性价值、被引用数较多，同时在今天还被公众和科学家共同关注的研究与实验，撰写了一本在亚马逊网上书店久居畅销书榜单的《改变心理学的40项研究》。其中，有一项明尼苏达大学开始于1979年的研究，突破了遗传和生理因素对人类行为的影响难以观察的限制，得出了引人注目的研究成果。鲍查德和莱肯在美国等8个国家调查了56对分开养育的同卵双胞胎，在为期一周的心理测验和生理测量中，每一位被试都完成了50个小时的测试，测试内容涵盖了可能的各个维度，包括4种人格特质量表、3种能力倾向和职业兴趣问卷以及两项智力测验。另外，被试还被要求填写一张家用清单，例如家用电器、艺术珍品、图书等，以评估其家庭背景的相似性，并填写一张家庭环境量表以测量他们对养父母教养方式的感受。研究者还针对个人生活史、精神病学史以及性生活史进行了三次访谈。这项研究在1990年完成并发布，结果令人吃惊：虽然被分开抚养且生活条件大相径庭，但是这些同卵双胞胎在长大成人后不仅外表相似，而且基本心理和人格也惊人的一致。在本研究中支持基因占主导地位的第二个论据是，在相同条件下养育的双胞胎，环境对他们的影响也很小。

鲍查德和莱肯的研究提到的有趣的一点是，并非环境影响人们的特质，恰恰相反，是人的特质影响着环境。比如，人们通常会认为之所以有的人情感丰富且包容，有的人情感冷漠，是因为前者的父母在情感上比后者的父母更加包容和慈爱，换言之，情感丰富的孩子来自富于情感的环境。但是不是也有另一种可能，有些孩子天生就比别的孩子情感更丰富？正如中国的谚语所说：“一母生九子，九子各不同。”鲍查德和莱肯的研究证实了这一点：情感丰富的孩子的确从父母那儿获得了更多的爱，而这并不完全因为父母慈爱，而是因为情感丰富的孩子更容易通过丰富的情感表达行为获得父母的爱的行为，他们对父母的爱的行为也会更容易感知并主动反应，从而进一步强化了父母的爱的行为。这个研究说明，从某种意义来说，是孩子塑造了父母。

人们以鲍查德和莱肯所得的双胞胎数据资料为基础，完成了大量的研究，正如双胞胎研究所揭示的，遗传因素不仅是影响人格特质的重要因素，而且其作用比我们以前所认为的要显著。

还有一些研究对同卵双胞胎和异卵双胞胎进行了比较研究，研究者把研究内容更直接地指向一些影响人一生的、稳定的人格特质。这些研究和其他一些研究的结果表明，人们在外倾性（开朗热情或腼腆内向）、神经质（情绪稳定性或具有偏激的感情反应的倾向）和尽责性（严谨、负责、自律）等特征的变异可能更多应该以遗传差异而非环境差异来解释（遗传差异的影响力占 65%）。

这些研究对人们固有的观念和当时在心理学界延续了 50 年的环境决定论造成了冲击，如果人格是天生的，那么我们后天的诸多努力岂不是真的像西西弗斯推石头一样，注定是艰难而徒劳无益的？在中国也有“三岁看大，七岁看老”的民间谚语，如果真是这样，那么父母养育孩子所付出的心血、学校教育行为顽劣的学生所做出的努力岂不是毫无价值？倘若一切已经在出生的那一刻注定，我们还需要终身成长吗？弄清楚这一点的确很重要。为了弄清楚这一点，首先我们要区分人格特质和后天可以培养的能力，基于对人格特质的了解，顺势而为，能够更加事半功倍地发展潜能。

> 生活像一条河流，永无止息地向前流，我们学会了在水中航行，顺流而下，而不是逆流而上。但我们不是河面上的浮木，随波逐流。我们牢记自己有选择的权利，同时知道河流并非我们创造的，我们学会信任河水，但依然紧握手中的双桨。
>
> ——迈克尔·阿伦斯基，《全人健康教练：身心的成长与改变》

“信任河水，但依然紧握手中的双桨”，我们信任任何人的生命中都具有美好的特质，生命本质上不是由我们自己创造的，但我们依旧可以通过更清晰地认识自己，选择更合适的生活方式，容己纳人，内外合一，提升生命的质量和效率。而为人父母，我们应该清楚孩子的特质，与孩子的潜能合作，共创未来。作为一名管理者，了解个体的差异化特质和共性特质，因势利导，才能事半功倍。

何谓“每逢大事有静气”

作为一名管理者，在日常管理中，尽责性是首要的也是基础的品质，正如德鲁克在《管理的实践》中所说的：“他要求下属一丝不苟，也严格要求自己；他建立高标准，期望下属能够始终维持高标准；他只考虑怎样做才是正确的，绝不因人而异。虽然这些管理者通常才华横溢，但是他们在评价下属的时候，绝不会把聪明才智看得比正直的品质更重要。”当我们在探讨宜人性、外倾性和开放性在管理者带领团队过程中的作用时，始终要强调的是，如果没有尽责性这个基础的特质，就如同一棵大树主干是弯曲的，组织便没有向上生长的基础能力。

而当发生重大事件时，管理者的情绪稳定性就将起到至关重要的作用，东西方文化都格外强调这一点。比如，东方文化中用“每逢大事有静气”形容某类人具有的有效应对危机的人格特质，而“静气”的特质可以对应大五人格特质中的低神经质的情绪稳定特质。这里所说的“大事”，在组织中就是管理的例外情境，管理的例外情境通常是指任何一种超出常规管理制度和经验范畴、重大的并且超越了日常管理调节能力的事件，这类事件具有突发性、危险性和高度不确定性，非常考验管理者第一时间的反应能力及其面对风险的情绪应对能力。

管理者第一时间的反应能力跟经验有关，如果管理者处理过此类特殊事件，就能触类旁通，找到事件的规律性，理解事件发生和发展的周期、可能的风险度等，这些属于经验值范畴。但无论多么有经验的管理者，第一时间的反应能力首先与其自身的应激水平，即面对风险的情绪应对能力高度相关。面对风险，人们通常会有两种截然不同的情绪反应：一类人会说，“我知道出大事了，心一下子就静了”；另一类人会说，“我一听到出大事了，一下子就懵了”。“静”和“懵”这两种截然不同的应激情绪反应，对应着神经质特质里的低神经质和高神经质的两端，也表明了当事人对已经发生或者即将发生的危机的客观认知和接受程度，决定了对危机事件的响应速度和处理质量。“静”是在第一时间承认和接纳这件事情发生了，而“懵”是大脑的认知能力和调节能力都发生了错位，无法理解和接纳事情已经发生了。

人格特质的神经质因素中的脆弱维度，评估的就是在压力下能否保持冷静，有的人遇到意外的事情不容易恐慌，而有的人则很容易被事情激怒，会在第一时间有追责的念头，比如会问是谁让这件事情发生的，或因为担心发生最糟糕的状况而感到焦虑。追责和担心这两种反应，从时态上，一个是过去时，一个是将来时，都没有进入到现在时态的面对和解决。还有一种神经质的反应，就是将事件个人化，担心这件事情给自己带来不利，或者担心别人会认为是自己做错了事情，而急于推责、解释或逃避。这些神经质的情绪化反应，会忽略事件本身的发生规律和走向，而贻误在风险发生后的最佳响应时间。与此相反，遇事不慌，“有静气”的人，则能有条不紊地应对，正如《大学》中所说：“静而后能安，安而后能虑，虑而后能得。”安，是安在当下，关注到事件当下的风险和风险的走向，先从止损开始；虑，是进入到思考阶段，协调最有效的资源协同工作。通常在危机状况发生时，需要调配相关各方组成特殊任务小组，而任务小组的核心就是一位具有淡定特质的领导者。

高度的不确定性和危险性情境在战争中比比皆是。克劳塞维茨在

《战争论》中也提到了个人特质对指挥官的重要性，他说，胆小怕事的人和优柔寡断的人，在没有危险和不需要负责的情况下，可以通过对某种事物的思考而得出正确的结论。可是，当危险和责任从四面八方涌来时，他就会因无法冷静地去全面观察问题而失去决断能力。一个在危险面前有决断能力的指挥官，不论对于战争，对于国家危机，还是对于组织的突发情境，都将起到决定性的扭转局面的作用。反之，领导者或者管理者第一时间的缺席、漠然的不作为或慌乱应对的行为，都会导致事件的负向发酵和演化。

本章小结

本章在介绍大五人格特质在职场应用的基础上，提出了一个全新的视角，即人格特质对情绪价值的影响作用。一些人格特质因素使得某些管理者更具备情绪价值，因而更能够激发团队的士气。本章我们为管理者呈现了一条提升士气的独特而有效的路径：通过认知个体的人格特质，觉察自身的情绪表达行为，提升情绪价值进而提升士气（人格特质—情绪价值—士气）。管理者或领导者的人格特质与组织和团队的情绪价值密切相关，了解这一点，对管理者的自我提升很重要。

复习题

- 情绪价值的公式是什么？
- “每逢大事有静气”对应了大五人格特质中的哪一个特质？
- 为何说管理者的情绪管理是尽责性的体现？

CHAPTER 5 | 第5章

人格特质对情绪成本的影响

我们已经了解了人格特质对情绪价值的影响，也了解了当情绪成本超过情绪收益时，情绪价值就会变成负值，进而对我们的工作和生活造成不同程度的困扰，在严重的情况下，会直接使心身健康受损。研究表明，大五模型对心理障碍的临床诊断和心理治疗有价值，同时对预测和预防行为健康问题有帮助。比如，心理学家研究发现，低尽责性在心理病理学中有重要影响，这一研究发现与身体健康领域的研究发现相一致：低尽责性是死亡率增高的最强人格预测因子，并且与导致健康状况不佳的不良行为有重要关联。

既然人格特质是影响个体情绪和心理的重要因素，那么，管理者的人格特质是如何影响集体情绪，并进而影响员工的工作投入度和组织士气的？我和盛心公司的同事们开始了一项为期十年的研究，深度分析影响中国员工心理健康和工作投入度的个体人格特质因素，以及组织的核心要素——管理者的人格特质在其中的作用。我们的假设是，如果人格特质对个体的行为有稳定的影响，那么，这些特质就会具有跨情境的一致性。这项研究对某大型企业进行了持续多年的跟踪调研，采集了来自中国及非洲、南美、中东、中亚等87个国家和地区的中国员工的8156份调查问卷，排除存在重复作答与明显掩饰等问题的无效问卷后，最终获得有效问卷7442份，问卷有效率达91.25%。本研究采用大样本数据的量化研究法、个案研究法及田野调查法的混合研究方法。在本章，我将呈现一些主要的研究结论。

心理健康与情绪成本

根据世界卫生组织的定义，健康不仅是没有疾病，而且是生理、心理、社会适应能力都处于健康状态。2001年，世界卫生组织提出心理健康是一种健康或幸福的状态，在这种状态下，个体可以应对日常生活中的压力，工作富有成效，实现自我，有能力对所在的社会做出贡献。但是世界卫生组织对心理健康的定义没有明确地指出心理健康的内涵，关于心理健康内涵的研究主要有静态心理状态说、动态心理动力说、心理内容与社会实际的动态和谐说三种代表观点。静态心理状态说把心理健康界定为一种良好的心理状态；动态心理动力说把心理健康看作一种动态的心理过程，是心理系统自动调节的平衡化机制的正常运转；心理内容与社会实际的动态和谐说则把心理健康界定为一种内在世界与外在世界相互作用、相互适应，动态平衡的过程，注重心理层面与社会层面的融合。

在静态心理状态说的观点中，Diener在1984年提出了心理健康的三个重要标志：主观性，心理健康是个人的主观体验，客观条件只作为影响主观体验的潜在因素；积极性，心理健康并非仅仅指消极因素较少，同时也指积极因素较多；心理健康应体现在个人生活的方方面面。根据 Diener 的观点，后来的研究者们把心理健康分为正负两个重要方面。

结合以上界定和研究成果，我们对心理状态从两方面进行评定：一是较多的积极状态，表现为较高的自我肯定水平；二是较少的消极状态，表现为抑郁和焦虑体验较少。

将心理健康用积极的主观体验和消极的主观体验来进行正和负的划分，也对应了情绪价值论述中的相关维度：心理健康的正值对应积极的情绪体验，即情绪收益；心理不健康对应消极的情绪体验，即情绪成本。

本书第 2 章给出了关于“抑郁”和“焦虑”的自评工具，而目前在国内用得较多的综合测量心理健康水平的量表是 SCL–90。SCL–90 涉及心理健康的 10 个方面，共有 90 道题。由于题量较大，员工容易不认真作答，结合题数以及与工作场景匹配度、正负心理状态综合评估等方面的因素，我们采用如表 5-1 所示的 20 题版本量表，该量表是在美国 Goldberg 教授研发的 60 题版本的一般心理健康量表基础上修订而成的。实际应用表明，该量表信度、效度良好。

√ 测一测　你的心理健康水平

请你认真阅读表 5-1 中的题目，评估自己最近一个月的情况。

表 5–1　一般心理健康量表（GHQ–20）

题目	是	否
1. 大致说来样样事情都开心	1	0
2. 做事情都能集中精神	1	0
3. 很满意自己做事情的方式	1	0
4. 最近忙碌且充分利用时间	1	0
5. 处理日常事务和别人一样好	1	0
6. 觉得自己在很多事情上都能帮忙或提供意见	1	0

（续）

题目	是	否
7. 觉得很不开心	1	0
8. 能够开心地过自己的日常生活	1	0
9. 容易同人相处	1	0
10. 对自己的未来抱有希望	1	0
11. 觉得做人没什么意思	1	0
12. 对自己失去信心	1	0
13. 觉得人生完全没有希望	1	0
14. 觉得自己是个无用的人	1	0
15. 整天觉得人生像战场一样	1	0
16. 觉得整天有精神压力	1	0
17. 心情烦躁，睡不好	1	0
18. 因为担心而睡不着	1	0
19. 整天觉得心神不宁与紧张	1	0
20. 因为精神紧张有时觉得什么事情都做不到	1	0

资料来源：李虹，梅锦荣．测量大学生的心理问题：GHQ-20 的结构及其信度和效度 [J]. 心理发展与教育，2002(01):75-79.

扫描左侧二维码可在线测试，发送关键词“心理健康”，点击测评链接，测试并获得你的详细测评报告。

在注重健康的现代社会，人们在关注运动和饮食的同时，越来越重视情绪对整体健康的作用。在美国匹兹堡附近的一家小旅馆，卡内基梅隆大学的谢尔登·科恩（Sheldon Cohen）教授的研究小组进行了一个有关快乐与健康的著名的心理学研究实验。按照实验要求，参加实验的志愿者需要在旅馆的某一层独自待上一周。被试在抵达研究场地前，研究小组对其完成了各项基本调查，了解了其情绪状态、积极与消极程度，并检查了其体内的抗体水平。在进入旅馆的第一天，被试就感染了一种感冒病毒，疾病慢慢在他们体内蔓延并控制了他们的身体。在接下来的几天里，被试不能离开自己所在的楼层，不能接待访客，主要靠看电视、看书或打电话来打发时间，并且只能食用旅馆专供的食物。研究过程中的每一天，被试都要到医务台报告自己的病情，并接受大量的体检项目。研究人员用盐水喷雾为他们冲洗鼻腔，然后仔细分析洗出来的黏液，研究人员还会称量黏液的重量。被试还要回答症状清单上的问题，描述自己患病的严重程度。科恩及其同事发现，在实验前更快乐的人不仅自身报告的流鼻涕、鼻塞和打喷嚏这类症状更少，而且在客观的诊断迹象中，如过多的黏液这类病症也更少。由此可见，较为快乐的人不仅在主观上认为自己更健康，而且客观的体检也证明他们确实更为健康。科恩教授的研究清晰地证明了情绪与健康之间的联系：较为快乐的人似乎对疾病有天然的免疫力，他们的免疫系统往往更强大。

在这项研究中，我们可以看到使个体产生情绪成本的两个重要的变量，一个是个体的积极或消极情绪，二是外界的病菌。由于情绪本身也具有可传染性，因而可以说，消极的情绪也是一种“病菌”。美国心理学家伊扎德以人格结构为基础，研究情绪的性质和功能。他认为，情绪是在生命进程中分化和发展起来的，包括情绪体验、脑和神经系统的相应活动以及面部表情三个方面，这三个方面相互交织，共同构成了情绪的全貌。情绪体验与脑和神经系统的活动密切相关。当个体经历某种情绪时，其大脑的特定区域会被激活，并产生相应的神经递质和激素。这些生理变化进一步影响着个体的情绪体验和行为反应。面部表情的变化和差异可以反映个体情绪状态的变化和差异，当个体处于亚健康或不健康的情绪状态时，他们的面部表情会发生变化。这些变化会激发相互联系的单元，即与情绪相关的脑区和神经通路，以及影响他们与其他个体的情感交流。具体来说，当个体处于消极情绪状态时，其面部表情可能会表现出紧张、沮丧或愤怒，这些面部表情会激活与消极情绪相关的脑区和神经通路，导致个体产生消极的认知和行为。同时，这些面部表情也会传递给他人，影响彼此的情感交流和行为反应。

组织理想的情绪收益是组织成员在良好甚至高昂的士气状态中，彼此激发的工作动力动能，产生积极的组织行为，并由此带来的创新和经营收益；组织理想的情绪成本是指为了保持组织成员稳定的心理状态，所需要投入的对人的管理沟通成本。当组织的情绪收益大于情绪成本时，组织会获得理想的收益，同时，个体也会获得成就感等高情绪价值体验；反之，企业经营管理所需投入的时间成本、机会成本与情绪成本都会大大增加。

工作投入度与情绪成本

国际上对工作投入度的观察和研究均表明，高水平的投入度与高水平的工作表现、组织公民行为和个体心理健康具有显著的相关性（Christian，Garza and Slaughter，2011）。以盖洛普为代表的管理顾问公司采用“满意－投入”模式（satisfaction–engagement approach）定义工作投入度，认为投入度表达了个体对工作的参与度、满意度和热情（Harter and Schmidt，2006）。它们通常采用的名词是“员工投入度”，认为投入度是一个多维度的概念，不同维度指向不同的目标，包括“工作投入度”（对所从事的工作内容和工作活动的投入）、“角色投入度”（对工作或专业角色的投入）和“组织投入度”（对企业的承诺和投入）。盖洛普的工作投入度测评工具经过数十年的测试和修订，到2006年，已经在

112 个国家测试了 700 万名员工。问卷的出发点是“可操作的视角”，设计定位是一个管理工具，而不是专门为研究制作的工具。该问卷作者的初衷是测试员工的参与度、满意度和热情，但有学者指出其实该问卷测量的是员工对工作资源的感受，这些内容可能是提高投入度对应的前驱因素，但并不是投入度对应的心理状态本身。

心理学家 Shuck 从相关的心理学文献综述中梳理出三种针对工作投入度的认识，这些认识的共通之处是从需要满足理论的角度来理解投入度。第一种认识起源于 1990 年，学者 Kahn 首先提出了“投入度”的概念。Kahn 认为个人投入度（personal engagement）表现为“人的个体自我是投身于工作角色的表现之中还是游离其外”，即人们在工作角色和工作活动中运用自己的身体、认知和情感的程度。投入的员工在工作中通过其身体上的参与、认知上的觉察和情感上的联结表达其真实的自我；相反，不投入的员工则与自身的工作角色疏离，抑制和降低自己在身体、认知和情感方面的参与。Kahn 认为投入工作中的真实的自我表达有利于个体的心理健康。

心理学角度的第二种认识是由 Maslach 和 Leiter 在 1997 年提出的，他们认为投入就是工作耗竭的反面，这些学者们是从研究工作耗竭切入投入度议题的。所谓工作耗竭是一种以疲惫和在心理上跟工作疏离为特色的负面工作状态（Freudenberger，1974，1975；Maslach，1976；Maslach and Schaufeli，1993）。工作耗竭表现为在工作中感到疲惫、玩世不恭、低效能。工作耗竭研究通常把投入定义为耗竭的反面，后者包含能量、参与和效能三个维度。根据这一观点，投入度的测评可以通过“工作耗竭问卷”三个维度的反向分数来完成，如果我们消除了造成耗竭的因素，投入度会自然而然升高。

以 Schaufeli 为代表的其他学者认为，工作投入度拥有独立的维度，高投入度表现为活力、投入和沉浸，是一种积极满足的心理状态，这是第三种认识。这些学者采用“工作投入度”而不是“个人投入度”的说法，认为投入的员工在工作表现和个人心理状态方面都优于不投入的员工（Schaufeli et al.，2002）。具体说来，工作投入的员工的优异表现包括积极的情绪状态、感觉有能量以及积极的工作导向的行为。其中代表性的问卷“Utrecht 工作投入度问卷”共 17 个题目，覆盖了三个维度：活力（vigor）、奉献（dedication）和沉浸（absorption）。

中国对工作投入度的研究呈现出快速增长的趋势。学者胡少楠、王咏提出了工作投入度的同时性和整体性的概念：“具体表现为个体在工作中积极的情绪体验、谨敏专注的认知和高度激发的体能状态的同时性、整体性的存在。”李锐、凌文辁的研究指出，目前的研究基本上都是将工作投入度作为一种个体现象加以考察，可以结合组织层面的变量，例如组织结构和组织设计等来进一步探讨什么样的组织环境和气氛更有助于培养员工和提高员工的工作投入度。张轶文、甘怡群引入 Schaufeli 等编制的工作投入量表（UWES），对 277 名中学教师进行了正式测量，检验该量表在中学教师群体中应用的信度和效度。王晴对国内工作投入研究 15 年以来的研究热点进行了分析，从职业属性来看，工作投入与工作倦怠研究主要涵盖企业员工、医护人员、公职人员、教师四类职业群体。从名称属性来看，高频关键词主要可分为两大类：一类是以“护士”等不同职业群体名称为范畴的词，另一类则是以“工作绩效”等不同变量名称为范畴的词。

有研究表明，工作投入度与抑郁症状负相关，与生活满意度正相关，工作投入度可以影响个体的整体幸福感，工作投入度与工作满意度、组织承诺显著正相关，与离职倾向负相关。工作投入度可以预测后三者。研究者认为这可能是因为工作投入度越高，个体投入到工作中的认知资源也相应越多，而用于加工外部环境中相关压力源的认知资源则越少，因此压力源产生的负面影响也就越小（李锐、凌文辁，2007）。2003

年，Britt 以在波斯尼亚执行维和任务的美军士兵为研究样本，研究结果发现，自我投入度在造成士兵心理困扰方面与三种压力源，即睡眠不足、工作压力和家庭压力，产生了交互关系。当压力源水平较高的时候，对工作投入的士兵所报告的心理困扰程度低于不投入的士兵。这些结果说明，自我投入度可能对压力较大的处境中的人有心理保护作用。Britt 的研究表明：在不影响工作表现的条件之下，高投入度会减轻压力源对心理健康的负面作用；而在影响工作表现的情况之下，高投入度则会加剧压力源的负面作用。

通过以上的研究可以看到两点：一是工作投入度与组织绩效的前驱因素关系密切，二是心理学关于工作投入度的研究的切入口正逐渐从造成耗竭的负面因素转向独立的积极因子。本书的内容也是从对工作场所中消极的情绪体验的探讨，逐渐转向对积极的情绪体验的探讨。借鉴 Britt 等人的研究，本书基于积极心理学视角的提示，在对负性状况进行控制和干预的同时，发掘某些积极的因子并加以强化——这本身就是对负性状况进行干预的一个有效策略。在这里，工作投入度既是高压工作环境下个体的一个保健因素，又是推动员工高效能完成任务的一个促进因素。

人格特质影响心理健康

在本次研究中，盛心公司的研究人员依据统计分组原则，提取测量中大五人格特质各维度分数较高的 27% 的员工和分数较低的 27% 的员工进行结果对比，发现大五人格特质各维度不同分数水平的员工在心理健康总分（GHQ 总分）和各维度分上的分值差异均达到显著水平（$p<0.001$），其中，不同神经质水平（情绪稳定和情绪不稳定）员工的心理健康分数差异最大，其次是不同外倾性、宜人性和尽责性水平员工的分数差异（见表 5-2）。

表 5-2　不同人格特质水平员工的心理健康分数差异

大五人格特质		GHQ 总分	自我肯定	抑郁	焦虑
尽责性	高尽责性	16.72	6.70	5.56	4.46
	低尽责性	13.97	5.11	4.98	3.88
	F	657.70	953.54	255.24	120.41
	p	0.000	0.000	0.000	0.000
开放性	高开放性	16.33	6.41	5.53	4.38
	低开放性	15.03	5.69	5.19	4.15
	F	148.81	199.00	99.72	19.84
	p	0.000	0.000	0.000	0.000
神经质	情绪稳定	17.76	6.78	5.76	5.22
	情绪不稳定	12.84	5.08	4.75	3.02
	F	2659.17	1166.58	829.15	2330.37
	p	0.000	0.000	0.000	0.000
外倾性	偏外倾	17.12	6.72	5.71	4.70
	偏内倾	13.48	5.10	4.81	3.57
	F	1252.56	1014.82	642.15	476.55
	p	0.000	0.000	0.000	0.000
宜人性	高宜人性	17.07	6.56	5.68	4.83
	低宜人性	14.07	5.50	4.95	3.62
	F	849.36	419.00	442.22	584.71
	p	0.000	0.000	0.000	0.000

注：自我肯定、抑郁、焦虑维度均高分有利。*F* 值是方差分析的统计量，用于检验至少两组数据的样本均值是否存在显著差异。*F* 值越大，表示组间变异性的比值越大，这意味着组间的差异可能更加显著。

对比不同心理健康水平员工群体的人格特质发现，心理健康水平很好（GHQ 很好）的个体在人格特质的五个方面均与心理健康检出（GHQ 检出）群体存在显著差异（$p<0.001$）（见表 5-3）。

表 5-3　不同心理健康水平员工的人格特质差异

	尽责性	开放性	神经质	外倾性	宜人性
GHQ 很好	3.10	2.37	1.22	2.70	2.69
GHQ 检出	2.63	2.14	2.35	2.03	2.21
F	854.47	191.41	3425.00	1571.10	792.51
p	0.000	0.000	0.000	0.000	0.000

根据表 5-3，可得到图 5-1 的雷达图。

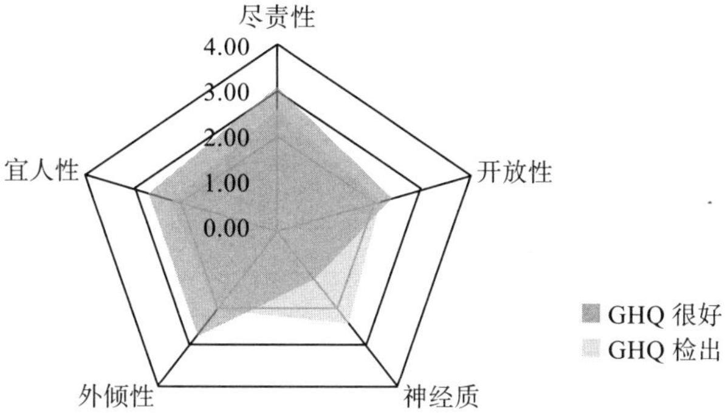

图 5-1　不同心理健康水平员工的人格特质雷达图

分析大五人格特质与心理健康各维度的相关性，结果表明五个人格特质的分数均与心理健康总分和各维度分数存在显著相关（$p<0.001$）（见表 5-4）。

表 5-4　大五人格特质与心理健康相关性

大五人格特质	GHQ 总分	自我肯定	抑郁	焦虑
尽责性	0.372***	0.397***	0.283***	0.187***
开放性	0.193***	0.229***	0.153***	0.071***
神经质	–0.623***	–0.437***	–0.445***	–0.557***
外倾性	0.466***	0.419***	0.370***	0.300***
宜人性	0.368***	0.256***	0.293***	0.311***

注：*** 代表显著性 $p<0.001$。

人格特质影响工作投入度

依据样本分组原则，从工作投入度总分最高分向下取 27% 的样本构成工作投入高分组，从最低分向上取 27% 构成工作投入度低分组，对比不同工作投入水平员工群体的人格特质发现，工作投入水平高的群体在人格特质的五个方面均与工作投入水平低的群体存在显著差异（$p<0.001$）（见表 5-5）。

表 5-5　不同工作投入水平员工的人格特质差异

	尽责性	开放性	神经质	外倾性	宜人性
工作投入度高	3.25	2.43	1.16	2.81	2.80
工作投入度低	2.67	2.19	2.07	2.11	2.25
F	1434.27	225.92	2164.02	1898.21	1196.14
p	0.000	0.000	0.000	0.000	0.000

根据表 5-5，我们可以得到图 5-2 的雷达图。

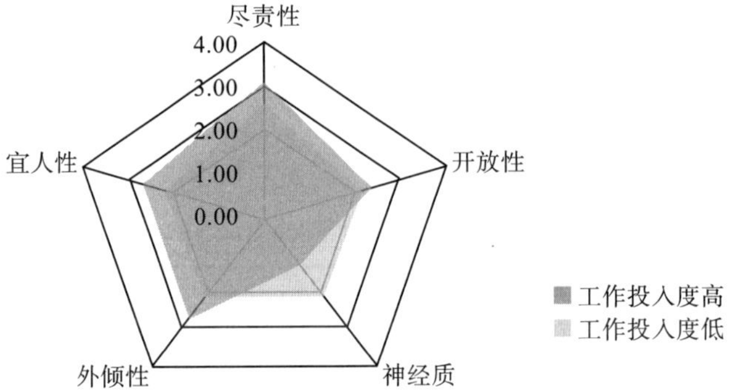

图 5-2　不同工作投入水平员工的人格特质雷达图

大五人格特质与工作投入度各维度的相关性分析（见表 5-6）表明，大五人格特质的五个方面分数均与工作投入度总分和各维度分数显著相关（$p<0.001$）。

表 5-6　大五人格特质与工作投入度的相关性

大五人格特质	工作投入度总分	工作苦恼	行为投入	情感投入	稳定度
尽责性	0.500***	0.377***	0.529***	0.468***	0.266***
开放性	0.240***	0.167***	0.270***	0.276***	0.091***

（续）

大五人格特质	工作投入度总分	工作苦恼	行为投入	情感投入	稳定度
神经质	–0.565***	–0.621***	–0.272***	–0.427***	–0.421***
外倾性	0.535***	0.475***	0.377***	0.464***	0.368***
宜人性	0.447***	0.425***	0.286***	0.330***	0.346***

注：*** 代表显著性 p<0.001。

大五人格特质各方面不同分数水平的员工在工作投入度总分和各维度上的分数差异均达到显著水平（p<0.001），其中，神经质、外倾性、尽责性、宜人性维度对员工工作投入度影响更大（见表 5-7）。

表 5-7　不同人格特质水平员工的工作投入度分数差异

大五人格特质		工作投入度总分	工作苦恼	行为投入	情感投入	稳定度
神经质	情绪稳定	16.79	4.30	4.22	3.72	4.55
	情绪不稳定	13.87	3.32	3.85	3.06	3.64
	F	2001.32	2410.24	387.77	971.11	1015.52
	p	0.000	0.000	0.000	0.000	0.000
外倾性	偏外倾	16.66	4.18	4.26	3.73	4.48
	偏内倾	13.84	3.38	3.79	3.00	3.66
	F	1826.43	1394.35	668.88	1240.60	786.63
	p	0.000	0.000	0.000	0.000	0.000
尽责性	高尽责性	16.56	4.10	4.35	3.73	4.38
	低尽责性	13.90	3.48	3.68	2.98	3.77
	F	1531.40	795.98	1403.44	1290.41	397.91
	p	0.000	0.000	0.000	0.000	0.000
宜人性	高宜人性	16.58	4.19	4.23	3.67	4.50
	低宜人性	14.13	3.46	3.84	3.12	3.71
	F	1283.76	1150.82	434.69	637.93	717.74
	p	0.000	0.000	0.000	0.000	0.000
开放性	高开放性	16.00	3.95	4.23	3.60	4.21
	低开放性	14.97	3.75	3.91	3.22	4.09
	F	203.17	73.33	316.74	299.98	16.18
	p	0.000	0.000	0.000	0.000	0.000

综上，不同人格特质水平的员工工作投入度分数存在显著差异，由此可以得出工作投入度高的员工群体的人格特质：情绪较稳定、偏外倾，具有高尽责性和高宜人性。

人格特质调节应激反应

我们收集员工既往发生生产安全事故的数据，将员工分为从未经历过、目击过、作为当事人经历过和经历过并受伤四类，对比发现作为当事人经历过和经历过并受伤的员工心理健康检出的比例显著更高（$\chi^2=38.210$，$p<0.001$）（见表 5-8）。

表 5-8　是否经历安全事故的员工心理健康很好和心理健康检出比例

	GHQ 很好	GHQ 检出
从未经历过	44.22%	15.84%
目击过	38.54%	19.04%
作为当事人经历过	29.71%	22.10%
经历过并受伤	22.95%	23.77%

在安全事故方面的分析中，经历过安全事故的员工心理健康平均水平显著更差，但其中依然有一部分员工在遇到安全事故后能保持较好的心理健康水平，分析其人格特质发现，相比经历过安全事故且心理健康水平较差的员工，他们表现出显著更低的神经质水平（即情绪更稳定），更加外倾，宜人性、尽责性和开放性均显著更高（$p<0.01$），与未遇到安全事故且心理健康水平很好的群体的人格特质情况比较接近（见表 5-9）。

表 5-9　应激事件下不同心理健康水平的员工人格特质的差异

安全事故 & 心理健康	尽责性	开放性	神经质	外倾性	宜人性
未遇到 &GHQ 很好（n=2074）	3.12	2.36	1.20	2.72	2.71
遇到 &GHQ 很好（n=110）	3.08	2.39	1.25	2.68	2.59
遇到 &GHQ 检出（n=90）	2.73	2.18	2.25	2.13	2.27
F	21.09	7.63	113.52	56.37	18.73
p	0.000	0.006	0.000	0.000	0.000

这一结果可能说明在经历应激事件后，某些人格特质对个体的应激水平有缓冲作用，并有助于个体心理状态的恢复。情绪更稳定的个体在遇到应激事件或环境时的应激水平更低，同时高宜人性和高外倾性的个体更倾向于通过求助或倾诉等方式寻求解决办法，帮助自己缓解压力；而神经质水平较高（情绪不稳定），宜人性、尽责性和开放性较低，性格更内倾的个体在遇到安全事故后更容易产生心理健康水平受损的情况。

根据表 5-9，我们可以得出图 5-3 的雷达图。

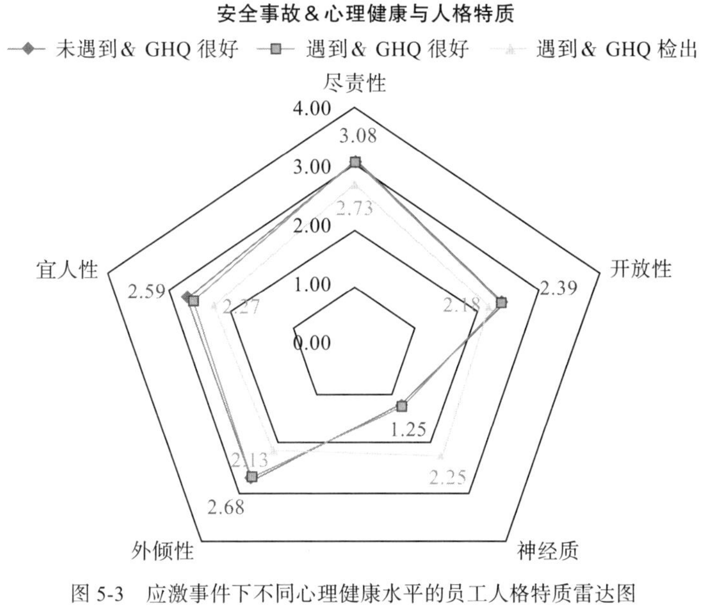

图 5-3　应激事件下不同心理健康水平的员工人格特质雷达图

综上，不同人格特质水平的员工心理健康分数存在显著差异，同时在应激事件对员工心理健康的影响方面，不同人格特质水平的员工呈现出不同的心理健康结果，具体表现为：情绪较稳定、偏外倾，具有高尽责性和高宜人性的员工心理健康水平相对更好，也更容易在应激事件后恢复心理健康状态。

本章小结

本章呈现了一项为期十年的研究。我们选取了心理健康和工作投入度这两个与组织士气密切相关的要素：心理健康的正值对应积极的情绪体验，即情绪收益，心理不健康对应消极的情绪体验，即情绪成本；工作投入度是所属成员乐意去实现所在组织的目标，所表现出来的一种积极的态度和行为。研究表明，大五人格特质各方面不同分数水平的员工在心理健康各维度的分值差异均达到显著水平，其中，不同神经质水平员工的心理健康分数差异最大；大五人格特质各方面不同分数水平的员工在工作投入度上的分值差异均达到显著水平，其中，神经质、外倾性、尽责性、宜人性对员工工作投入度影响更大。在研究中，我们将安全事故作为一个变量，发现相比经历过安全事故且心理健康水平较差的员工，经历过安全事故依然能保持较好心理健康水平的群体表现出显著更低的神经质水平（即情绪更稳定），更加外倾，宜人性、尽责性和开放性均显著更高，与未遇到安全事故且心理健康水平很好的群体的人格特质情况比较接近。

复习题

- 世界卫生组织对健康的定义是什么？
- 心理健康的正负两个方面分别是什么？
- 简述工作投入度与心理健康水平的关系。

CHAPTER 6 | 第6章

人格特质对领导力的影响

在研究人格特质对领导力的影响的田野调查中，我和盛心团队的专家（以下简称研究者）作为心理学工作者，深入中国人在海外的第四度空间的工作与生活。之所以说是第四度空间，是因为它有别于之前中国人在海外生活的三种方式：移民、留学和旅居。第四度空间对应的是一种独特的海外中国职场形态——中国员工被外派到海外工作，他们的工作和生活状态不同于跨国企业外籍员工在中国的工作和生活状态，也有别于常规的中国职场员工的工作和生活状态。海外员工通常集中一处，工作和生活在一个相对封闭的空间，而他们所在国家的本地员工每天到这里上班，下班后再回到自己居住的当地社区。研究者的工作性质类似短期外派，在海外驻地可以全天候地观察与感受，能够亲历第四度空间中人的工作状态、饮食起居、娱乐互动和人际交往的方方面面。在这段时间里，研究者就是海外工作群体的成员，但同时，由于研究者的职业身份并不隶属于这些外派企业，所以，在观察中研究者可以尽可能地保持中立。

案例 A：危机中的士气领导力

克劳塞维茨在《战争论》中说，“阻力是区别实际战争和纸面战争的唯一概念”，“战争中的行动，就像是在阻力重重的介质中的运动，人在水中，就连走路这样最自然最简单的动作，也不能轻易完成”，因此，“沉着，是下至士兵上至指挥官所必须具备的品质”。克劳塞维茨认为：“一个卓越的统帅，除了具备丰富的经验和坚强的意志之外，还必须具备他人所不具备的非凡的精神品质，他们的经验、精神、性格上的修养对他们的部下和同伴都会产生影响。”在克劳塞维茨提到的战争对军人的种种要求中，智力和勇气至关重要。智力和勇气会产生果断，使军人在应对紧急和危险的情况时保持镇静。

人类在任何领域的活动都没有像战争那样给偶然性提供如此广阔的活动场景，领导者在战争的不确定情境中的决策力，是研究其在危机中的领导力的最佳切入点。第二次世界大战结束，人类迎来了全球和平发展的时代，只有在地缘政治和国家发展进程的局部，战争还在发生。非洲的苏丹就提供了这样的一个国家在频繁的动荡和战争中生存的场景。苏丹先后经历了数十年的内战，2011 年 7 月 9 日，南苏丹共和国（简称南苏丹）独立建国，成为世界上最年轻的国家。南苏丹独立后，原来的苏丹一分为二，原来的油田也一分为二。持续不断的武装冲突和内战，加之恶劣的自然环境、恶性疟疾，以及抢劫偷盗等社会安全风险，给中国外派员工和外派企业的经营管理带来了极其复杂的困难和挑战。

作为研究者之一，我在 2015 ～ 2017 年 3 年中，三次到苏丹及南苏丹对中国员工在海外的工作和生活进行现场观察调研，对某能源企业派驻苏丹及南苏丹的领导者甄总（化名）、其他管理者及员工进行面对面的访谈，并结合相关事件的公开信息、一篇来自 21 世纪经济报道的媒体文章和一个电视专题节目，了解和分析在面临南苏丹内战时，领导者的危机反应、行为决策中与个体人格特质相关的因素，及其对团队其他成员心理健康及工作投入度的持续影响。

领导者的决策行为

如果说对在南苏丹工作的海外员工来说，日常工作和生活中建立安全防范意识，以及在面临突发事件时学会克服恐惧及时响应和应对是一堂必修课的话，那么，面临战争或武装冲突时领导者的决策和组织能力便既关乎员工的生命安全也关乎企业的经营安全。在这样的关键时刻，领导者是如何决策的呢？

2016 年 5 月，在苏丹首都喀土穆的企业住所，我第一次见到甄总。当时已经晚上八点多了，整层楼办公室的灯还都亮着，这是海外管理者的工作常态，几乎难以区分工作时间和休息时间。在此之前的几天中，我已陆陆续续在这层楼的其他办公室里见到了几位主要的管理者，针对海外员工的身心压力和管理者关注的议题有所交流。甄总的办公室和其他管理者的办公室大小一样，办公桌离沙发很近，显得有些拥挤。我知道作为一个国家项目的负责人，甄总的时间总是排得满满的，所以，我直截了当地提出我最关注的问题。我问甄总：“作为企业外派到海外全面管理工作的领导者，您的哪一次决策做得最艰难？”甄总不假思索地回答：“2013 年 12 月 15 日南苏丹武装冲突爆发时，当时最难下的一个决定是关闭油田，即撤离全部人员，还是撤离大部分人员，只留下几个人坚持到最后。”

2013年12月15日，南苏丹执政党——苏丹人民解放运动全国代表大会召开期间，内部产生了重大分歧，随后南苏丹首都朱巴发生激烈的武装冲突，城里全面开战。很快，战火蔓延到上尼罗州和团结州，也就是中方主要作业的两个重要油田所在地。在短短的四天时间，经过紧急的技术处理，其中一个油田安全关停，从12月20日到12月26日，共租用13架次包机，安全撤离全部中方人员118人、国际雇员和当地员工413人。而这个停产的油田至今也没能再复产。另一个千万吨级的油田现场有近3000名中方员工和当地员工，这个油田对南苏丹政府极其重要，也是日常驻军最多的油田。战火蔓延过来时，油田附近到处是持枪的军人和载有机枪的皮卡车，还有坦克和高射炮。当地员工纷纷逃离保命，仅几天时间，2000名当地操作员工仅剩下不到150人。从12月21日至25日，共动用14架次飞机撤离中方人员，仅留下58名中方油田管理人员带领关键岗位的南苏丹员工在战火中坚守岗位，维持千万吨级大油田的基本生产。

我问甄总："在如此生命攸关的时刻，为什么不像其他国家的企业和雇员一样迅速撤离呢？"

甄总说："这是战争中要做的一个专业决定，也是一个综合短期和长期考量的决定。12月16日，战乱的第二天，与南苏丹建交的40多个国家都紧急撤离。这个千万吨级的油田对南苏丹政府战后重建至关重要，而对油田人来说，能够找到并开发一个千万吨级的油田是一件很不容易的事情。这个油田2006年投产，600多口井如果不做技术处理紧急关闭，关了容易，但也彻底废了。当时南苏丹政府方面急切地希望中方油田能够维持最低限度的设备运转不要关闭，并愿意竭力保护油田，但局势难料，生命高于一切。"

"所以，把58个人留在战火中，这是一个非常非常艰难的决定，是吗？"我问。

“是的，”甄总说，“这是我一生做出的最艰难的一个决定，这个时候下命令不是理智能够决定的，这样的决定对生命和家庭都太沉甸甸了。这 58 个兄弟，有 20 多个人在国内和我住在同一个大院，你可以想象的，万一我做错了决定，我在这帮兄弟的夫人、孩子、父母面前怎么抬得起头？如果因为我的一个决定，导致哪怕一个人出问题，导致人家父母失去儿子，妻子失去丈夫，孩子失去父亲，这不是责任的事儿，我的心里会内疚一辈子，抬不起头做人。我征求 58 个人的意见，每一个人都说要一起留下，我长这么大，第一次当众哭了，最后一架飞机一直拖到下午 3 点，飞机无夜航能力，最晚下午五点钟就要关闭航道。当时最难做的决定是 58 人都撤走还是留下其中的一部分。”

甄总与南苏丹军区司令员和石油部长一起到油田前线进行现场评估，经过反复测算，坚守现场关键岗位、维持油田最低运行的管理人员需求从 58 名缩减至 23 名。甄总说：“我们向政府申请到一架直升机，停在油田现场 24 小时待命，政府派指挥官在现场指挥军队、警察和安全部门，尽最大可能确保中方人员的安全，并获得直升机 24 小时随时起飞不许截拦的手令。”“也就是说，在做这个决策时，还是有一定的安全保障的，是吗？”我问。甄总说：“在南苏丹工作的很多员工都经历过战争撤离，所以，我们有日常演练，有完备的应急预案、信息预警体系、应急物资储备。相应的完备的应急预案保证了每次撤离过程中人员转运的每个细节都安全有序，比如，对哪个人坐在哪个座位上，随身带着护照、通信保障卫星电话、应急食品椰枣等，人员反复演练，确保可以第一时间登机起飞。”

超越情绪价值的国家价值

企业海外投资的出发点和重心是经营与利润，战争之于企业领导者和企业的考验过于沉重，当投资地有难，企业领导者冒着生命风险的责任坚守已远远超出了作为作业者的专业坚守，企业所担负的责任也超越了一个企业的责任。在战争和应激的情境下做一个艰难的决策，国家、组织和个人利益如何权衡，甄总和他的管理团队体现了大五人格特质中尽责性维度的追求成就、深思熟虑、可依赖、自律、自信、有条理等方面的特质，以及在神经质的维度上的较低水平的焦虑、沮丧、脆弱和冲动的特质，这些都有助于在危机和困境中缜密而冷静地谋划与指挥。而这种尽责的担当和冷静的坚守也为国家和企业带来了意想不到的成就。查阅媒体的资料，对这一事件始末有翔实的报道，以下信息来自 21 世纪经济报道和凤凰卫视。

- 中国石油尼罗河公司南苏丹国家经理：这个国家严重依赖石油收入，若没有石油收入，整个政府就会崩塌，支离破碎，成为第二个索马里。反复权衡，多方调研之后做出一个决策，留了 23 名同事，留在上尼罗河州的主力油区，保证在低产量状态下，维持生产。有了这桶油，才能保证政府存在，还能够给老百姓提供一些基础的服务。否则的话，这个政府，作为世界上最年轻的国家，可能在 2013 年，独立两年之后就夭折了。
- 2013 年 12 月 30 日，中国非洲事务特使钟建华到南苏丹斡旋停火，专程来到朱巴驻地慰问看望油田现场的中国员工。他说：“在关键时刻，是你们的坚守让南苏丹人民感动。在国家需要你们的时候，你们选择留下，挺住了，向国际社会展示了中国政府是负责任的政府，中国企业是有责任感的企业！”
- 2014 年 1 月 10 日，南苏丹总统基尔召见中国驻南苏丹大使，对大使说：“大使先生，我现在才深刻地理解了什么叫患难见真情，中国政府是我们的朋友。”

领导者对应激状态下的团队士气的激发

在对南苏丹经历过该事件的管理者和员工进行的访谈中，多位管理者谈到甄总的魄力和率先垂范对自己有正向的影响。他们谈及甄总在需要做最后定夺的前一天晚上彻夜未眠，一直在仔细盘查和规划，有员工提到甄总赶到现场之后给坚守现场的员工深深鞠了一躬，至今想起来还很感动，有管理者说到当时进行从 58 人到 23 人的现场留守人员的选定时，每一个人都提出愿意坚守，把撤离回国的机会留给其他同事，因为他们内心对甄总有很深的信任，愿意在这样特殊的时刻坚守在一起。研究者请经历南苏丹战乱的外派员工谈及这个事件对自己的影响，以及领导者的行为和团队成员的支持对自己的心理健康带来的影响，在被访的 20 位管理者和员工中，15 人回答有成长性的正向影响（占 75%），2 人回答对情绪和心理有负面的影响（占 10%），3 人表示没有太多的影响（占 15%）。

在回答有成长性的正向影响的人中，一位管理者说，“两次南苏丹内战，使我对生命和国家有了新的认识，也使我自己的精气神有了新的提高，面对危险时能迅速保持冷静，仔细思考”；另一位管理者说，“总结应对过程中的经验和不足，在今后的工作中予以加强和改善，避免工作陷入被动，通过主动工作把坏事变好事”；一位海外工作时间不足三年的员工说，“由于企业安全工作做得细，考虑周全，有一套处理突发事件的应急预案，我心里受了点影响，但在承受范围之内”；还有一些员工表示，“两次战争让我学会了如何应对和冷静处理”，“感觉学到了很多在国内没有学过的技能”，“更加珍惜所拥有的一切，并努力地工作，开心地生活，善待周围的人和事，提高自己的责任感”。

为了具体了解员工在战争应激情况下，领导者行为和团队成员的支持给员工的心理健康带来的影响，研究者对案例 A 中的南苏丹工作团队进行了心理健康问卷调查，回收了 60 名团队成员的心理健康数据，并将其与另一个非洲某国项目团队的员工的心理健康数据进行了对比分析。

在本次测评中，研究者在统计特殊情境下的安全事件对员工的心理健康的影响时，收集了三类数据进行对比：第一类数据来源于经历过大规模战争的员工，第二类数据来源于经历过同样有高风险的抢劫、绑架等个人安全事件的员工，第三类数据来源于未经历过上述事件的员工。本次南苏丹60名员工的数据见表6-1。

表6-1　南苏丹工作团队员工经历不同安全事件的人数和比例

安全事件类型	人数	比例
大规模战争	24	40.00%
抢劫、绑架等个人安全事件	5	8.30%
未经历过上述事件	31	51.70%

在以往多年的海外员工年度心理健康普调中，经历过安全事件的员工心理健康均分显著低于未经历过安全事件的群体。而此次数据对比分析表明，南苏丹员工中经历过大规模战争的员工心理健康总均分相对最高，显著高于未经历过安全事件的员工群体，而经历过抢劫、绑架等个人安全事件的员工心理健康总均分最低（见表6-2）。

表6-2　南苏丹工作团队经历不同安全事件的员工心理健康结果差异

安全事件类型	GHQ总分	自我肯定	抑郁	焦虑
大规模战争	17.21	6.54	5.67	5.00
抢劫、绑架等个人安全事件	15.60	7.40	5.80	2.40
未经历过上述事件	16.10	5.68	5.58	4.84

非洲某国的项目团队参与测评的649名员工中，经历过大规模战争的员工有24人，遇到过抢劫、绑架等个人安全事件的员工有21人（见表6-3）。

表6-3　非洲某国项目团队员工经历不同安全事件的人数和比例

安全事件类型	人数	比例
大规模战争	24	3.70%
抢劫、绑架等个人安全事件	21	3.24%
未经历过上述事件	604	93.07%

同样对比经历不同安全事件的员工的心理健康数据发现，非洲某国项目团队的员工中经历过大规模战争的海外员工心理健康水平显著低于未经历过安全事件的海外员工，与以往回收的海外数据趋势一致，而经历过个人安全事件的海外员工心理健康分数最低（见表 6-4）。

表 6-4　非洲某国项目团队经历不同安全事件的员工心理健康结果差异

安全事件类型	GHQ 总分	自我肯定	抑郁	焦虑
大规模战争	15.33	6.13	5.21	4.00
抢劫、绑架等个人安全事件	14.57	5.62	5.43	3.52
未经历过上述事件	16.53	6.59	5.50	4.44

直接对比在南苏丹和非洲某国家都经历过大规模战争的员工群体，发现南苏丹经历过大规模战争的员工自我肯定水平更高，抑郁和焦虑水平更低（高分有利）(见表 6-5）。

表 6-5　南苏丹和非洲某国团队经历过大规模战争的员工心理健康结果对比

所在地区	人数	GHQ 总分	自我肯定	抑郁	焦虑
南苏丹	24	17.21	6.54	5.67	5.00
非洲某国	24	15.33	6.13	5.21	4.00

具体对比两个群体员工对心理健康各维度题目的回答情况发现，在南苏丹经历过大规模战争的员工的自我肯定水平更高，主要因为他们在“最近忙碌及充分利用时间”“能够开心地过自己的日常生活”“很满意自己做事情的方式”和“处理日常事务和别人一样好”方面选择“是”的比例显著较高（见表 6-6）。

表 6-6　南苏丹和非洲某国团队经历过大规模战争的员工自我肯定维度结果对比

	南苏丹	非洲某国
自我肯定维度总均分	6.54	6.13
最近忙碌及充分利用时间	91.67%	70.83%
能够开心地过自己的日常生活	100.00%	83.33%
很满意自己做事情的方式	66.67%	58.33%
处理日常事务和别人一样好	83.33%	79.17%

注：比例为员工在对应题目下选择“是”的比例。

在抑郁维度，南苏丹经历过大规模战争的员工情况更好（高分有利），主要体现在“觉得很不开心”“觉得做人没什么意思”“觉得人生完全没有希望”的员工比例更低（见表 6-7）。

表 6-7 南苏丹和非洲某国团队经历过大规模战争的员工抑郁维度结果对比

	南苏丹	非洲某国
抑郁维度总均分	5.67	5.21
觉得很不开心	12.50%	33.33%
觉得做人没什么意思	4.17%	8.33%
觉得人生完全没有希望	0.00%	4.17%

注：比例为员工在对应题目下选择“是”的比例。

在焦虑维度，非洲某国经历过大规模战争的员工表现得更加焦虑，虽然南苏丹经历过大规模战争的员工“觉得整天有精神压力”的比例相对略高于非洲某国员工，但是他们表现出的焦虑情绪更少，因焦虑而影响睡眠的员工比例也更低，面对压力有更好的心理弹性（见表 6-8）。

表 6-8 南苏丹和非洲某国团队经历过大规模战争的员工焦虑维度结果对比

	南苏丹	非洲某国
焦虑维度总均分	5.00	4.00
整天觉得人生像战场一样	16.67%	54.17%
心情烦躁，睡不好	12.50%	37.50%
因为担心而睡不着	12.50%	33.33%
整天觉得心神不宁与紧张	8.33%	20.83%
因为精神紧张有时觉得什么事情都做不到	8.33%	16.67%
觉得整天有精神压力	41.67%	37.50%

注：比例为员工在对应题目下选择“是”的比例。

近年来的心理学研究显示，有些人在遭遇压力事件之后反而会有积极的变化。在经历创伤事件的人中，有一定比例的个体发展出了比原先更高的适应水平、更强的心理功能和更高的生命意识。但这种变化与成长并不是自然而然发生的，在危机中关注了什么和如何解读事件、对事件的积极认知及在此过程中感受到的意义感是一些主要的起效因素。

通过案例 A 的研究，我们可以看到，在南苏丹战乱中，领导者的人格特质中的兼顾多方利益的大局意识，深思熟虑、条理清晰的谋划与规划，自律而自信的追求成就，始终与团队成员在一起的可依赖的尽责性特质，以及无论面对多么紧急而复杂的困境，始终保持着较高水平的冷静和较低水平的焦虑与脆弱，这些特质与行为表现对团队起到了示范作用，也引导团队成员在危机事件中更多关注和感受积极的意义和成就感，从而使团队成员在经历了这样特殊的压力和冲击后，不仅没有留下创伤，反而对海外不确定的情境有了更高的适应水平，并发展出了更高的心理弹性和生命意识。

案例 B：士气与团队经营绩效

德鲁克在《管理的实践》中说，企业在运行的过程中，有两种管理费用，一种是生产性的管理费用，用于管理者、技术或专业人才的费用，另一种是寄生性的或摩擦性的管理费用，这种费用不但没有提高生产力，反而降低了生产力。时间是人类最容易消耗的资源，关注单位时间有价值的高产出是提高劳动生产率的一种有效的方法，而全身心全情地专注和投入是确保单位时间质量的前提。在高度竞争的市场，如何评估领导者个人因素对生产力的影响呢？他们不是组织不良、士气不振、目标混淆状况的被动协调者，而是一种提升组织士气的催化剂，可以使团队成员的个体情绪和团队氛围游刃有余地承载并支持顺畅的生产和优质的产出的循环进行。

案例 B 的观察研究在非洲第二大国阿尔及利亚进行，该国的经济规模在非洲位居前列。石油与天然气是阿尔及利亚国民经济的支柱，其产值占 GDP 的 30%，税收占国家财政的 60%，出口额占国家出口总额的 97%。由于政府对外加大石油外交推进力度，鼓励外资参与本国石油开发，并密切与欧美进行经贸合作，因此，进入到阿尔及利亚的中国能源企业面临的市场情境与在非洲其他国家的中国能源企业有很大的不同，即前者必须参与到与世界 500 强的国际石油公司的竞争中，这些公司有英国的 BP，北欧的挪威国家石油公司（STATOIL ASA），南欧的雷普索尔（REPSOL），美国的哈里伯顿石油公司（Halliburton）、西方石油公司、雪佛龙公司等。与在非洲其他国家遇到的武装冲突和传染疾病等挑战不同的是，中国能源企业在阿尔及利亚面临的是市场充分开放的竞争环境，在设备及技术质量、生产管理及人员素质等方面的经营和管理亟须升级，达到国际前沿水平。

本案例研究的主角是中国某能源企业外派至阿尔及利亚的项目负责人文总（化名）。该企业有 20 余家海外单位，分布在全球各大洲，2013 年该企业对海外中方员工进行了心理健康状况的调查，并对数据结果中分值相对较低的海外单位进行了心理健康水平提升的试点工作，以期通过改善海外员工的心理健康状况来促进海外员工的外派适应及团队的综合效能提升，位于阿尔及利亚的海外单位即试点单位之一。为此，研究者分别在 2014 年、2016 年和 2017 年三次前往阿尔及利亚海外员工工作现场进行心理健康调研和服务工作，在与文总所带领的团队近距离的接触中，观察和感受领导者在日常工作和生活中对团队成员的影响，包括领导者的个体特质、领导者对自己行为和信念的解读对团队成员的影响，以及这种影响对团队在国际竞争中的表现的价值。

领导者的尽责性和开放性对团队绩效的影响

第一次见到文总，是 2014 年，在该企业项目部办公楼的会议室。这个办公楼坐落在阿尔及利亚首都阿尔及尔的市区，对面就是一些商业店铺。与我去过的非洲国家的绝大多数的中国企业驻地不同的是，这个办公场所是一排三层楼建筑中的一个单元，而不是由军人或者持枪安保守卫的壁垒森严的有独立铁门的大院。文总有丰富的海外工作和管理经验，从井队一线的技术管理工作转型到技术服务工作，市场开拓成果优异，被评为集团的十大标兵和市场开拓标兵；在负责这个项目之前，他被委派负责一个严重亏损的项目，处理欠款设备，收回工程尾款，在完成项目的收尾工作后来到阿尔及利亚这个项目才四个多月，而目前这个项目也面临着困难。交谈中，文总提及目前遇到的主要挑战集中在市场和人员素质方面，而两者又有关联。尽管阿尔及利亚能源领域的业务在扩大，但在人员素质的竞争和技术标准的竞争中，我国企业目前都没有优势。比如，一个最基础的挑战是英语语言能力，尤其是对在井队工作的员工而言，语言能力不过关，最怕见监督。我们在商务礼仪、商务谈判能力也都不具备优势。在和管理者的交谈中，管理者也自然而然地提到管理授权、质量标准、本地员工的管理和对这个项目可持续运行的担忧等话题。管理者提及最多的就是国际公司的品质要求和员工素质，诸如：甲方作业要求标准高，与国际同行相比，我们的回应能力较弱；队伍建设迫在眉睫；目前我们采取低价策略，定价低、盈利能力差；目前项目的饱和度还不够，在项目上靠着，感到没有成就感；等等。文总说："目前市场打不开，大家都会有一些焦躁情绪，还是要先从队伍素质抓起，打铁还需自身硬，先把大家的精气神调动起来，把制度规范了，把流程捋顺了，好好研究一下这里的市场标准，再找突破点。"

研究者第二次来到这个项目部，是在 2016 年的 1 月 1 日，到达项目驻地的那一天，有一个令人难忘的场景：员工们在驻地门口站成两排，鼓掌欢迎我们，而且笑得很开心，文总也在人群中。从大家发自内心的喜悦神态中可以感受到项目的经营出现了重大转机，果真，我们很快就从文总那里了解到，在 2015 年，项目和团队都有了重大突破，首次获得过亿元的订单，尽管人手紧、任务量大，但是大家意气风发。

与第一次来时截然不同的感受是，这里的工作节奏明显快了起来，还出现了很多新的面孔。市场经理老魏（化名）说，市场部从只有他一个人到现在已经有 6 个人了。文总说，刚刚又增加了 8 支队伍，业务还在继续扩大。仅仅三年时间，这个项目就从亏损状态发展到进入了国际主流市场，其间发生了什么？带着这个问题，研究者与管理者和员工进行了广泛的交流。文总说："钻井队的人员全部更换了，首先人要合格。占领市场主要靠作业表现，作业表现为企业争取了信誉，而市场信誉就是市场价值。甲方有两大指标——非生产时间和搬家时效，我们把其他国际公司作为学习的榜样，甲方的要求是非生产时间为 2%，我们以前是 8%，后来努力先达到了 2%，通过继续优化作业流程和质量，刚刚过去的第一季度公司的非生产时间已达到 0.63%，远远超过了甲方的要求，我们现在正在争取把非生产时间压缩为零。"

非生产时间是指因设备维修或者其他原因导致设备和生产不能正常运转的时间，所以要缩短非生产时间就要从根上强化对设备的维护保养，机械师要提高现场维修的业务能力。而搬家时间是指从打完一口井到开钻下一口井之间的时间，在和管理者的交流中了解到，这个项目的搬家时间已经从 27 天或 28 天缩短到了不到 12 天，目前这个时间还在压缩。团队之所以能提高效率，是因为管理团队首先和大家算了一笔经济账：真正的利润就在于搬家时间，只有把搬家的时间压缩到甲方规定的时间内才能盈利，每一口井的搬家时间如果能节约 15 天，就能多拿到 40 万美元的日费。这笔账一算，再加上相应的奖励机制，以及将非生产时间和搬家时间作为衡量队伍管理水平的标准，纳入评定管理季度奖和年度奖的指标，团队的生产效率极大地提高了。

面对一个从亏损状态发展到经营效益、质量和安全各项都在公司海外项目部中排名前列的项目，充分的信息交流有助于本研究探讨在人的因素中，是什么使中国的外派企业在不利的国际竞争条件下生存下来并逐渐超越的，以及在这个过程中，管理者的人格特质对团队发挥了怎样的作用。我问文总："你觉得你个人特质的哪个部分在工作中发挥了比较大的作用？"文总说，首先是能安下心来，耐得住寂寞，吃得了苦，这些特质让他在生产方面扎住了根。这些特质仅仅通过两三年的井队工作经验是换不来的，它们是骨子里的东西，而且必须得经历长时间、多作业，以及各种复杂情况的磨炼。同时，跟外籍监督在一起工作多年的经历对他的英语能力，尤其是专业英语合同方面的能力提升很大。他说："另外，我性格是比较外向、比较活跃的，这就决定了我在跟外籍不同的监督、不同的人打交道时，一下子就能消除隔阂，迅速建立比较亲密的关系，或者能够取得互信的感觉，能通过交流把自己所了解的东西讲出来。这一点对我后期抓市场很有用。在甲方面前，如果对方是行家，他会觉得我说的是内行话，这有助于市场开拓。搞市场的人如果只是英语流利，学过交流的技巧，也还是不够的。实质上我们是搞技术服务市场的，这个市场三句话不能离开本行，时机差不多就要切到你想说的技术要点上去，说行话很容易让对方相信你。"

我了解到文总也曾在苏丹工作多年，阿尔及利亚和苏丹的市场环境不同，苏丹相对来说比较封闭和落后，而阿尔及利亚的市场中则充斥着西方一流公司的竞争，在这些不同的场景中，有什么是具有一致性的吗？文总回答了我的问题，他说，还是取决于平时对不同国家重要文化的积累，如果你不知道的话就没法切入对方感兴趣的话题，甚至还会冒犯对方。"主要是尊重、了解并喜欢他们的自豪点，交流时就能快速打开话匣子，聊得投机就能谈业务，一提业务又落到我的主业上来了。另外我们总在说差异，其实任何国家的人都差不多，人际交往的关键就是真诚和温暖的关心。比如我当年在苏丹的时候，认识一个油田经理是马来西亚人，马来西亚人有个共同的爱好就是羽毛球，我就请人把球拍绷上弦，做好了一对让他去用，支持他运动的习惯，大家都很开心。”

“如果用三个关键词形容自己的性格，你会用什么样的词呢？”我问文总。“首先是比较‘乐观’，比较‘细腻’，比较能体会到别人的感受，再就是‘负责’吧，我们公司提的口号就是让甲方满意，让领导放心，让同志们支持，要往这个方向去做。”在文总用来形容自己的关键词中，我们很容易看到外倾性、尽责性、开放性、宜人性的比较典型的特质。

领导者的开放性和外倾性对团队士气的积极影响

我们交流和讨论了管理和带领员工队伍的关键点，文总说，大的前提还是项目要稳定向上，让大家看到希望，内心安稳，要让团队成员在“业务获胜，质量为先”这一点上达成共识。要做到这一点，必须调动团队所有成员的积极性，对业绩好、表现好的员工要及时鼓励，调整岗位；对生活上遇见问题尤其是家人遇到困难的员工，要给予关注和帮助，比如如果员工家人生病、孩子出现问题等，可借款或捐款；日常的礼仪细节要做到位，比如员工过生日时，用中、英、法、阿（阿拉伯语）四种语言唱生日歌，当地雇员结婚时送礼物祝贺。不管在什么时候，都要真诚和热情，“比如，去年一个带班队长腿被钻杆弄断了，我们当机立断向组织汇报，心里不背负担，尽管经济上会受到处罚，但受伤的员工可以全面接受最好的治疗——这位员工被直升机从井队接到阿尔及尔市区紧急手术。我们一点儿也不隐瞒，因为一个谎言后面会跟着无数的谎言。我和员工说，今年好好干，再把损失的钱赚回来就好了。”

在阿尔及尔的项目部，我们时刻能够感受到文总在团队文化氛围上的影响力，比如文总爱打篮球，很多员工下午五点钟就换好运动服，跃跃欲试地要去球场了。员工说，他们原来工作之余的活动就是打打牌，而现在，除了打篮球，还有健身、跑步、下棋等，节假日还有团体活动，比如拔河、你比划我猜等各种活动。文总说："我爱打篮球，但不是所有人都爱，活动方式多样化，员工总能找到一款适合他的，要让每个人都有他自己乐在其中的活动。"为什么有其乐融融的活动这么重要呢？文总说："海外工作本来就枯燥单调，必须营造出家庭的氛围，大伙高兴起来工作才能干得有效率，人在一个快乐的团队和大家庭里，身体状态也是好的，身体好、工作好、心情好，这样就很好了。"

在阿尔及利亚项目的案例调研中，我们还去了距离阿尔及尔 300 多公里的哈西基地，它是项目作业区的物资中心和后勤保障基地，是项目作业的前线指挥中心和井队倒班休假的员工的接待站，类似于一个大型的驿站。我们住在基地里，和来来往往倒班的员工进行近距离的访谈和咨询，亲历员工生活的方方面面，从而更加聚焦现实层面，协助组织和个体探寻在心理安全和员工士气方面的提升策略。

基地可以活动的空间很小，院子里有一个很小的篮球场。2014 年，我们第一次到基地时，看到篮球架很破旧还有些倾斜，我们在基地的几天中，这个小球场一直安安静静的，没有看到有人打篮球。而 2016 年第二次去时，篮球场翻新整修了，地面刨平又压实了，换了一个新的玻璃钢液压篮球架。晚餐后，小篮球场的灯亮了，陆陆续续有跑篮、投篮的员工。后勤经理宋东（化名）说自己有很大的变化，现在每天都固定时间打乒乓球，以前不好意思找人打球，现在有运动氛围了，沟通也更顺畅了，找到球友就不成问题了，而且运动以后，心情放松很多，休息时间也不那么难熬了。负责装备设备方面工作的小蒋（化名）说，现在工作越来越忙，井队上尽量精简设备，对营房材料库房的工作要求越来越高，但这样能够提高井队的工作效率，还挺好的。带班队长王朋（化名）说，与两年前相比，自己在技术和管理上的能力更全面了，可以不让领导操心，自己带着一口井上的十七八个人干活（其中 12 名是阿尔及利亚的本地员工），而且一口井整体搬迁到另一个井场的速度越来越快了。王朋感觉自己的自信心也比以前强了，比如他经常会拍一些井队工作的照片给儿子看，儿子还不到五岁，知道爸爸带着外国人一起工作，对外语变得很感兴趣。在井队上，王朋和当地下属员工也相处得很好，他们喜欢一些小东西，所以每次从基地回到井队，他都会给他们带一些，我问是什么小东西，他说，“比如胶带啊，打包行李用的，他们从井队回家休假就很喜欢用我们的这种胶带”。王朋还提起一位副司钻，是本地员工，在王朋手下工作五年了，干得很好，前段时间一个西方公司给他更高的工资想挖他，他没有去，他对伙伴说：“在这儿工作挺好，大家相处得好，工资也还行，够生活的了。”说到这儿，王朋笑了说：“你看人家说的是生活，不像我们总惦记着生存。”这一次来基地的感受和 2014 年我们第一次到这里时的感受最不同的有两点：一是大家交流的内容更丰富了，而且关于工作方面的正面信息和正面感受越来越多；二是大家看上去明显更放松了，普遍变得更加活跃和更愿意主动运动，基地的院子里来来往往的人变得更多了，节奏也更快了。

无论在哈西基地还是在阿尔及尔项目部，员工谈及工作时，都会在不经意中流露出对文总的一些带有评价性质的词语，出现较多的有：“从基层干起来的，懂业务”，“运气不错，到哪儿哪个项目旺”，“谈判时从容友善，以退为进”，“比较真诚直接”，“简洁”“精力充沛”“爱好广泛，喜欢组织活动”，“较真儿、专注”。由此可见，管理者人格特质中的开放性所表现出来的兴趣、爱好对团队成员的乐观情绪具有带动作用。此外，透过各种各样的文体活动，可以在团队成员之间建立起联结，而这种联结不仅仅发生在中国员工之间，也有效地发生在中国员工与本地员工的互动中。

访谈实录：人格特质跨情境的一致性

2020 年新冠疫情席卷全球，3 月阿尔及利亚状态告急。在全球疫情形势不确定性的大背景下，对文总及其团队的现状和反应的相关信息的充分交流和动态跟进，有助于本研究更进一步探讨管理者的人格特质在不确定的环境下对团队的士气产生了怎样的作用，以及这些特质是否具有跨越情境的一致性。我拨通文总的电话时，他刚刚从国内回到阿尔及利亚，正在进行为期 14 天的隔离，这使得我们的电话交流访谈工作进展得比较轻松和深入。以下是整理的访谈实录，其中“Z”代表访谈者，“W”代表被访谈者。

Z：在目前的疫情阶段，你和团队在做什么？

W：疫情在国内蔓延时，我们项目就主动停了从国内到国外的人员倒班。我想得很简单，不要影响正常生产。万一在井队中传染开，影响了整个队伍的话，项目就会停掉，事情就大了。我提出想法后同事们很支持，我们正月初三开始就停止倒班了。国内疫情最严重的时候，买不到口罩，在阿尔及利亚的同事积极想办法，筹集到 6000 个口罩，依据在海外未能回国的员工家庭优先的原则挨家挨户送去了口罩，员工和家属全覆盖，员工非常满意，非常高兴。那几天，我收到很多在岗经理和员工的留言，都是一些真诚的情感表达。这是稳定前方队伍情绪的有效方法，这个时候大家都很牵挂家里的亲人，如果没有必要的保护措施，出去买菜都不方便。要让海外员工放心、安心。前两天，公司在西非地区召开了几次防控大会，我们在项目上的防控方案和措施两次得到集团专家的高度认可。正月初三我们开第一次会的时候，就定好了基调，这个措施的核心圈是中方员工自己，第二圈是直接的管理层雇员，然后带动他们的家庭，对外的第三方比如属于第三方人力公司的现场井队本地员工在第三圈。我们的中方员工守规则，高度重视防护工作，关键要做好本地员工的教育和安全防护的细节。还有，要着手考虑本地员工倒班，他们已经在项目上坚持将近两个月，但从家里和社区返回来的本地员工的隔离和检测工作还是要做到前面。

Z：你提到把工作做到前面，但面对疫情这种缺乏应对经验的情况，很多人会感到慌乱，可能会一时不知道做什么。

W：还是有一些经验可以用来做判断的，当年 SARS 的时候我在苏丹南部，公司六个月没有倒班，都是面对有很强传染性的疾病，应该可以采取相似的策略，而这次只会比当时的更加严格。

Z：我有一点好奇的地方，2014 年我第一次去阿尔及尔项目的时候，感觉你的情绪状态和后两次我见到的意气风发的样子有些不同，我也了解到，因为当时项目正处于亏损状态，有很多的困难。

W：2014 年我刚去的时候，面临很大的亏损，也没有什么作业，那么多员工，确实压力很大，当时看不见什么大的希望，直到九十月份有了一些转机。从 2015 年年初开始，陆陆续续上了八部钻机，当年就开始盈利，目前整体来说一年比一年好，弟兄们的作业表现也越来越好，我本人也没有那么大压力了，就形成了正循环。我从 2009 年开始在苏丹管市场和作业工作，一直到 2011 年，那几年把士气带得挺好，进行技术服务转型和市场开拓，项目一点一点地就做起来了，组织也给了我很多荣誉，像集团的十大标兵啊、市场开拓标兵啊、突击手啊。但这些都是次要的，关键是领导信任我，先是派我搞生产，后来转型去做市场，做的不是我熟悉的钻井，而是其他技术服务，现在领导又派我到这个项目上来，一定是期望我能把队伍带好，把效益抓上来。

Z：我有一个观察，我记得我们 2014 年第一次去项目，在一次交流中，你说你对心理服务不了解，觉得心理服务并不能帮助项目扭亏为盈，但你并不排斥去多了解一下。之后我们的工作得到你很大的支持，你能很敏锐地捕捉到与工作有联结的东西。

W：不论在情绪控制还是外在表现上，心理管理对鼓励士气都有很大帮助，团队精神面貌好，经营业绩才会好。在你们来到项目之前，我从未接触过心理学，当时这个项目经营亏损严重，我一切的心思都在寻找合同订单上。2014年第一次接触心理学后，我有很多的收获。在心理服务专家走后的一周，大家议论最多的就是“性格与沟通”那门课。大家讨论得很热烈，对自我的了解、性格与岗位的匹配，大家都觉得很有意思。我自己在工作和生活方面都有收获，最明显的是，情绪不那么急躁了。领导是团队情绪的标杆，以前在井队当领导养成的习惯是，遇到问题先是怒一阵子，没用了再想其他办法解决，现在就省掉了发怒这个环节，内心更加平稳了，既然问题来了，就平和地面对。对生活也有启发，以前回到家不知不觉地会端着领导的架子，现在回家多多做事，尽量让儿子多说。

心理学或许不直接与工作相关，但人的心情好了，人和人之间的沟通就顺畅了，人开朗了，工作自然而然地就做好了。人处于一种什么精神状态或者心情下才能好好地干活呢？我觉得是安心的状态。为什么过去五六年这个队伍特别好带呢，原因就是工作量足，合同期长，甲乙方在现场的也好，高层也好，关系都不停向好的方面走，所有的人在现场干起活来心情都特别好。大伙有目标，普通员工有想法，“这几年我好好干，多挣点钱，换个房子，生个二宝”，我们创造这个条件，大家一起努力，这种情况下的作业效率会越来越让甲方满意，这个队伍、这个作业你就不用担心了。我们现在的业绩在甲方心中是排名第一的，在各方面，包括质量、效率、甲乙方协作上都做得很好，这也是我一直很自豪的事。

Z：你从2009年在苏丹的时候就已经开始在抓市场了，有一些创新的东西，也是扭亏为盈吗？

W：那阵儿不是亏，而是公司整合，把在苏丹的所有业务一分为二，我们就剩几台小修井机，没有什么业务了，大的合同都给转出去了，也不赚什么钱，日费也低，都是小活儿，当时人心就散了，我们群策群力，开始从采油这方面拓展市场。从那个时候我接管了市场工作，带着小团队开拓，边干边学，采油和钻井方面的知识都是通的，我融会贯通，这个市场用了一年左右基本上就铺开了。2009 年年底公司开大会表扬我们实现了华丽的转身，从一个以钻井修井为主的项目部，变成了一个搞油田开发技术服务的，而且合同额达到一亿多美元。

Z：我发现在三种状况下你进入状态都很快：第一种像苏丹这种组织变革的状况，面对组织变革，很多人都会哀怨和纠结，而你会很快关注到目标；第二种状况像在南美面对一个项目的收尾工作，面临诸多的复杂情况；第三种状况是扭亏为盈，在一个人生地不熟的地方。你为何能做到很快关注到目标，你觉得这对应的是你身上的什么特质呢？

W：我认为还是比较乐观吧，我面对什么事都不怎么悲观。

Z：乐观指的是？

W：我都是向前看，想办法解决问题，这是一种习惯吧，生活中也这样，家里东西要是坏了，我就想着怎么解决问题，这个工具、那个工具，都能弄弄。这可能和我的经历有关，因为我最开始从事的是纯动手的一个行业，钻井行业，后期又改动嘴了，但是动嘴也依赖于我前边动手积累的这些东西。我当年负责一个修井机的时候，那个型号的修井机没有别的共享资源，只能自己解决自己的问题，我和手下的几个工程师夜里研究怎么做一件打捞工具，或者车上的部件用什么来修，天天研究，被逼得什么事都是自己动手去解决，不靠外边。这个能力是很多年努力实战培养出来的，没别的办法，要不然你就得停工，那个环境逼迫你必须开动脑筋。

Z：如果用一个关键词形容自己的性格，你会用什么词呢？

W：首先还是比较乐观，不论在情绪控制还是外在表现上，都要鼓舞士气。团队精神面貌好，经营业绩才会好，上级来检查工作的人也反馈说这个团队个个挺拔，眼神明亮，说话透着自信。

Z：在海外这么多年，你遇到过的最大的困难是什么？

W：2001 年我第一次出国的时候，带领一支队伍到一个新地方，甲乙方的模式是我从来没有见过的，沟通、作业方式都不太适应，英语交流也困难，所以刚出国时是最困难的。但不到一年时间慢慢地也就适应了，一是自我适应，二是随着队伍出国以后，大伙对甲方的了解、对设备要求的了解越来越多，我们完善了设备，知道应该提前做什么。我刚到这个项目的时候，对队伍的现状也确实焦虑了半年，后来慢慢地跟大伙交流，了解我们到底有什么长处，随着局面慢慢打开，有业务进来就好了。其实我焦虑更多的还是业务稳定的问题，这是我一直焦虑的问题，这个东西是永远卸不下来的。原来说什么时候搞个大合同，能轻松一下，2015 年开始搞到了，可是我还是不轻松，考虑半路停了怎么办，5 年后怎么办。现在的压力是这几年最大的，这个国家压缩了投资，本身经济就不景气，油价跌到这种程度，再加上疫情，经济整个在往下走，我们这个业务就面临更大的挑战。主要考虑的是 200 多名员工，他们都做得挺好了，现在想的就是如何提供一份稳定的工作和合同。

Z：我听说你的手受了一次比较严重的伤，这件事情对你影响大吗?

W：其实我受伤非常早，我 1990 年毕业，9 月参加工作，1991 年年初刚独立顶岗作业，手指头被绞车绞住了，左手的食指和中指做手术去掉一节。当时年龄还很小，是个文艺青年，我到井队参加工作的时候，还是背着自己的红棉吉他去的呢，那把吉他是 1987 年在重庆买的，手工的，特别好。我受伤了以后，把吉他摔了，因为我觉得自己弹不了了，那时候神经刚愈合，手指尖特别敏感，疼得像针扎一样，不能按弦。但是后来随着练习，现在木一点了，能按弦了，但需要手指长按的那种还是按不了，复杂的和弦也弹不了。我对这个事不是很在意，不知道为什么就是没太在意，因为它对我整个工作和生活影响不是特别大，我妈是三年以后才发现我受伤的，我当时没告诉她。

Z：1991 年你还很小，会不会感觉到害怕呀，恐惧呀，有这种感觉吗?

W：有啊，他们把我送到沈阳二院做手术的时候，医生要把整个指节都拿掉，因为手术方便，但是我坚决不同意，必须给我有多少留多少，大夫一看我挺可怜的，就给我留了。当然做手术很费劲，做了三个小时。最后也算是保留了一点，这样手可以发力，不会影响大局。当然也有影响，但毕竟是左手，还好一些，我比较乐天派，不在乎，尤其在过了十年八年后，手指不疼了，神经没那么敏感了。可能开始还有意地把左手藏一藏，后期就不在乎了，也不影响啥，没啥事，生活照旧，工作照旧。

Z：如果用三个词来总结你对团队的影响，你觉得是什么？

W：团结、向上、有效率。2019 年公司海外项目部效益、安全、质量、经营排名我们各项都是第一，这就是相辅相成，越积极向上，团队就越好，团结、向上、乐观，荣誉感特别强。

Z：你觉得工作对你来说意味着什么，工作对你最大的意义是什么？

W：给员工带来幸福感，给公司带来效益，给自己带来成就感。

Z：在海外这二十多年你自己最大的成长是什么，海外工作使你这个人变得有什么不同吗？

W：总的来说是我的海外生产管理能力、与不同文化背景的人交往能力的提升，随着年龄的增长，其实最终我觉得是对我人生的格调、格局、大局观有提升。我感觉我越来越不像以前那么急躁了，在井队的时候就是“土匪”作风啊，搞作业的时候，我说话是比较霸道、比较冲的，后天慢慢与不同文化交融，各方面慢慢提升，还是有很多蜕变的。

整个访谈持续了 1 个小时，我因此对文总的了解更加立体和丰富了，而之前我们更多的是片段式的交流。这次较为深入的交流，触及文总早年的生活以及他成年早期面对重大个人应激事件时的应对模式，文总所体现的积极的解释风格和积极的自我意识，具有跨时间、跨空间、跨情境的一致性。

团队士气与业绩正向循环

从项目经营指标及团队工作业绩持续的突破与提升、员工人数 3.5 倍的增加，以及从 2014 ～ 2017 年研究者在海外工作现场深度观察及体验到的团队成员在工作和日常生活中表现出来的热情度和行为的投入度可见，B 案例的领导者表现出很强的影响力。研究者对该组织在外派员工心理健康及适应方面，以及团队的工作投入度方面，用 2012 年的测评数据与 2018 年的调研数据进行了对比分析。

2012 年该企业对海外中方员工进行了心理健康状况的全面普查，经过组织多维度的持续优化，在 2018 年，该企业再次对海外项目单位进行心理健康的全面普查，以下为阿尔及利亚项目部两次普查在心理健康方面的数据对比（见表 6-9）。

表 6-9　阿尔及利亚项目部 2012 年和 2018 年参与测评的情况

年份	总人数	参测人数	参测比
2012 年	81	75	92.59%
2018 年	277	269	97.11%

2018 年阿尔及利亚参测员工心理健康总分（18.05 分）明显高于 2012 年（12.72 分），在心理健康各个维度上的结果均有明显差异，在自我肯定和焦虑维度的分数差异相对更大（见图 6-1）。

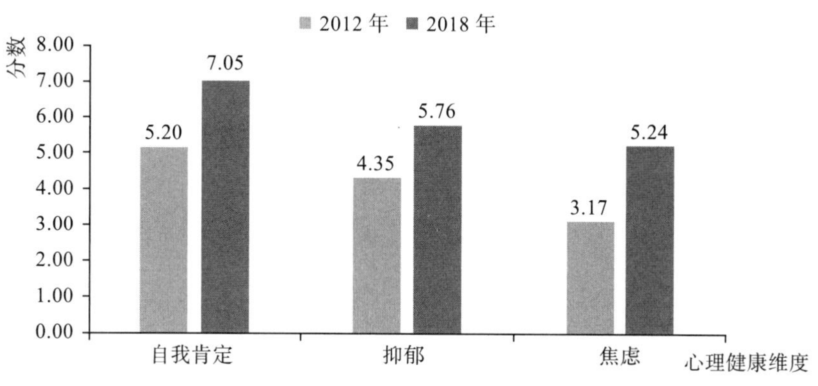

图 6-1　阿尔及利亚项目部 2012 年和 2018 年心理健康分数对比

在自我肯定维度上，2018 年参测员工在“处理日常事务和别人一样好”“大致说来样样事情都开心”和“能够开心地过自己的日常生活”等题目上选择“是”的比例明显高于 2012 年，比例差距大于 30%（见表 6-10）。

表 6-10 阿尔及利亚项目部 2012 年和 2018 年自我肯定维度结果对比

自我肯定维度题目	选择“是”的比例		
	2012 年	2018 年	比例差距
G5 处理日常事务和别人一样好	46.67%	87.36%	40.69%
G1 大致说来样样事情都开心	37.33%	75.84%	38.50%
G8 能够开心地过自己的日常生活	64.00%	95.91%	31.91%
G2 做事情都能集中精神	66.67%	92.94%	26.27%
G9 容易同人相处	73.33%	97.03%	23.69%
G3 很满意自己做事情的方式	61.33%	82.53%	21.19%
G6 觉得自己在很多事情上都能帮忙或提供意见	73.33%	89.59%	16.26%
G4 最近忙碌且充分利用时间	69.33%	83.64%	14.31%

注：因为四舍五入，部分“比例差距”数值会与直接将两年的比例值相减不同。

在抑郁维度上，2018 年参测员工在“觉得自己的将来还有希望”“觉得很不开心”和“对自己失去信心”等题目上选择“是”的比例与 2012 年差距明显，比例差距大于 24%（见表 6-11）。

表 6-11 阿尔及利亚项目部 2012 年和 2018 年抑郁维度结果对比

抑郁维度题目	选择“是”的比例		
	2012 年	2018 年	比例差距
G10 觉得自己的将来还有希望	49.33%	93.68%	44.35%
G7 觉得很不开心	38.67%	9.29%	29.37%
G12 对自己失去信心	26.67%	1.86%	24.81%
G11 觉得做人没什么意思	18.67%	3.35%	15.32%
G13 觉得人生完全没有希望	13.33%	1.49%	11.85%
G14 觉得自己是个无用的人	9.33%	1.86%	7.47%

注：因为四舍五入，部分“比例差距”数值会与直接将两年的比例值相减不同。

在焦虑维度上，2018 年参测员工在“心情烦躁，睡不好”“觉得整天有精神压力”“因为担心而睡不着”和“整天觉得人生像战场一样”等题目上选择“是”的比例明显低于 2012 年，比例差距大于 30%（见表 6-12）。

表 6-12　阿尔及利亚项目部 2012 年和 2018 年焦虑维度结果对比

焦虑维度题目	选择"是"的比例		
	2012 年	2018 年	比例差距
G17 心情烦躁，睡不好	53.33%	15.61%	37.72%
G19 觉得整天有精神压力	53.33%	17.10%	36.23%
G16 因为担心而睡不着	45.33%	10.78%	34.55%
G15 整天觉得人生像战场一样	52.00%	21.93%	30.07%
G18 整天觉得心神不宁与紧张	29.33%	5.58%	23.76%
G20 因为精神紧张有时觉得什么事情都做不到	28.00%	5.20%	22.80%

阿尔及利亚项目部心理健康总分在所有参测的海外项目中排名的变化：阿尔及利亚项目部 2012 年的心理健康总分在所有参测的 20 个项目部中排名第 14 位，其 2018 年的心理健康总分在所有参测的 21 个项目部中的排名上升至第 7 位。

而经过三年的海外现场心理健康试点工作，海外员工对心理健康服务的开放度和信任度也明显提升。2018 年参测员工留下联系方式的比例为 99.26%，明显高于 2012 年的 24%（见图 6-2）。

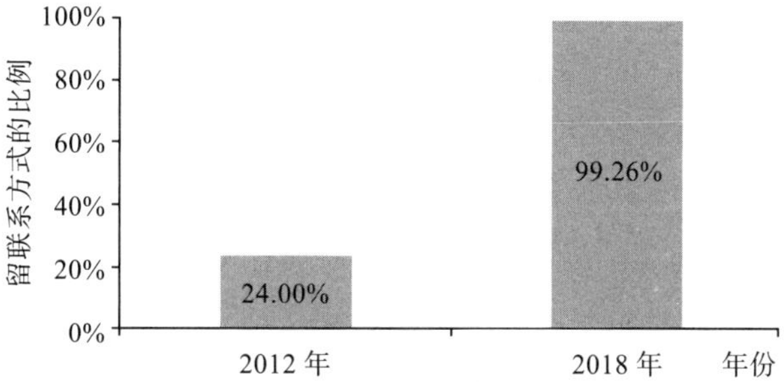

图 6-2　阿尔及利亚项目部 2012 年和 2018 年留联系方式比例变化

管理者人格特质影响团队士气指数

结合团队士气指数的三个维度，我们可以看到，案例 A 和案例 B 中的两个组织在团队情绪状态、管理者情绪状态和团队融合热度上，均处于积极饱满和正向高分值状态。

团队士气指数 = 团队情绪状态 × 管理者情绪状态 × 团队融合热度

我们对研究者的现场观察（观察）、案例主角的自我陈诉（自述）、团队其他成员的评价（他评），以及公共媒体、现场访谈记录（资料）等进行关键信息的对照整理，了解管理者在工作现场是怎样处理日常事务的，他们在重要工作或重大事件中是怎样思考和行动的，以及这些事件怎样改变了他们或周围人的工作和生活，从而探寻管理者在特殊情境下的工作投入度中积极的行为表现及特质（见表 6-13）。

工作投入度中积极行为表现及特质

两位管理者的工作投入水平均显著高于整体水平，具体表现为行为投入与情感投入水平更高、稳定度与组织认同更高、工作苦恼程度均较低（见表 6-14）。

在工作苦恼维度，两位管理者均体现出在工作中极少感受到沮丧、焦虑等负面情绪（见表 6-15）。

在行为投入维度，两位管理者都表现出在工作中全神贯注、尽力思考将工作干得更好的方法等投入行为（见表 6-16）。

在情感投入维度，两位管理者感受到的满足感、幸福感较强（见表 6-17）。

两位管理者在离职想法方面也均选择了“从未想过离职”。

通过案例 A，研究者观察和研究了高尽责性、高开放性、低神经质的领导者在面对战争应激情境下的决策和应对方式，其决策和应对方式最终不仅保全了组织和员工的生命和经营安全，还为国家赢得了声誉和更多的市场机会；而通过案例 B，研究者则观察研究了具有此类人格特质的领导者是怎样面对日常海外经营和管理事务的，以及他是如何带领团队在国际市场激烈的竞争中扭亏为盈，取得突破性的业绩的。

表 6-13　两位管理者案例关键信息列表

数据采集类型	工作投入	人际互动	重要工作或重大事件应对	产生的影响
观察	A：沉浸、忘我、激情、事业、格局、善用资源、意义感和使命感，谈及工作思如泉涌，注重人的成长和培养	A：友善、同情、无分别、联结、关爱、情感、真诚、关注人的感受、鼓励、支持、以乐会友	A：冷静、机敏、魄力、勇气、责任、细节、坚守、率先垂范、关注个体命运、始终和人在一起	A：受尊敬，在精神上激励他人，促进个体成长，关注个体的成就感和工作的意义感，提升企业在海外国家的声誉，为海外项目培养素质过硬的人才
	B：热爱、责任、投入、目标、效率、自律、激情、创新、价值感，问题解决能力、开放的心态和学习能力	B：活跃、热情、轻松、乐观、善于交流和带动气氛、有趣、热爱文体活动	B：自信、开拓、思路清晰，方法、坚持、率先垂范，始终与团队在一起	B：带领团队突破现状，参与国际竞争，提升作业技术和标准方面的国际竞争力，为企业创造经营业绩，为员工带来自信和幸福的感受，提升团队效能及团队凝聚力
自述	A：荣誉感、共同的理想和信念、价值观、艰难岁月是人生宝贵的财富，得到全面信任的充分授权是战胜挑战的关键	A：非常喜欢分享生活感受，喜欢分享发生在日常生活、普通人家中深入人心、令人感动、折射生活意义和幸福本质的故事	A：不丧失信念，就一定能战胜困难；重大决定触及的是人性而不仅仅是任务，决定了后面的生命和家庭；“在目前的形势下坚守，一靠坚定的信念支撑，二靠优美的音乐抚慰，三靠可爱的员工守望”	A：员工不想混日子，想成长，给发展空间；机会就是锻炼，要把活儿干好；无论任何时候，领导者的短期决定和长期决定都影响深远
	B：全神贯注，开动脑筋，享受工作；工作意味着“给员工带来获得感，给公司带来效益，给自己带来成就”；坚持不懈地把握重点——质量、效率、协作	B：其他国家的人和中国人在对温暖和关爱的需要上没有区别；思维跳跃，迅速建立互信；和大家结成快乐联盟，拔河、打篮球、跑步、下象棋，必有一项活动适合	B：首先让员工安心，工作量足，有目标，甲乙双方关系和谐；遇到事情心不乱，专心想解决办法	B：团队三好——精神面貌好、经营业绩好、文化建设好，团队由内而外的对领先的追求，公司海外项目部效益、安全、质量、经营排名第一
他评	A：事业心、能力、魄力、视野宽、决策能力，有策略、有方法	A：关注人的前途和成长，值得信任，很尊敬，内心感激不知如何表达	A：考虑周全，冲在前面，有担当，危机处理经验丰富，举重若轻，很少有恐慌表现，稳重可靠	A：以身作则，领导者的示范作用，企业在海外树立了负责、担当的形象和声誉，特别能战斗的坚韧乐观的团队
	B：和蔼、平易近人，能抓住机会、有运气，会谈判、懂技术	B：开心、乐观、带动氛围、友善，既能工作到一起，也能玩到一起	B：乐观、淡定，以退为进，不咄咄逼人但坚守底线，坚持、不放弃，勇往直前	B：对团队有引领作用，开阔了视野，性格更加积极、乐观、自信，体会到工作带来的幸福感
资料	A：现场观察记录、访谈记录	A：现场观察记录、访谈记录	A：媒体（21 世纪经济报道、凤凰卫视）报道、访谈记录	A：媒体（21 世纪经济报道、凤凰卫视）报道、访谈记录
	B：现场观察记录、访谈记录	B：现场观察记录、访谈记录	B：访谈记录	B：海外项目连续三年标兵表彰、访谈记录

注：A 代表案例 A 中的管理者甄总，B 代表案例 B 中的管理者文总。

表 6-14　两位管理者工作投入水平

管理者	工作投入总分	工作苦恼	行为投入	情感投入	稳定度	组织认同
甄总	18.97	4.80	5.00	4.50	5.00	5.00
文总	18.65	4.40	5.00	4.25	5.00	5.00
普查整体（N=7442）	15.47	3.85	4.05	3.42	4.15	3.56

注：各维度均高分有利，满分均为 5 分。

表 6-15　两位管理者工作苦恼维度结果

工作苦恼维度	甄总	文总
维度均分	4.80	4.40
无法享受工作	5.00	5.00
想到工作会让我沮丧	5.00	5.00
在工作中感到焦虑	4.00	4.00
担心不能完成工作任务	5.00	4.00
迫不及待要逃离工作	5.00	4.00

注：各题目均高分有利，满分均为 5 分。

表 6-16　两位管理者行为投入维度结果

行为投入维度	甄总	文总
维度均分	5.00	5.00
在工作中全神贯注	5.00	5.00
尽力思考将工作干得更好的方法	5.00	5.00
全力配合团队的工作目标	5.00	5.00

注：各题目均高分有利，满分均为 5 分。

表 6-17　两位管理者情感投入维度结果

情感投入维度	甄总	文总
维度均分	4.50	4.25
对工作充满热情	5.00	4.00
工作给我带来满足感	5.00	4.00
这份工作带给我的不仅仅是一份工资，它对我的幸福感很重要	4.00	5.00
感到工作得心应手	4.00	4.00

注：各题目均高分有利，满分均为 5 分。

杰出的领导力与人格特质

我们探讨了案例 A 和案例 B 的两位领导者在完成常人难以完成的任务时，在行为表现上的一些相同或者相似的人格特质因素。与群体数据均值相比，两人的尽责性、开放性分数均高于普查的整体分数，而且均偏外倾；两人的神经质分数均低于普查整体分数，即情绪均较稳定；此外，甄总宜人性分数更加突出（见表 6-18）。

表 6-18　两位管理者大五人格特质结果对比

	尽责性	开放性	神经质	外倾性	宜人性
案例 A—甄总	3.50	2.63	0.50	2.71	3.00
案例 B—文总	3.00	2.38	1.13	3.00	2.86
普查整体（N=7442）	2.94	2.31	1.61	2.46	2.51
	高分有利	高分有利	低分有利	高分偏外倾	高分有利

注：各维度满分均为 4 分。

进一步分析大五人格特质二级维度结果，两人比较一致的地方有：在尽责性方面，两人在追求成就、自我效能、自律、整洁等维度的分数均较高；在神经质方面，两人在愤怒、抑郁、焦虑、自我意识等维度的分值均较低，且低于普查整体分数；在外倾性方面，两人在开心、坚持等维度的分数均高于普查整体分数，在追求兴奋维度的分数均低于普查整体分数，其中案例 B 的领导者在合群、友善维度的分数相对较高；在宜人性方面，两人在利他和信任维度的分数高于整体，案例 A 的领导者在道德感、谦虚、同情心维度的分数高于普查整体分数，而案例 B 的领导者在合作维度分数较高。

案例 A 和案例 B 的领导者在人格特质的多维度上具有高度的一致性，尤其在管理者与员工素质中存在较大差异的开放性维度上，两人在兴趣、自由、独立思考、冒险等维度的分值均高于普查整体分数。甄总的兴趣主要体现在音乐方面，文总主要体现在篮球方面，身体力行地分享、投入、倡导、组织活动。这些开放性的文体活动不仅有利于员工的身心健康，也为营造团队氛围以及促进成员的彼此联结和情感交流提供了载体和媒介。

关注情绪成本，促进情绪收益

在对南苏丹和阿尔及利亚进行现场服务和调研的过程中，我们发现这两个驻地管理者的开放程度很高，对心理服务表现出了很高的接纳度。管理者会积极地与咨询师、访谈人员进行交流，对心理管理中的新理念、新管理技术持开放和接纳的态度，率先垂范，将心理管理作为新的工具应用在工作和生活中；同时他们更关注团队的情绪成本，关注员工的身心健康状况，在员工遇到困难或可能存在心理风险时能主动及时地将员工转介绍给专业人员，并与心理专家探讨员工的状态，及时止损。管理者也会积极鼓励员工参与和使用心理服务，促进员工的心理成长。

我们通过数据分析，也验证了以上的现场发现，即这两个驻地管理者的开放性分数均高于 2018 年员工整体均值，同时两个驻地的员工平均参与心理服务的次数均高于 2018 年员工整体的平均参与次数（见图 6-3）。

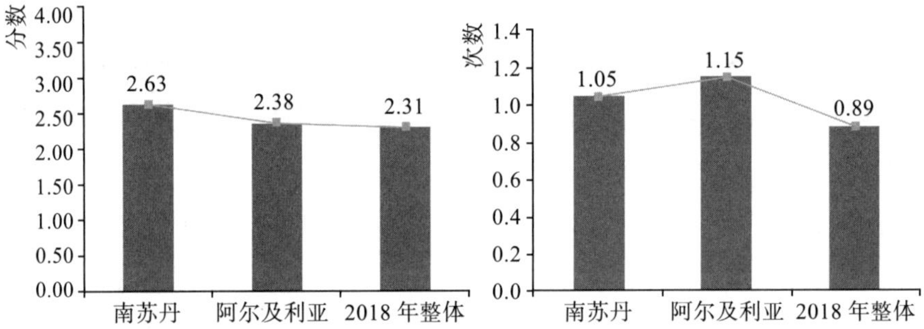

a）管理者开放性分数对比　b）员工平均参与心理服务的次数

图 6-3　管理者开放性分数与员工参与心理服务的次数

进一步分析发现，南苏丹和阿尔及利亚两个驻地员工参与 1 次及以上、2 次及以上、3 次及以上心理服务的比例均高于员工整体参与的比例（见图 6-4）。心理服务是一个持续发挥作用的过程，组织内部对心理健康的开放性会帮助员工建立良好的心理服务使用文化和使用习惯，而连续参与心理服务会对员工心理健康和工作状态产生更加明显的促进效果。数据显示，南苏丹和阿尔及利亚员工的心理健康总分均高于 2018 年员工整体的心理健康分数。而且，阿尔及利亚员工的工作投入水平总分也明显高于整体分数（南苏丹员工未回收工作投入水平数据）（见图 6-5），同时阿尔及利亚员工参与 3 次及以上心理服务的比例明显更高。由此，我们可以合理推测，参与心理服务的次数越多，心理服务对团队整体状态的促进作用越明显。

综合上述观察和分析，管理者的开放性越高，其对新学科、新技术的接纳度就越高，并且会主动在实际工作中予以应用；同时，管理者会积极推动员工对新事物的接纳，将新理念、新技术变成组织文化的一部分，并持续推动组织的心理建设，使之成为员工的重要支持系统。

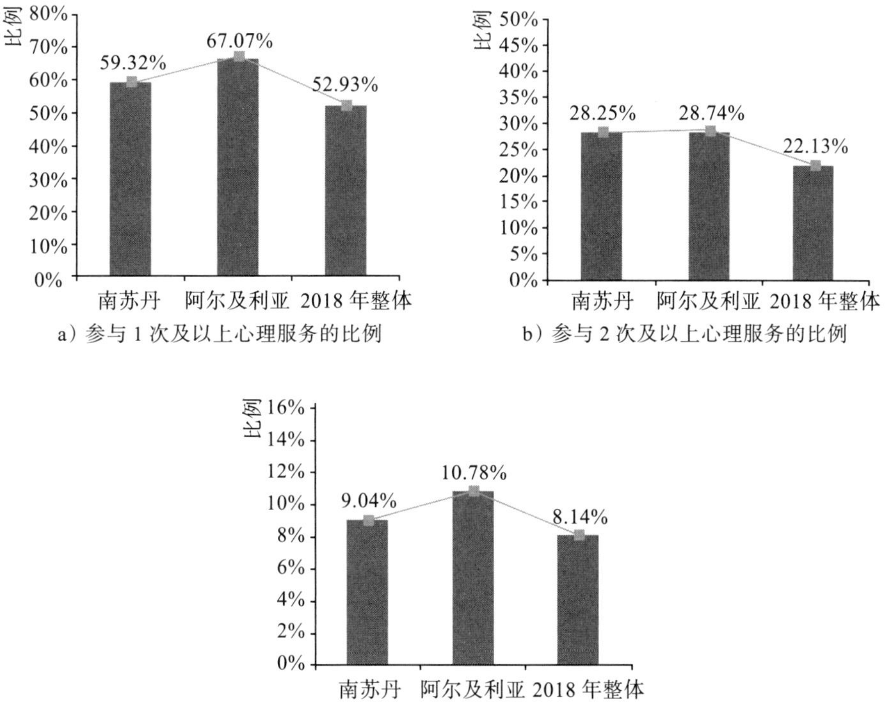

a）参与 1 次及以上心理服务的比例

b）参与 2 次及以上心理服务的比例

c）参与 3 次及以上心理服务的比例

图 6-4　参与心理健康服务次数的比例

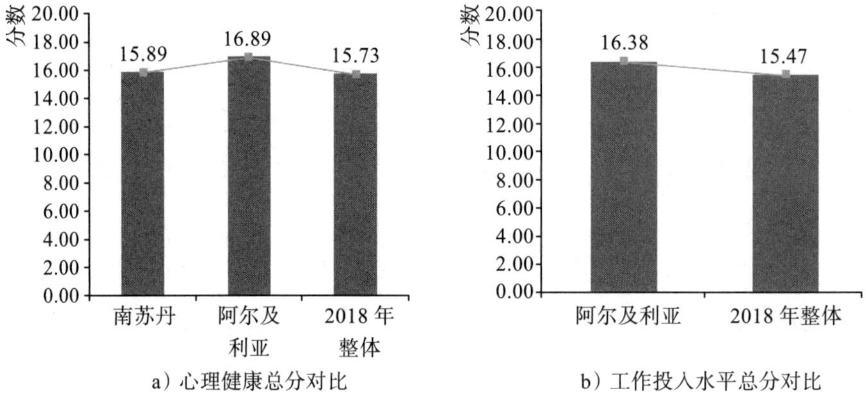

图 6-5　心理健康与工作投入水平对比

管理者人格特质影响情绪收益

既往有大量研究关注管理者的人格特质对其自身工作绩效与管理效能的影响，例如一些研究发现，高外倾性的人更容易成为领导者，拥有更高的职位和权力，而神经质较明显的个体通常与较低的社会地位联系在一起（Anderson et al.，2001）。

另外一些研究开始关注管理者自身人格特质对团队员工绩效的影响，Judge 和 Bono 等人的研究证明了大五人格特质能够较好地预测领导效能，为揭示人格特质与领导力之间的关系提供了有价值的参考。人格心理学家对 222 个相关研究进行元分析发现，外倾性与管理效能的相关性最强，外倾性、尽责性、开放性与管理效能显著正相关，而神经质与管理效能显著负相关。

孟慧与李永鑫对中国文化背景下的企业管理者进行了人格特质与管理效能的相关分析，发现管理者的神经质水平与下属的工作动机和组织承诺显著负相关，管理者的外倾性与下属的组织承诺显著正相关，而管理者的尽责性和宜人性都与下属的工作满意度、工作动机和组织承诺显著正相关。

人格心理学家的研究还发现，个体仅拥有某些特质不足以成为管理者，其特质还必须适应环境的要求，或者与环境达到某种平衡，与特定情境相联系。也就是说，个体之所以能成为管理者，是其拥有的个人特质和特定情境共同作用的结果。Mischel 等人认为，人的行为是个人与情境交互作用的产物，但情境并不直接影响行为。情境首先影响个人因素，再通过个人因素影响行为，个人因素在特定情境的背景下的交互作用构成了体现个体特征的独特行为和情感模式。Mischel 和 Shoda 在 1995 年完整地提出了人格的认知–情感系统理论（cognitive-affective system theory of personality，CASTP）。该理论认为，个体的差异体现在，个体在不同情境里会被激活不同的认知–情感中介单元（如编码和情感），这会进一步激活人格系统中的其他中介单元，并产生交互作用。这个理论既考虑了人格系统的稳定性，又兼顾了个体跨情境行为的变化，解决了过去几十年里人格与社会心理学的基本争议。

按此理论，每个人都有一个独特的认知–情感系统，与社会环境发生交互作用后，便会产生个人特有的行为模式。

当我们处于某种情境时，人格系统中的中介单元就会与情境发生交互作用，最后影响人的行为，人的行为又反过来影响情境。Mischel 认为，情境、认知–情感系统与行为之间在不断进行着复杂的交互作用（见图 6-6）。

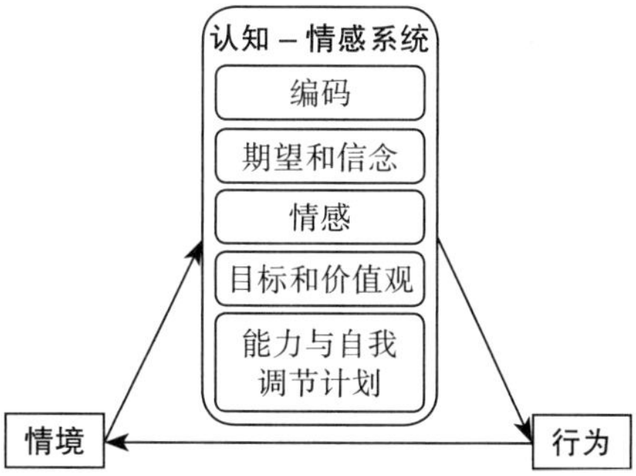

图 6-6　情境、认知–情感系统与行为关系模型

管理者人格特质影响自身情绪收益

在本项研究中，我们选取了心理健康和工作投入水平总分均高于管理者整体均分的管理者以及心理健康和工作投入水平总分均低于管理者整体均分的管理者。对比两类管理者的人格特质发现，前者，即状态较好（心理健康与工作投入水平双高）的管理者体现出低神经质、高尽责性、高宜人性、高开放性、偏外倾的人格特质，差异检验均达到统计上的显著水平。其中，两类管理者在神经质维度的差异尤其显著（F=561.23）（见图 6-7）。

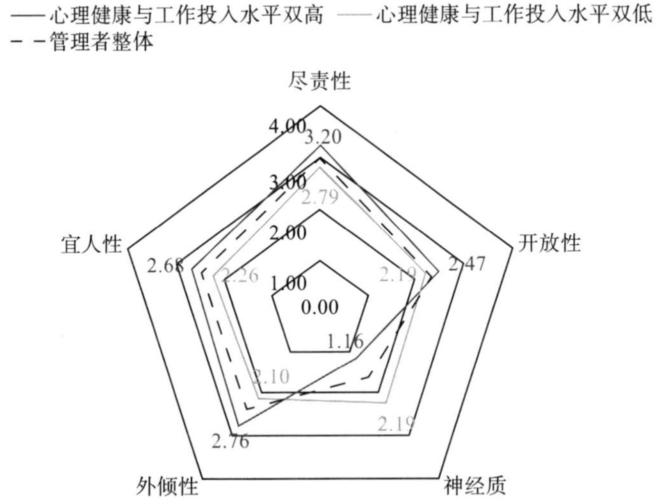

图 6-7　不同状态的管理者的人格特质差异

状态较好的管理者中，其神经质中值为 1.13 分，我们选取神经质分数低于 1.13 分的管理者，将其归类为情绪较稳定的管理者；状态较差（心理健康与工作投入水平双低）的管理者中，其神经质中值为 2.25 分，我们选取神经质分数高于 2.25 分的管理者，将其归类为情绪较不稳定的管理者。情绪较稳定的管理者的心理健康总分和工作投入水平总分均明显高于均值，而情绪较不稳定的管理者心理健康总分处于偏低水平，工作投入水平总分也明显较低（见表 6-19）。这进一步验证了神经质维度对管理者心理健康和工作投入水平有较大影响。

表 6-19　不同情绪水平的管理者心理健康和工作投入分数差异

管理者情绪水平	心理健康总分	工作投入水平总分
情绪较稳定的管理者	17.71	16.76
情绪较不稳定的管理者	11.91	13.55
管理者整体均分	15.40	15.30

同时，我们发现情绪较稳定和情绪较不稳定的两类管理者在大五人格特质的其他维度上均存在显著差异，这体现出大五人格特质五个维度之间的关联性，我们使用神经质维度来界定管理者特质的差异也能对管理者的其他人格特质维度有一定区分度（见图 6-8）。

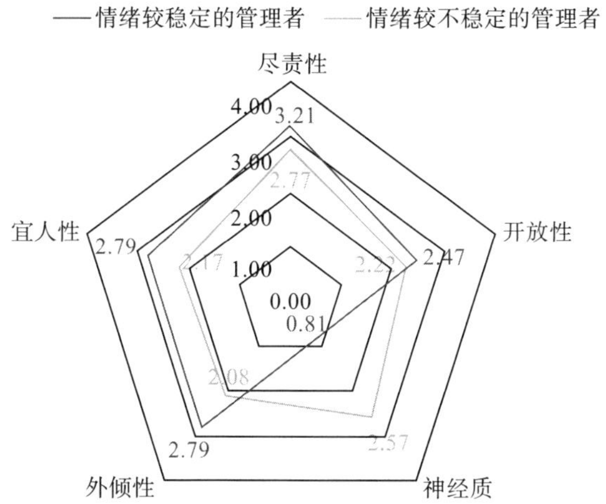

图 6-8　不同神经质水平的管理者的人格特质差异

管理者人格特质影响组织情绪收益

本次调研中区分出员工整体工作投入水平分数较高且心理健康分数

超过整体均值的 8 个组织单元（团队），以及员工整体工作投入水平分数较低且心理健康分数低于整体均值的 8 个组织单元。分别对比两类组织单元的管理者人格特质发现，员工整体状态较好的组织单元中，管理者的神经质分数明显更低（情绪更稳定）且低于整体均值，尽责性和开放性分数高于整体均值，宜人性和外倾性的分数与总体均值无差异，其中神经质维度的差异更为明显，说明管理者的神经质维度也会影响其团队的心理健康和工作投入水平（见图 6-9）。

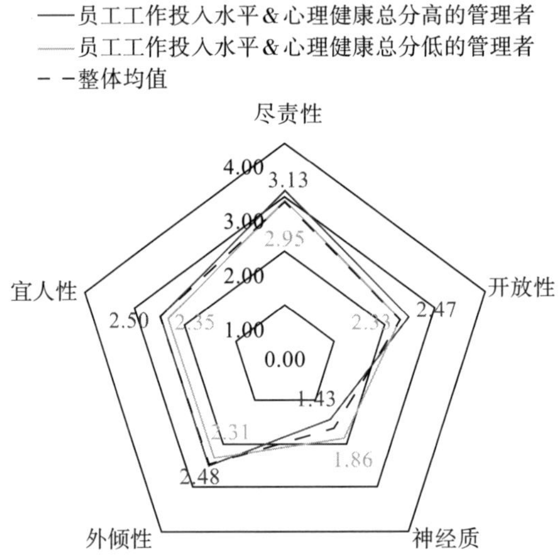

图 6-9　员工状态不同的团队管理者人格特质模型

进一步分析员工整体状态较好的 6 个组织单元（有 2 个组织单元未回收管理者数据）的管理者人格特质发现，管理者的人格特质有一定的一致性，体现在尽责性、开放性分数均普遍高于调研整体均值，神经质分数低于整体均值，即情绪更稳定，而宜人性与外倾性分数与整体均值接近。可以说明，具备高尽责性和开放性、情绪更稳定的管理者带领的团队整体状态也相对更积极。

员工整体状态较差的 8 个团队的管理者人格特质较一致的趋势为：神经质分数均较高（情绪较不稳定），管理者性格更偏内倾、宜人性分数也相对低于整体均值。由此可见，情绪较不稳定同时性格偏内倾、低宜人性的管理者，对其带领的团队的整体状态可能产生消极影响。

本章小结

本章呈现了作者在领导者人格特质要素课题研究中的发现，该课题采用了田野调查和实证研究的混合式研究方法，在田野调查中，该课题选取了两个特殊的海外工作场景进行了案例研究。其中，案例 A 探究在危机中领导者的人格特质的影响作用。第二次世界大战结束，人类迎来了近 80 年的全球和平发展时代，只有在地缘政治和一些国家的局部，战争还在发生，非洲南苏丹地区的外派员工长期处在战争和高压环境下，领导者的个性特质被极端放大，为我们提供了值得深入研究的案例。案例 B 旨在探究在市场充分开放的竞争环境下，领导者的个体特质如何影响团队在国际竞争中的表现。这一研究在非洲第二大国阿尔及利亚进行，研究对象为在此地参与到与世界 500 强石油公司的市场竞争的某家中国企业的外派负责人。研究旨在揭示，具备何种人格特质的领导者能够有效促进组织绩效的全面提升。

复习题

请用公式“团队士气指数 = 团队情绪状态 × 管理者情绪状态 × 团队融合热度”评估一下你所在团队的士气指数。

第 7 章 | CHAPTER 7

获得士气领导力四步法

关系层级与团队融合热度

美世 2022 ～ 2023 年全球人才趋势研究显示：2022 年 97% 的企业计划进行重大转型，对员工倦怠的担忧则使这些计划面临风险。在工作中可能出现倦怠的员工比例从 2019 年的 63% 上升至 2022 年的 81%，导致员工出现倦怠的因素包括不公平的待遇、缺少支持网络、工作负荷和疫情期间的情感需求。

很多管理者已经意识到，面临转型和新的突围，组织的士气已经成为决定性的因素之一。一个组织的溃败首先来自匮乏——人手不够、人心不够、人气不够。缺乏积极的情绪能量正成为组织的新威胁。相比于曾经的“人浮于事”的困扰，现在的组织更多受困于人手不够、“一岗多职”带来的躯体疲劳，团队沟通不足造成的重复性劳动所导致的情绪疲劳，这些状况催生了一个新的网络热词“卷”，这种叫作“卷”的现代职场集体疲劳，正在吞噬组织的士气。在人手不够的情况下，要以寡胜多、以弱胜强，把握住人心就格外重要。团队融合、团队成员心连心，能够增强彼此的信心和希望，从而振奋精神，提升士气。战争史上无数著名的战役都是在人手不够、武器不足、自然条件不足的情境下，指挥官将人心、人气的力量发挥到最大限度而产生的奇迹。

在前文中，我们探讨了团队融合热度与团队士气指数的关系，并将团队融合热度分为四个层次，从高到低依次为：彼此能够真诚回应并有具有实效的交流内容、正向回应但无坦诚的交流内容、负向回应、几乎无回应。管理者情绪价值能力和沟通质量的高低决定了团队成员能否在充分信任的前提下，通过完成有挑战性的共同目标获得对自我和团队的信心，从而使士气成为一种正向的循环，达成自我和组织的可持续性发展。

领导力专家约翰·麦克斯韦尔（John Maxwell）将领导力分为五个层级（见图 7-1），第一个层级也是最低的层级是来自职位赋予的权力，人们跟随你是因为他们不得不这么做；第二个层级是认同，团队成员之间建立彼此信任的关系，自上而下的职位领导力关系被肩并肩的人际关系所取代，领导者愿意倾听下属的需求，而下属也愿意听从领导者的调遣；第三个层级是业绩，这一层级是把真正的领导者与仅是占据领导职位的人分开，这一层级的领导者使愿景更加清晰真实，他们积极突破障碍，随时纠正错误，他们总是为和他们一起工作的人以及为他们工作的人提供直观的榜样和标准，他们带领的团队效率很高，士气高昂；第四个层级是育人，这个层级的领导者利用自己的地位、关系和业绩对下属进行投资，推动其发展，直到这些下属也成为领导者，人们追随这类领导者是因为他们的所作所为让每个人受益；第五层级是巅峰，人们追随这一层级的领导者，是因为其个人魅力以及他所代表的精神，达到这一高度的领导者能够提升整个组织的士气，人们尊重他们本身以及他们所代表的事物。

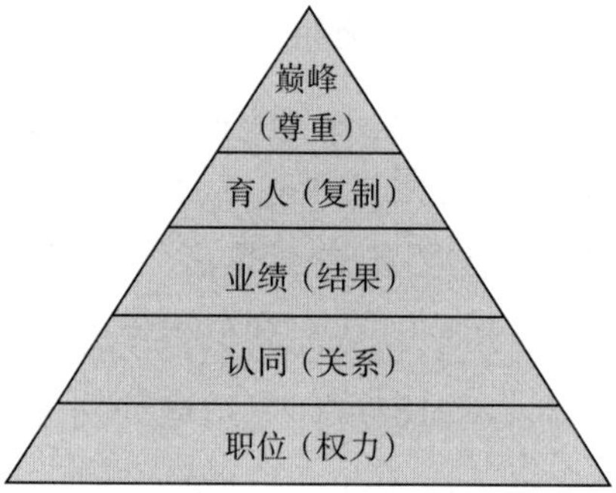

图 7-1　约翰·麦克斯韦尔的领导力层级金字塔

团队融合热度是以团队成员之间的真诚互赖关系为基础的，当团队成员能够在关系中彼此坦诚相待时，就意味着个体在团队中获得了安全感，安全感为团队成员进行创新和提出洞见提供了基本的心理保障。真诚回应体现了团队成员之间的相互尊重和高质量的沟通，具有实效的交流内容确保了在完成共同任务的过程中谋事和成事的高产出。因而，当团队融合热度达到“彼此能够真诚回应并有具有实效的交流内容”的层次时，团队就具备了通过一个更具意义感和挑战性的任务，完成从士气到气势的转化，从而鼓舞团队在创造价值的过程中进入士气的正向循环的成熟阶段。

用获得士气领导力四步法调动团队士气

从图 7-1 所呈现的领导力层级金字塔，可以一目了然地看到，管理者的关系领导力是创造业绩的基础。关系的本质是人和人之间的心理距离。通过获得士气领导力四步法的递进练习，我们可以获得基于组织目标，从融合到调动的正向循环的士气。这四步法是：接纳人—懂得人—相信人—调动人。

> 关系的本质是人和人之间的心理距离。
>
> ——张捷

第一步：接纳人

现代都市里，职场人千篇一律的早晨，是从家里的房间走出来，到一个叫作地铁的像房间一样的空间，再进入一个建筑里的某一个房间，和处在同一个空间的其他人共事至少 8 个小时。这三个房间分别代表三种组织形态：家庭、城市、单位。这三种组织形态中的角色具体而言，就是家长与孩子、市长与市民、领导与员工。家长涵盖的是爷爷奶奶、爸爸妈妈等长辈群体，市长代表的是城市治理者的综合群体，领导代表的是工作单位的管理者群体。人和房间互动的质量决定了人的生命质量，房间和人互动的能力决定了组织的单位面积产值。

容积量是评价房间质量的一个重要指标，作为一个组织，容积量既指能容纳多少人，也可以延伸为容纳的成员种类的多样性和多元化程度。多样性和多元化从时间维度看，有不同代际，有加入时间的长短；从岗位维度看，有管理者和员工，有不同工种；从文化维度看，有不同国家、地域，有城市与乡村；从个性特质维度看，不同人格特质的个体与生存环境的互动衍生出多重的反应模式和行为方式。接纳，意味着对多样性和多元化的包容，在接纳所带来的安全和放松的状态下，多样性和多元化的各个维度发生充分的“化学反应”，可以为组织带来更多的可能性。

房间能否带给人舒适的感觉，是评价房间质量的另一个重要指标。在共处的空间中，成员之间的理解和包容会让人在面对困难和挑战时获得一个缓冲，有效地缓解挑战和压力引发的激惹情绪，为解决问题创造更多的可能性。在这里，接纳是一种包容和理解的态度，意味着不对他人进行过度的评价或批判，而是尊重其特点和观点，这样的态度可以帮助我们建立更加开放和和谐的人际关系，增进相互之间的信任。在接纳他人的过程中，我们仍然可以保留自己的观点和价值观，并对他人的行为进行适当的评价和反思，但我们会遵循客观、公正和尊重他人的原则，不以偏概全，不把自己的观点强加给他人，而是努力做到求同存异。

> 我们理解灰尘是人流动的一部分，灰尘是房间的一部分。一个健康的人会关注迎面而来的人，而不是他脚下自然而然带来的灰尘，也不会因为担心随风流动的灰尘而终日严裹面纱。接纳人，同时接纳并料理灰尘。
>
> ——张捷

第二步：懂得人

懂得人，就是懂得人的差异，也懂得差异带来的好。人的差异表现在个性、经历、能力、知识等方面，我们从知识和经验、人格特质、期望三个维度来探讨差异带来的益处。

首先，从知识和经验的差异来看，不同知识结构和经验背景的人，能够从不同的角度思考问题，提出不同的观点和解决方案，我们可以从他们的知识和经验的碰撞中获得新的想法和见解，从而扩大我们的思维视野。差异化、多元化的人还能够提供不同的技能和知识，从而能够多维度地解决问题。此外，拥有知识和经验差异的团队可以带来更广阔的市场和客户群体，同时能够更好地理解和服务来自不同文化背景的客户，从而带来更好的商业机会和竞争优势。

其次，不同人格特质的人具有不同的独特优势，通过合作可以相互补充，形成一个更加多样化和丰富的团队。例如，一个团队中有创意型的人和执行型的人，创意型的人表现出高度的开放性特质，产出新颖的想法和创意，而执行型的人擅长将这些想法落地并实现，更关注项目的成本和时间表，以高度的尽责性产出高水平的成果，他们互相协作，以最优的执行将最佳的创意变为现实。同样，团队中有的人更擅长沟通和组织，有的人则更擅长独立思考，内倾和外倾特质的人有效配合，在团队中各自发挥自己的特长，可以带来更多的办法。

最后，不同期望的人在一起也能够带来更多的办法，因为期望不同意味着他们会从不同的角度思考问题，提出不同的解决方案。通过将这些不同的期望和优先事项结合起来，团队可以更全面地考虑问题，制定更好的决策，从而带来更多的办法和更好的成果。此外，由于不同期望的人需要更多地讨论和更深入地交流才能达成共识和制定能够满足多方需求的目标，这种基于更有效的合作的沟通交流，可以促进团队成员之间的理解和尊重，增强团队凝聚力和提高工作效率。

懂得人，在人格特质中对应宜人性中善解人意的特质，拥有这种特质的人能够理解和关注他人的情感和需求，在差异中了解人心的共性和心理活动的规律，懂得人性在内在需求和渴望上的共通性；也对应情绪稳定性中适应性强的特质，拥有这种特质的人能够适应和应对不同的环境和情况，在特殊情境下能够兼顾不同的心理诉求、不同个性的人的利益，保持冷静，应对挑战，不会激化矛盾和激惹公众情绪，更不会因为自身的情绪紧张和失控造成团队和组织情绪成本的扩大，具有在不确定中应变和解决问题的能力。

对管理者来说，无论其在先天层面是否拥有这样的特质，都可以通过后天的训练，通过扩展新的关注点，建立一个全新的良性沟通链条，即不仅关注下属的工作表现，还要了解下属的个性、价值观、处事方式等方面的信息，以便更好地理解下属的行为和表现。懂得人能带来理解和尊重，懂得人才能逐渐减少因个人偏见或固有观念而带来的对他人的内在和外在的排斥。对管理者来说，如果在日常工作中经常训练通过沟通和协商群策群力，寻求共识，那么当突发事件发生时，就能够更好地协调资源，共渡难关。

第三步：相信人

相信人是一种生命态度，它关乎一个人对世界的基本信念。相信人意味着相信人性本善，相信人与人之间的互信和关爱，相信人类社会的进步和发展。这种信念不仅关乎个人的情感、行为和决策，也会对个人的生活和工作产生深远的影响，能够让人更加积极、乐观、自信和充满力量。在团队中，信任是一只无形的手，它能够推动团队成员自然而然地凝聚在一起，全面地发挥个体的潜力和创造力，在实现组织价值和目标的过程中促进个体的持续成长与发展。从这个角度来说，相信人也是一种积极的行动和实践。

积极心理学的基本信念就是对人本性的信任，它认为人类基本上是善良和有价值的，值得信任和尊重，主张人类生命的目的不仅仅是解决问题，还包括积极地发掘个人的优点和能力，使生命更加充实和有意义。在东西方职场被运用得最为广泛的人本心理学家马斯洛的需求层次理论认为，从最基本的生理需求、安全需求、社交需求、尊重需求到自我实现需求，人的需求是按照一定的次序逐步得到满足的。当较低级别的需求得到满足时，较高级别的需求会逐渐成为人们关注的焦点。其中，社交需求和尊重需求与相信人息息相关。在社交需求方面，人们需要与他人建立联系和社交关系，并得到他人的认可和接受，如果一个人相信他人，那么他就会更容易建立起社交关系，从而满足自己的社交需求。在尊重需求方面，人们需要被他人尊重和认可，被视为有价值的个体，如果一个人相信他人，那么他就会更容易获得他人的尊重和认可，从而满足自己的尊重需求。由此可见，相信人是满足人的高级别需求的必要条件。

在东方文化情境下，相信人是亘古传承的文化血脉。在东方文化中，人性本善是传统儒家思想的主流观点之一。这一基本信念在治国方面的策论典章中比比皆是，例如出自戴德编著的礼制著作《大戴礼记·子张问入官篇》的“水至清则无鱼，人至察则无徒”。

故君子莅民，不可以不知民之性，达诸民之情，既知其以生有习，然后民特从命也。故世举则民亲之，政均则民无怨。故君子莅民，不临以高，不道以远，不责民之所不能。今临之明王之成功，而民严而不迎也；道以数年之业，则民疾，疾者辟矣。故古者冕而前旒，所以蔽明也；统纩塞耳，所以弇聪也。故水至清则无鱼，人至察则无徒。故枉而直之，使自得之；优而柔之，使自求之；揆而度之，使自索之。民有小罪，必以其善以赦其过，如死使之生，其善也。是以上下亲而不离。故惠者，政之始也。政不正，则不可教也；不习，则民不可使也。

这段话大概讲的是，一个为政有德的人，在治理百姓时，要知道百姓的本性，了解百姓的心理和情感。只有知道了他们先天的特性和后天的习惯，百姓才能真正服从他的政令。所以说，国家治理得好，百姓便爱戴他；政治清明平和，百姓自然没有怨尤。所以一个为政有德的人，对百姓不可要求过高，目标不可设得太远，不要责求百姓干力所不能及的事情。如果用古圣先王成功的理想来要求百姓达到，恐怕百姓就要敬而远之了。告诉百姓长远的目标，他们会担忧，当他们担忧时，就会逃避。所以古来帝王的冠冕上，垂挂着一串串的玉，正是为了不看得太清楚；用丝棉充耳，是为了不听得太仔细。水太清澈，就没有鱼能在里面游；人太明察秋毫，就没有伙伴了。要把百姓邪枉的坏事改正过来，使他们自己心安理得；用宽大怀柔的办法引导百姓，使他们自己能寻求本身的完美；度量百姓的资秉，因材施教，使他们自己能找到前途。百姓偶然犯了小的过错，必要找出他的好处来赦免他，这样就像想法子让死人复活，这样他就会好起来。由此，上下就能打成一片，融为一体，而不相离了。所以，仁惠是施政的先要。施政不当，就不能教导百姓；百姓未会学习，就没有办法驱使他们。

> 相信人是一种生命态度，它意味着，无论他人表现出何种状态，我们都要相信这是他当下能够给出的最好的样子，因为生命在最初给予他的和给予我们的是不同的；相信也是一种生活实践，这意味着，无论何时何境何地，永远相信生命有变得更好的可能性。
>
> ——张捷

相信人能够获得人的五心：自尊心、同情心、宽容心、公正心、自信心。这五心有层层递进的关系。

自尊心

自尊心是人类基本的心理需求之一，是指个体基于自我评价产生和形成的自我尊重，并要求受到他人和社会尊重的心理状态。被他人和集体相信会激发自尊心，因为被相信代表了他人对自己的能力和品德的肯定和认可。这种尊重和信任会激发个人更有动力地去展现自己的能力和价值，同时也会促进人际关系的发展。相反，如果一个人经常被怀疑或者不被信任，其会感到被贬低和忽视，对自己和他人产生怀疑，导致人际关系的疏离。自尊心在人类的发展中起着至关重要的作用，它不仅可以提高个体的心理素质，还可以促进个体的身心健康。拥有健康的自尊心可以帮助个体更好地适应社会环境，更好地与他人建立良好的人际关系，并在自我实现方面发挥更大的潜力。

同情心

自尊心强的人相对来说更容易具有同情心，能够更好地理解和接受自己的情感状态，包括情感上的痛苦和困难。由于拥有强大的自尊心，这种痛苦和困难并不会让他们感到自卑或羞耻，他们能够更加理解和接纳自己的感受，进而也更能够理解他人的情感状态，这使其在与他人交往的过程中通常更具有同情心和共情能力，更能够感知他人的情感需求，更愿意去了解和关心他人的内心世界。他们不会因为他人的行为方式和自己不同而感到自卑或愤怒，而是更能够理性地看待问题。在一个组织中，团队成员拥有更高的同情心意味着更多的情感联结和更强的凝聚力。

宽容心

拥有同情心的人更容易包容他人的不同意见和行为方式，这种宽容的态度为他们更好地理解和支持他人提供了基础。在团队中，每个人都有自己的观点和行为方式，难免会产生一些摩擦。如果团队成员能够以宽容的态度去看待这些差异和摩擦，不轻易批评和指责他人，而是尊重和接纳不同的观点和行为方式，那么这将会增强团队成员之间的互信和凝聚力，促进团队的协作和合作。当团队成员之间存在分歧时，如果能够以宽容的态度去倾听和理解对方的观点，将会更加有效地促进团队成员之间的沟通，提高团队的工作效率和质量。宽容心还能够带来积极的情感体验，这种积极的情感体验将缓解团队成员的压力和焦虑，提高他们的情感稳定性和心理韧性，从而提高团队成员的心理健康水平和士气。

公正心

根据社会认知理论中的期望理论，当人们根据自己对他人的期望，对他人的行为做出反应时，自己的期望会得到验证。在一个能够满足团队成员自尊心，人们能够相互同情和宽容的环境中，人们会更相信他人是公正的，也更愿意与他人合作，而在合作的过程中，如果对方采取了公正的行为，那么人们的期望就得到了验证，这种自证预言的效应就会进一步促进公正心的发展。由于相信他人是公正的，在具体的情境中，人们会更倾向于解释他人的行为是公正的行为，从而提高对他人的评价和信任，并以同样的方式回应他人的行为，这种行为反馈将会进一步激发他人的公正心。

自信心

自尊心、同情心、宽容心、公正心会集中体现在个体的自信心上。自信心能够激发士气，因为自信的人更容易对自己的能力和价值有充分的认识和信任，而基于对自己的能力和价值的信任，他能够更加积极地面对挑战和困难，不会因为遇到困难就灰心丧气或放弃。一个自信的人能够更加专注于自己的工作，不会因为对自己的能力缺乏信心而拖延，从而可以展现出更高的工作效率。而一个自信的管理者展现出的积极态度和自信心会影响周围人，尤其是下属，进而促进团队成员之间的信任和支持，激发团队的士气。

第四步：调动人

调动人可以获得气势，这里的“势”，是“势如破竹”的“势”。“势如破竹”讲的是西晋大将杜预在战争的转折点，坚决反对退兵，他说：“今兵威已振，譬如破竹，数节之后，皆迎刃而解，无复着手处也。”大军在杜预的率领下，直攻吴都建业，晋武帝由此统一了全国。“势如破竹”的故事体现了将帅抓住战机，迎头而上，以气势鼓舞士气的能力，在这样的将帅的带领下，士兵破敌就像用快刀劈竹子一样，劈过几节后竹子就迎刃破裂了。

对大势进行判断是领导者的职责。在职场中，当团队成员彼此信任，相互融合，归属感和责任感等情感因素增强，具备了较强的凝聚力时，就需要领导者因势利导，将有优势能力的人集中起来，共同完成一件高价值的工作，以势能取胜，获得完胜的成就感。反之，如果领导者不能抓住士气凝聚的宝贵时机，就会错失有利的局面，不能把士气转化为有力量的行动，不能展现出应有的战斗力和创造力。

一个能够鼓舞士气的领导，不仅要有顺势的判断力，还要能造势，即不仅能够识别出哪些是高势能的事情，还要能推动重要的工作成为高势能的事情。在一个组织中，高势能的事情通常需要高能力、高能量和高级别的人参与其中，这些人或拥有共同的诉求，或各有所需，可以通过协商找到可以实现共赢的目标与路径，一起蓄势、谋事，一起造势、成事。关注团队气势对管理者来说是一个扩展自身视野和格局的方式，从纵向，管理者要训练自己的工作视角，完成从向下抓落实执行到向上了解公司战略及组织为了实现战略所配备的优势资源的转变，将团队成员培养成优势资源并积极向组织输送，这就为自己的团队争得了势能的先机；从横向，通过跨部门核心工作中的核心骨干所掌握的资源，进行优势组合，达成跨部门的强强联手，通过共创把蛋糕做大。

《孙子兵法·势篇》说，“善战者，求之于势，不责于人，故能择人而任势”，意思是善战者追求形成有利的“势”，而不是苛求士兵，因而能选择人才去适应和利用已形成的“势”。那些有能力的领导者或者管理者总是能从自己创造的有利的作战态势中追求胜利，而不是一味地苛责部属以苦战取胜。“求之于势，不责于人”的背后是对事情发展客观规律的认识：组织的“势”是士气的重要保障，但管理者往往会期待通过引进一个“能人”来摆平一大堆的事情，或者寄希望于每个员工的能力或者努力，而将无效的结果归咎于员工投入不够或能力不够等，这样的视角只是徒增管理者的疲劳与耗竭，事倍而无功。只有将能力建立在组织上而不是作战能力强的单兵上，才能“不责于人”。

《孙子兵法·势篇》还说：“任势者，其战人也，如转木石；木石之性，安则静，危则动，方则止，圆则行。故善战人之势，如转圆石于千仞之山者，势也。”意思是，善于创造有利的“势”的将领指挥部队作战就像转动木头和石头；木头和石头的性情是处于平坦地势上就静止不动，处于陡峭的斜坡上就滚动，而方形容易静止，圆形容易滚动。所以，善于指挥作战的人所造就的“势”，就像让圆石从极高极陡的山上滚下来一样，来势凶猛。这就是所谓的“势”。这两句话还强调了，在战争中，任何一个士兵的表现都可能受到各种因素的影响，指挥官要通过把握形势和制定合适的策略为组织和员工创造足够的势能，把团队带到山顶的“制高点”。当员工是从山顶往下推石头的时候，即使员工的能力或者动力不够充分，也可以靠地理位置的优势来弥补。

如果说士气是团队成员基于组织文化目标形成的凝聚力和集体的精神风貌，那“气势”则更多的是由领导者带动营造的，与领导者的格局、行为和态度密切相关。是不是某类领导者更容易展现出气势呢？答案是肯定的。那些对目标有坚定的信念，能够清晰地传达思想和指导方向，并能够调动有势能的人，集中优势资源获得关键成果的管理者或者领导者，会为团队带来更大的“气势”，也就是力量感。士气和气势密不可分，一个士气高昂的团队或个人往往能够展现出强大的气势；而气势作为力量的一种外在表现，也能够激发士气，使之更加高昂。士气和气势的相互作用可以让团队或个人在面对困难和挫折时保持冷静和乐观，表现出不屈不挠的毅力和勇气，给人以力量和鼓舞。那些在面对挑战时具备高度的自信和自我意识、能够在适当的时候表现出个人魅力和权威的领导者，更容易让人感受到气势，从而赋予团队力量和信心，使团队展现出更高的战斗力和创造力。

用获得士气领导力四步法评估新进入的管理者

组织的吐故纳新，是新鲜血液流入、周而复始的循环，这是生命强壮的过程，也是痛苦的排异与再融合的过程。当组织发展到一定的阶段，势必要根据业务需求，引入我们所说的“有经验的新员工”，他们加入组织时带着跨文化、跨行业、跨组织结构、跨经营模式、跨技术门类的丰富职场经验。新进入的管理者会带来新的经营理念、成熟的业务技能、跨行业的工作视角、可复制的工作方法，为组织的发展提供新的可能性，这也是组织快速建设发展的重要方式。组织通过各种方式招贤纳士，不可谓不求贤若渴；人事部门进行多方、多轮的评估考核，不可谓不谨慎细致；新人过五关斩六将，不可谓不踌躇满志。但新人真正加入后，水土不服的情况比比皆是，能坚持的时间短则几个月，长则三两年，或不欢而散，或抱憾离场。

组织努力融合有经验的新员工，通过接纳人—懂得人—相信人—调动人的四步法，对新加入的管理者进行有实效的坦诚沟通与动态评估调整，最终将其确定为团队的核心骨干，使其在带动团队士气中发挥应有的价值，这是一个从情绪成本转变到情绪收益的过程。

◈ 案例 10

如何融合并评估新进入的管理者

小胡有十年工作经验，跳槽到现在的公司后，任部门经理。小胡的业务能力很快得到了领导的认可，工作仅一个月，他就被抽调到一个重要的课题组。课题组工作结束后，也正好该对小胡进行试用期考核。由于课题组的工作是小胡试用期的主要工作内容，课题组领导的考评占了很大的权重。出乎意料的是，课题组领导给出的评价不高，并具体举了例子。事情源于在修订报告的过程中，小胡没有按照课题组讨论的思路进行调整，甚至还删掉了一部分需要补充的章节。专家以为小胡没有理解会议讨论的内容，于是专门就需要修订的部分单独与小胡进行了沟通。在规定的时间内，小胡再次拿出来的报告依旧没有就讨论的部分进行数据挖掘，迫于时间的压力，课题组的其他同事连着两天通宵调整了此部分。课题组认为小胡的业务能力没有问题，但工作行为和态度存在投机取巧的表现，并明确表示了对小胡在尽责性、团队协作方面的担忧，觉得作为一个部门经理，如果这几个方面出现了问题，会严重影响团队文化。这个评价与小胡对自己的工作评价有很大的差异，小胡的直接领导认为小胡的确存在文化融入方面的问题，但人才难得，考虑可否继续观察，并延期考核。

解析

接纳人，区分事实与观点

一个组织通常会有约定俗成的行为方式，这些行为方式代表了组织的价值观，但对一个新加入者而言，同一个行为方式可能表达了不同的内涵。在案例 10 中，由于小胡两次没有按照讨论的内容修订报告，最终导致其他同事加班两个通宵，领导和同事对小胡产生了不尽责的印象，并将小胡的工作态度评判为“投机取巧”。正如对小胡的评价经历了从观察、感受到观点形成的过程，我们的大脑会自动地根据眼见的事实，整合大脑原有的观念，得出一个结论，这是一个一气呵成的过程。作为一个管理者，我们要训练自己的是，把眼见的事实和大脑的观念做一个区分，眼见的事实是原材料，大脑是加工厂，观念在加工的过程中是重要的变量，同样的原材料，在不同的加工厂，在不同的观念下，加工出来的成品会迥然不同。所以，同样一个事实，从不同的角度看，可以得出不同的结论。

在“盲人摸象”的寓言中，每个盲人只摸到了大象的某一个部分，公司的领导和同事对新人的全貌所知甚少，在这个意义上，他们也如同盲人。在案例10中，管理者观察到的小胡在提交报告过程中的工作表现，是小胡工作的一部分而不是全部。要了解这个行为背后的原因是什么，是小胡对标准掌握得不清晰，还是他完成工作的路径不同，抑或是他自定义了客户的标准，并且认为工作只要达到了客户的标准就不需要精益求精了。这是三个不同的原因。与新人针对事实进行沟通和澄清，有助于我们更加了解新人行为背后的逻辑和观点，这也是我们引入新人的初衷之一——他们的工作方法可能与我们传统的方法不同，可能有自己的观点。接纳需要一定的勇气和决心，需要突破团队沟通的舒适区，采取一种新的沟通视角与心态。

对团队来说，接纳人本身就意味着对团队的边界进行了一次突破，这种突破是以牺牲原有约定俗成的舒适感为代价的。接纳人，从某种角度来说，也是一次冒险，由于彼此的信任感还没有建立，彼此存在差异的沟通习惯和期望导致的沟通中的碰撞可能会使人感受到某种冒犯。作为管理者，当出现了不舒适感时，可以通过与新人的再次坦诚沟通，澄清和明确团队在工作标准上的要求一直是以更佳的专业水准为质量保证，而不是对不同的客户制定不同的标准，使“小胡们”清晰地知道团队成员工作尽责是需要遵守的基本原则，小胡是否愿意接受这样的一个约定，并且进行改进，可以作为对小胡是否有意愿融入团队文化的评估，组织可以基于这样的评估来决定是否要再给小胡一次适应和调整的机会。

懂得人，关注工作价值观

组织在纳新时，对从校园刚刚毕业的入职者和作为中坚力量引进的管理者的融入的管理，侧重点不同，对前者更加注重工作规则和工作技能的训练，对后者更加注重文化的融入。文化是一个比较宽泛的范畴，可以将其聚焦于工作价值观，尽责性就是一个很好的观察和考核点。员工的尽责性表现既体现了其人格特质中相对稳定和本质的特点，也体现了其在工作中是以工作的结果为重心还是以自我的感受为中心。在案例10中，小胡在专家反复强调和单独辅导后，依然没有按照讨论的内容完成工作，致使团队同事通宵加班。针对这个情境，“小胡们”会有不同的反应，比如，小胡A关注的是领导不满意可能对自己产生的影响，比如领导对自己不信任或者不认同，并因此导致不顺利或者不舒心，认为最差大不了一走了之；小胡B关注的是此次自己没能与团队很好地协作，致使团队投入增加，效率大减，他会尽快了解团队协作的规律和节奏，将自己可迁徙的技能带入，提升综合效率。显然，小胡B关注工作结果，并且严于律己，是具备尽责性的管理者，而小胡A更加以自我为中心，如果带领团队，很有可能出现案例中领导“对小胡在尽责性、团队协作方面的担忧，觉得作为一个部门经理，如果这几个方面出现了问题，会严重影响团队文化”的情况。

懂得人，既要懂得不同人的好，懂得每个人的长处，也要懂得能力可应用的范围，懂得能力可以应用的情境与可用的周期。同时，要懂得人的期待，并依此调整组织对员工的期待。懂得人，就要客观地去面对能力与目标之间的关系，从案例10的描述中，可以看到小胡的能力不错。能力显示的是可胜任目前的业务工作要求，但个人能力能否充分地发展为团队的竞争力，个人与团队的双向融合是关键，对小胡来说，如果他接纳并认同组织文化，个人目标和组织目标相吻合，他就有可能为了目标而调整自身的行为方式，反之，就会出现“大不了一走了之”的结果。所以，懂得人，也要懂得人的任用可能会给团队带来哪方面的风险，既开放接纳，又小心论证。

相信人，并以客观考核为依据

我们相信人具有达成目标的内驱力，这种内驱力使其能够接受工作中的不适感，并持续获得自我的进步。但组织具有阶段性的任务和指标，需要团队成员以最优的组合，各司其职。作为管理者，出于责任感和使命感，既要对人抱有信任，也要对工作结果负责，对团队的整体绩效负责。所以，管理者对下属进行评价几乎是工作中不可分割的部分。管理者需要保持客观、公正的态度，既要避免主观评价和偏见的干扰，也要就不尽责的行为进行清晰公正的坦诚沟通，正面解决问题。

在案例10中，管理者对小胡工作的评价与小胡自我评价存在很大的差异，尽管领导举了工作实例进行说明，但对事情的评价依旧很难与对人的评判区分开来。当人们感觉到自己被评判的时候，会产生不满和抵触情绪，甚至会觉得自己被管理者不公正地对待或者被过度批评，从而感到自尊心受到伤害，产生沮丧、消极的情绪。目前看来，小胡在入职后的三个月里遇到了融入困境，无论对组织还是小胡来说，坦诚客观地面对，是最简洁的路径。

对组织来说，具体可以采取以下措施：首先，制定明确的工作标准和评价指标，让新加入者了解工作的目标和标准，并以标准为依据进行评价，避免主观臆断；其次，围绕公司对部门经理的任务和素质要求的评估机制，逐条与小胡进行交流，使小胡了解组织对员工的基本要求和组织对管理者除了基本要求之外的目标期待，借此也可以更好地了解下属的需求和行为表现的逻辑；最后，在交流中尽量以客观的态度看待下属的行为和表现，避免主观情绪的影响，注意区分事实、评价和评判之间的区别，评价是以客观指标为基础进行评估，而评判更多的是带有主观色彩的观点。

调动人，择人任势

新的经理人进入公司需要一个融入的过程，管理者要关心其是否清晰了解工作的责权利，关心其在工作的开展中是否得到了足够的支持，当事情进展未达预期时，不急于将问题归因于个人的素质或者态度，而是更多地去了解彼此的预期。新成员在团队中获得的理解和包容，会使其在面对困难和挑战时获得一个缓冲，为解决问题创造更多的可能性。在这里，包容和理解的态度意味着尊重其特点，这样的态度可以帮助我们建立更加开放的人际关系，增进相互之间的信任。在包容新人的过程中，我们仍然可以保留自己的观点和价值观，并对他人的行为进行适当的评价，通过坦诚的沟通努力做到求同存异。

对于管理者的任用，还要放到组织整体的发展阶段来考量。比如，案例 10 中小胡新加入的组织是处于平稳发展阶段、高速增长阶段还是转型变革阶段？如果是在平稳发展阶段，能力比较好的小胡的匹配度就会更强一些；如果是处在高速增长阶段，对小胡的突破力及主动调动资源的协作力就会有比较高的要求，而在案例 10 的描述中，小胡在遇到业务沟通不畅时，表现出来的及时调整和主动沟通的能力是不足的；如果是处于转型变革阶段，对小胡与组织文化价值观的一致性以及其自身拥有的情绪价值就有了更高的要求。因组织“势”的变化而变化，可以让合适的人才处在合适的位置上，把握好机会，发挥出作用；反之，若是任用不当，造成的结果可能是优势的失去，对处于转型变革阶段的组织，最严重可能导致兵败如山倒。

在组织转型变革阶段，新进入的管理者或者误打误撞地进入，或者目标清晰地进入，无论是哪一种，其对文化价值观的认同、对转型变革带来的发展预期的信心、用自己的能力积极创造团队有利的态势，是评估核心管理团队的关键指标。“势”为人造，人是“势”的关键。管理者在转型变革中的核心职责之一，是判断关键障碍和确定解决对策，通过勇挑重担、突破难关来鼓舞士气。士气是团队或个人在面对挑战或困难时的精神状态，它首先是管理者自身的精神状态和心理素质的体现，而管理者的精神状态和心理素质直接关系到团队战斗力的强弱。一个士气高昂的管理者，面对困难和挑战时，能保持冷静、勇敢和坚毅的精神面貌，从而带领团队攻坚克难，取得胜利；而士气低落的管理者，往往自身能量匮乏，面对不确定感到不安和担忧，在工作中过度关注别人的看法，从而产生自卑和焦虑的情绪，这样的管理者容易将士气不振、达不成目标的责任向下或者向上推诿。

我们来一起回顾一下在本书第 4 章中提出的“团队士气指数”，并以此为一项衡量的工具，评估一下案例 10 中新管理成员的融入对团队士气指数是否有带动。团队士气指数有三个重要的指标：团队情绪状态、管理者情绪状态和团队融合热度。在团队情绪状态方面，我们用激活（10 ～ 8 分）、安心（7 ～ 5 分）、紧张（4 ～ 2 分）、厌烦（1 ～ 0 分）的评分标准来进行评估；在管理者情绪状态方面，我们将消极情绪—积极情绪用 0 ～ 10 分依次递进来评估；在团队融合热度方面，我们用彼此能够真诚回应并具有实效的交流内容（10 ～ 8 分）、正向回应但无坦诚的交流内容（7 ～ 5 分）、负向回应（4 ～ 2 分）、几乎无回应（1 ～ 0 分）的评分标准来评估。

案例 10 中，小胡的加入没有造成团队的激活状态，也没有造成明显的紧张状态，团队情绪状态介于安心与紧张之间，我们可以给到一个中间的分值 5 分；从案例的描述中，可以看到小胡在工作中的表现给领导带来的是偏负面的情绪体验，管理者情绪状态用略低于中间值的 4 分来计算；在团队融合热度方面，小胡在面对项目组专家的工作交流和指导时，既没有调整，也没有坦诚沟通想法，从行动上是“几乎无回应”状态，用 1 分来计算。综合评估之后，会发现小胡作为一个骨干和管理者进入到新的团队，并没有对团队的士气指数带来积极的、正向的影响。

案例 10 团队士气指数 = 团队情绪状态（5 分）× 管理者情绪状态（4 分）× 团队融合热度（1 分）=20 分

引入有经验、有才能的新人对组织来说是一个积极的、健康的冒险行为，组织既要抓住机会，也要预知风险。对一个发展中的组织来说，骨干的工作价值观和对工作精益求精的尽责性行为是一个风向标，而骨干的个人心理素质也决定了他的才能创造的是情绪价值还是情绪成本。案例10所描述的是一个通用的场景，小胡是一类职场“准精英”的缩影，这里用了一个“准”字，是因为一方面组织对小胡们充分发挥和发展已有的才能有所期待，而在另一方面，他们在融入一个新的职场时常感到若即若离，或者能力表现离预期总是有一步之遥，这关键的一步可能不在能力上，而在融入上。面对与他人或与组织发生分歧的困境，小胡们是积极应对，主动了解组织文化，还是陷入情绪的困境，患得患失，也决定了组织在决定是否继续任用时的选择。

人格特质与获得士气领导力四步法

人格特质的价值不取决于其本身的好坏，而取决于是否被应用于恰当的场景中。“好钢用在刀刃上”说的就是这个意思。材质不同，即使加工成同类的物品，其风格及应用场景也会迥异。比如，尽管“钢铁”两个字经常被放在一起而成为一个词，但钢和铁是两种不同的材料，它们的物理和化学性质不同，所以钢和铁的应用场景和适用的加工技术存在很大的差异。比如，同样加工成具有艺术审美价值的门窗，不同材质的门的加工技术和适用场景是不同的。钢能经得住高温熔炉的考验，能负重，耐腐蚀，能伸能屈、可塑性强，可以打造出具有一致性和标准化的各种复杂的图案和造型，实现更高的精度和更复杂的设计，因此，钢艺门窗通常采用创新的加工技术，以达到提高建筑物整体美观度的效果，主要用在城市中现代化的大楼和其他大型的建筑中。而铁相对来说比较软，容易弯曲和变形，也较容易生锈，在防腐、抗氧化、可塑性等方面相对较弱，铁艺门窗一般采用手工制作，其制作工艺相对复杂，也更精细，时间成本和人力成本会更高，因而，铁艺门窗的设计更加古朴、典雅，适合古建筑、庭院和家庭等。除此之外，相比于钢和铁，草艺门窗则更加来源于自然，既不会产生化学气味，也不会割裂或主宰环境，更加环保和健康。草艺门窗忠实于自然的美观与功效，在干燥的冬季，草艺门窗可以保持室内湿度，减轻干燥引起的不适感，使室内空气更加舒适；在潮湿的季节，草艺门窗可以吸收多余的湿气，减轻潮湿引起的不适感。但草编材料的强度和耐久性相对较低，难以承受较大的风力和外部压力，也难以实现较高的密封性和隔音性，这使得草艺门窗的安全性和实用性相对较弱，因此草艺门窗更加适用于类似中国西南部西双版纳这样风和日丽、民风敦厚淳朴的少数民族地区。

钢质、铁质和草质，彼此难以替代，用得巧、用得好，便各有一番不同的韵致。比如人格特质中的神经质，它特有的细腻敏感和对细节的关注，是进行艺术创作不可多得的特质；但这一特质对于管理工作就会造成一定的限制。对领导者来说，四高一低——高尽责性、高宜人性、高开放性、高外倾性、低神经质是理想的特质。人格特质是一个复杂的组合体，四高的配比不同，侧重点不同，就会形成不同的领导风格。比如，微软公司的比尔·盖茨和苹果公司的乔布斯，两者的领导风格具有很大的差异性，一位是高决断力的领导者，一位是高创新力的领导者。而通用公司的杰克·韦尔奇则是高绩效的领导者的范例，具有高尽责性和低宜人性。

我们来具体看一下有决断力的领导者和有创新力的领导者他们的四高比例的差异性。一个有决断力的领导者需要具有高开放性和高尽责性，开放性使他能够适应变化，并能够在变化和不确定的情景下做出决断，高尽责性使他充分关注决策的组织性和实效性。对于一个有决断力的领导者，高开放性是他最重要的核心特质，开放性使领导者能够基于全局，审时度势，做出更有利于组织现阶段和长远发展的综合决策，而每一次决策的准确性和有效性，能够进一步激发他在复杂的情境下做出决断的信心。这一类型的领导者同时也要兼顾适度的宜人性和外倾性，适度的宜人性使他在做决策的时候，可以把他人的利益和想法充分纳入考虑中来，能够建立信任和合作的关系，适度的外倾性使他在必要的时候能够和他人建立联盟，获得更多的拥护者。

而对于一个有创新力的领导，同样需要高度的开放性，但与有决断力的领导者的高开放性所不同的是，有决断力的领导的高开放性对应的是在复杂信息中做出决策和决断的能力，有创新力的领导者具有的是开放性的另一个维度：善于接受新的思想和新的事物，能够捕捉新思想，启发思维，进行创新。与有决断力的领导者不同的是，具有创新力的领导者需要具备更高的外倾性特质，较强的社交意愿使之乐于接受不同的人与文化，并通过充分的交流获得新的创意。有创新力的领导者还要具有适度的神经质的特质，适度的神经质特质使人保有敏感性和敏锐的洞察力，关注细节和品质，能够提高创新的质量。他们能够感受到挫折，但不会沉湎于挫折，而是在挫败中也能够吸取灵感。

> 每个人的人格特质组合都是独特的、复杂的，就像一部乐曲，弹奏得好，就是“大弦嘈嘈如急雨，小弦切切如私语。嘈嘈切切错杂弹，大珠小珠落玉盘”，弹奏得不好，就充满了凌乱和错位。
>
> ——张捷

尽责性导向工作质量，外倾性与人际互动密切相关，尽责性和外倾性是基层管理者较为重要的特质：尽责性是一个优秀的员工和管理者必备的基本品质，由于工作场所以绩效和成果为基本导向，具有尽责性特质的人，往往会因为对工作成果及自身的高标准要求而受到尊重，进而从员工中脱颖而出，成为基层管理者。外倾性的特质具有高乐群性的特点，有助于管理者自然而然地与员工建立融洽的关系。有效沟通来自沟通的意愿、沟通的频率及沟通的技能，外倾性的特质能够帮助管理者通过情感联结调动团队的积极性，进而提高团队的工作绩效，而不会陷入基层管理者可能遇见的凡事亲力亲为，工作越做越多却毫无成就感的“新手管理陷阱”。

开放性决定了一个人对世界认知的广度，宜人性决定了一个人能否与他人建立广泛的信任，我们将这两个影响管理者广度的特质作为从基层管理者成长为中层管理者，直至成为高层领导者递次发展的重要特质：具有开放性的人更具备成长性思维，更愿意接受新的经验和想法，并尝试新的方式和方法，这使他们更容易探索新的领域，从而不断拓宽自己的认知边界，将不同领域的知识和经验进行整合，帮助人们寻找新的机会和方法，不断发展和成长。宜人性意味着对人有更大的友善和包容，随着管理层级的升高，高层管理者往往需要协调和管理更加庞大的团队，而具备了一定的宜人性的高层管理者能够提高团队的协作效能，对优势资源的调动与整合大有裨益。由于高层领导的决策和行为往往会对更广泛的群体产生影响，高宜人性所具有的和谐与凝聚效用会使其获得更广泛的支持与信任。随着社会的发展和新生代进入职场，人性化管理已发展为日益重要的管理理念，具备宜人性的高层领导能顺畅地带领组织管理理念的迭代升级。

我们将大五人格特质中的神经质作为变量，将另外的四大特质绘制了一个从人格特质出发的管理者发展层级四象限图（见图 7-2）。

在图 7-2 中，从纵向来看，位于右侧的尽责性和开放性，偏事物方面，位于左侧的外倾性和宜人性，偏人际方面。每个特质都可以沿着交叉线双向延展。比如尽责性强的人，通常会更关注成果，注重细节，尊重标准，自律也他律，他可能会是一个好员工，但不一定是一个好的管理者，尤其从基层管理者升至中层管理者后，需要跨部门沟通和协调资源。管理意味着不仅仅要理事，还要包容人和发展人，要强化包容人和发展人能力，就要发展宜人性，关注人的感受，与人建立相互信任的关系，这是高尽责性的管理者向宜人性发展的关键突破，从“以事为本”到“以人为本”，完成管理的飞跃；反之，一个具有很高的宜人性的人，如果只有宜人性而缺乏尽责性，会更倾向于关注他人的需求和感受，而忽略自己的任务和目标，进而影响工作的绩效和目标的达成，因此，提高尽责性可以帮助宜人性强的管理者在一些需要平衡关注他人感受和完成工作任务的情境下有更好的表现。

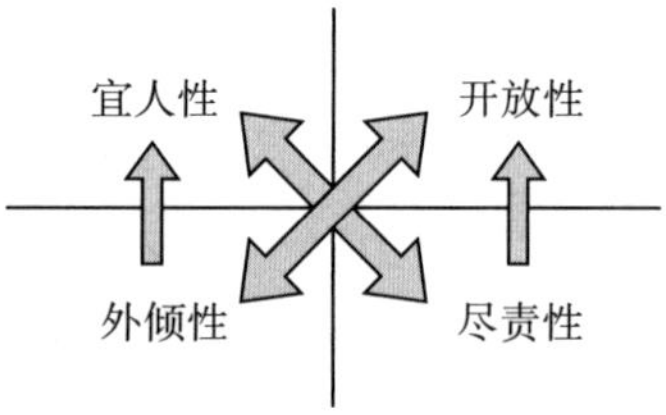

图 7-2　管理者发展层级的人格特质四象限图

外倾性强的人通常喜欢社交互动，倾向于与人交往和合作，这使他们在工作中更容易获得社会支持和合作机会。然而，由于过于注重社交活动，他们可能会忽视深度思考，缺乏独立思考的能力和创造性思维。因此，提高开放性可以帮助外倾性强的管理者更好地平衡社交时间和个人思考学习的时间，增强他们的创造力和创新能力，提高开放性也可以让他们更容易接受新的观念和经验，以带领团队适应快速变化的工作环境和创新任务；从对角线反向来看，高开放性的管理者如果提高外倾性，会让创意更容易落地，因为外倾性强的人更愿意与他人交流、合作和分享想法，能够更好地将自己的创意传达给他人，从而得到反馈和建议。此外，外倾性强的人更善于建立人际关系和协调组织资源，从而更好地协调团队和落实创意。

通过向自身对角线方向扩展自身特质，领导者可以发展出更多的领导力和士气提升能力。具体来说，尽责性特质强的领导者需要发展接纳人的能力，这将为团队的发展带来更多的可能性；宜人性特质强的领导者要更懂得个体之间的差异，以便更好地利用不同特质的优势来解决问题，并推动任务完成；外倾性特质强的领导者需设定高远的目标以激励人心，从而增强团队的凝聚力与动力；开放性特质强的领导者不仅要关注整体趋势和发展方向，还需要通过关注人来提振士气，以提高创新的实效。这样的扩展不仅可以丰富个人的领导风格，还可以提高团队的整体效能（见图 7-3）。

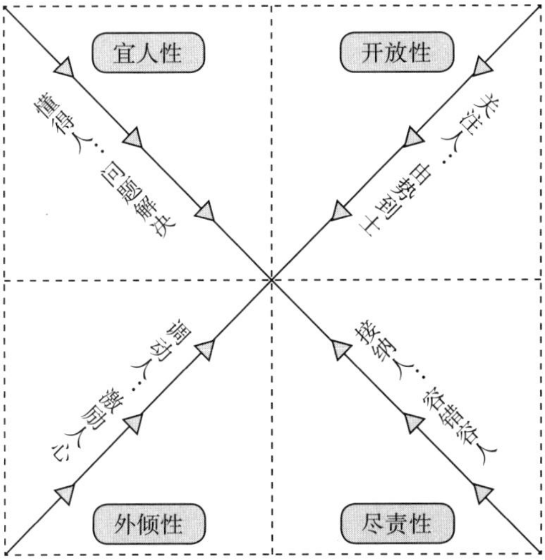

图 7-3　管理者特质延展图

从尽责性到“容错容人”：从关注事到关注人，接纳人的表现不仅仅是一个结果，也是一个持续变化的过程。

从宜人性到“问题解决”：从相信建设性是人的共性，到懂得人的差异性表现，以有效解决问题。

从外倾性到“激励人心”：从社交属性发展到通过共同的愿景和目标来激发人的自尊心、同情心、宽容心、公正心、自信心，以达成心与心的联结。

从开放性到“由势到士”：好的“势”，需要领导者传递势能，鼓舞和提升士气，把团队带到一个达成目标的制高点。

◈ 案例 11

基层管理者小义的“天花板”

小义做事很踏实，对自己的工作有高标准的要求，周围同事对他的评价都很好，由于不善言辞，他在客户专员岗位上默默工作了三年。一次，原本向客户做汇报的经理遇突发事件，小义临时代替经理做汇报。小义业务熟练，尤其对细节把握精准，汇报中思路清晰，获得了客户的好评，小义因此获得部门领导的重视。在领导的鼓励下，小义竞聘成为主管，他带领的项目组在季度评估和年度评优中都有出色的表现，一年后小义就被提拔为部门经理。小义管理的人员从5人发展到15人，从2个项目发展到同步开展大大小小的10个项目。小义每天像陀螺一样从早忙到晚，事情越干越多，却感觉周围人越来越不满意。小义刚刚升任部门经理时，对部门人员严格要求，一次在部门会议中，一位下属和他发生激烈争执，之后，其他同事也与他发生过这种情况。部门的很多工作达不到要求，小义经常亲自上手，三天两头有员工离职，人手严重不足。小义开始对管理同事产生顾虑，一方面尽量不直接批评，另一方面内心又很焦灼，觉得完不成任务，总这么忍着也不是办法。上周，部门的一项工作被客户投诉，小义感觉管理团队力不从心，身体和睡眠都出现了问题，还对自己产生了怀疑，觉得自己是“小马拉大车”，难以胜任。

如果你在本书的人格特质测试中，发现自己具有较强的尽责性特质，那么祝贺你，你已经具有了在职场的最初阶段胜出的可能性。本书案例4中的小北、案例5中的李主任、案例6的小迪，在人格特质和行为表现上各不相同，但有一点是一致的，那就是他们都具有较强的尽责性，对工作有高标准的要求。尽责性强的人有较强的执行力和责任感，更加专注于自己的工作任务的完成质量和效率，能够及时发现问题并采取有效的措施加以解决，他们不仅在工作中自律严谨，表现出色，在家庭和社交场合中也能够认真对待自己的角色和责任，这种特质在职场中能够获得同事、领导和客户的尊重和信任。工作质量的可靠性和工作态度的担当性，是任用和考核基层管理者的主要维度，是一个管理者需要具备的基本特质，因此，兢兢业业、尽责性强的人很容易从众多的员工中脱颖而出，被选拔任命为基层管理者，直接处理团队在业务中遇到的问题，带领团队实现工作目标。

一些针对多种工作岗位人群的大五人格特质的研究表明，尽责性能有效地预测所有职业群体的职务绩效。还有一些研究发现，尽责性和身体健康之间存在正向的关联，尽责性越强的人患心脏疾病、癌症等疾病的风险越低。这可能是因为尽责性强的人更注重健康生活方式，如规律饮食、适量运动、规律作息、定期体检等，从而更容易保持身体健康。尽责性还与心理健康密切相关，具有较高尽责性的人通常更有自我控制能力和自律性，更能够有效地应对心理压力和负面情绪，从而减少焦虑、抑郁等心理问题的发生。总体来说，在承担人类的基本角色时，不管是一个好员工还是一个好的基层管理者，一个父亲或者母亲，以及一个健康的人，尽责性就像稳固的地基。

尽责性不仅仅是个人的品质，也与宇宙间和谐、有序的力量相呼应，使个人在履行职责、完成任务时，能够顺应自然规律，以最佳的状态和方式去行动，能与周遭达成一种和谐与平衡，可以说是天地皆同力，恰如其分。

人不是砖瓦，人是向上生长的生命，就像一棵树。每一年生长季节结束时，树木会在树干内部形成一圈新的年轮，每一圈新的年轮都是树木历经岁月和风雨的雕刻好好地活过、好好地长过的标识。在具备较高尽责性的基层管理者的成长年轮中，职场风风雨雨的雕刻会在每一个需要突破的时刻发生，而每一个突破都是提升人的认知的一次新机会。我们以案例 11 来进行具体的解析。

解析　尽责性与管理中的人心艺术

小义的人格特质

从案例 11 的描述中，我们可以看到小义的高尽责性特质，这一特质使他在团队需要的时候，脱颖而出。我们通常所说的“机会总是留给有准备的人的”，指的就是具有踏实工作、严于律己、追求高质量的尽责性特质的人，由于他们更加注重任务，平时默默无闻，关键时刻他们出色的业务表现会使领导有眼前一亮的感觉。在发现这样的员工后，领导通常都会感到欣喜并对其加以鼓励和任用。从小义“不善言辞”“默默工作了三年”不为领导所知，可以看得出来，小义在人格特质的外倾性方面更偏向内倾。具有高尽责性、高内倾性的小义，在关注任务和事物层面的能力要优于对人的理解和与人互动的能力，即在职务绩效中的作业绩效优于关系绩效。

基层管理者与中层管理者的区别

在组织架构的设计中，基层管理者和中层管理者位于组织战略执行的不同层面，任务要求不同，功能不同，能满足任务要求的特质也会有所区别。对一个基层管理者来说，由于管理的人员较少，任务也相对单一，如果具备对具体业务的指导能力，自身尽责公正，并能用自己的公正营造一个好的小团队的工作氛围，就能够胜任管理工作。与基层管理者主要在管事方面开展工作不同，中层管理者需要根据组织的战略规划全面整合部门的优势资源，合理配置资源，培养部门骨干人员共同达成目标，并能够协调不同部门或团队之间的关系，与不同部门的负责人、高层领导以及外部利益相关者进行有效沟通，需要站在公司整体发展的角度上去开展管理工作。

由于任务和职责不同，基层管理者与中层管理者需要具备的特质也有很大的不同。在同样需要具备高尽责性和一定的管理技能及专业知识的前提下，基层管理者更注重以下特质。

- 快速有效地完成任务的执行力
- 做好具体工作的质量管控能力
- 解决员工具体问题的沟通能力

前两条是尽责性中比较典型的特质，当一个具备尽责性的员工升为主管后，通常会在基层管理岗位上有自然而然的绩优表现。由于基层管理者通常管理的是小班组或者较为单一的业务项目，团队成员互动频率高和业务协同深，具备第三条特质可以使基层管理者很容易和团队成员打成一片，建立深度的信任关系。

而当基层管理者因为业绩好被提拔至中层时，如果还完全沿用做基层管理者时的经验，就会有处处受困的感受，因为中层管理者的任务发生了变化，管理的范围更广，人员更多，认知要求更高，中层管理者更需要以下特质。

- 组织战略落地执行能力
- 人才发现及培养的能力
- 跨部门的资源协调能力
- 对员工积极性、创造性的激发能力

在案例11中，小义的尽责性特质使他不论是作为一名普通员工还是一名基层管理者，都有出色的表现。可以说，对小义而言，他的本质和本能的表现使他在基层管理者岗位上可以游刃有余地获得绩优业绩。但当被提拔为部门经理后，小义沿用原有的。工作习惯，就遇到了困境。管理是一种实践，也是一种训练，管理的层级提升了，就需要用全新的视角来理解管理者的功能和价值。从基层管理者升至中层管理者，我们看到一个重要的变化：组织战略关注的是向外看，要培养人才，激励人心，需要将视角从紧盯事物转向关注事物背后的人，也就是说，小义们需要看向小团队之外，看向人。

小义的获得士气领导力四步法

当一个基层管理者被提拔为中层管理者时，说明他具备了带领小团队完成任务的基本特质。而要带领更大的团队，影响更多的人为组织目标持续贡献，管理者则需要建立积极的工作环境和文化，鼓励员工的创新和发展，提供员工所需的支持和资源，这些都离不开对人的理解和对人的情感需要的关注。从强调完成任务到关注团队成员的特质、优势、潜力和目前遇到的困难，是提升士气领导力的前提。

在案例 11 中，随着小义管理岗位的提升，他管理的人数变成了原来的 3 倍，相对单一的业务也有了多维的扩充，这意味着小义的特质和能力也要向着更高更广的外延扩展。小义可以以自身比较凸显的尽责性特质为出发点，通过横向发展，提高与团队成员沟通交流的频率，提升融入他人的能力，在协作与融合的氛围中获得组织和自身的发展；通过向对角线方向发展，强化与人建立信任关系的能力；通过向上发展，增强灵活性和创新能力，提升调动人的影响力（见图 7-4）。

接纳人，满员满负荷

影响部门业绩的因素很多，但首先还是人。目前小义部门同事离职率高，严重缺员，小义内心焦灼，但他焦灼的依旧是工作的质量，尚未意识到缺员超负荷可能带来的团队运行方面的风险。团队人员配备通常会呈现三种状况：满员满负荷、缺员超负荷、超员低负荷。在当今的组织中，超员低负荷的情况已属罕见，而在缺员且持续还有离职减员发生时，超负荷既是一个事实，也是一种工作感受。在缺乏外部激励和内在动力的状况下，员工更容易感受到付出与回报的不公平感，人员离职导致人员配置不足，人员配置不足带来的不堪重负的感受又加强了离职意愿。因此，解决人员配置不足，是小义需要面对的首要问题。

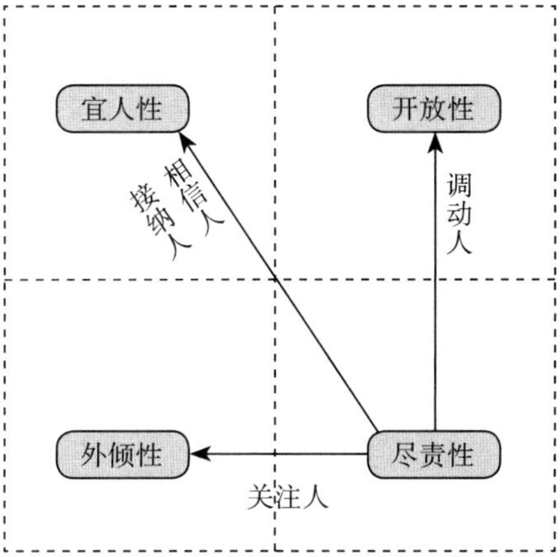

图7-4　尽责性管理者发展士气领导力路径

作为部门负责人的小义，要尽可能吸纳合适的人融入团队，提升自身的社交能力，积极融入公司层面的活动，与关键部门协调沟通，主动寻求人力资源部和上级领导的帮助，把满足团队人员配置要求作为共同的关键性任务来达成。在对内管理中，要调动团队的积极性，可以从与团队成员建立情感联结开始，如果自己的个性偏内向，要善于发现团队成员中外倾性特质明显的成员，鼓励和支持他们组织开展团建活动，关注员工在缺员情况下的超负荷付出，并给予认可、表彰或激励，通过与下属的深度沟通与交流，倾听诉求，建立情感联结，达成共同目标。

关注人，1 ∶ 7 管理半径

在心理学和管理学领域，都有管理半径不超过 7 人的研究，根据著名的米勒法则（Miller，1956），人脑处理信息有一个魔法数字 7（±2）的限制，也就是说，人的大脑最多同时处理 5～9 个信息。小义原来管理 5 个人，现在管理 15 个人，1 对 15 的小义，忙得像陀螺一样依旧感到力不从心，这不是小义的“天花板”，而是人类大脑的管理瓶颈。因此，小义要培养骨干或助手，进行管理升级，这是一个分层级、分模块和分权授权的过程。

对管理者来说，时间不够用、人手不够用是一种常态，我们常常拼尽己力，使出浑身解数，但是，我们忽略了人类大脑对信息的处理能力是有限的。正因为个体的限制、人脑的限制，人们需要“一个好汉三个帮”。小义需要找到管理帮手逐层分解任务，通过对部门管理团队成员的特质、能力、业务特长和内心诉求等全面深入的了解，进行管理的有效分工和授权。懂得人，既懂得每个人的差异，也懂得差异化的搭配能够产生的新的效能。

1 ∶ 7 的管理半径有助于深入挖潜，人尽其才。人尽其才是一种重要的管理理念，也是管理者的职责所在，管理者有责任充分发挥每个人的才能和潜力，让每个人的能力都有机会展示和发挥，从而为个人、组织和社会创造最大的价值。当尽责性强的管理者将“人尽其才”作为职责所在时，他就能够更好地平衡和整合任务和人际关系，使员工感到自己被充分重视，从而增强他们的工作动力和投入感，减少员工流失率，提高员工的创造力。

> 在你成为领导者之前，成功只同自己的成长有关。当你成为领导者以后，成功都同别人的成长有关。
>
> ——杰克·韦尔奇

相信人，辨析内心小声音

尽管在管理中经常会强调要把事和人分开，但做到这一点并不容易，尤其是对尚未建立信任关系的团队来说。有时，管理者对工作的严格要求可能会被理解为对人的指责和不满意，事实上，很多管理者的确也很难区分两者，尤其是在焦虑的情绪状态下时，会由对工作的讨论不知不觉地转变为对人的评判，当我们对一个人的工作成果不满意时，我们内心可能都出现过下面的小声音。

“这个人真的不称职。”

“他怎么能做得这么差？”

“这个人就是不行，不管怎么说都无济于事。”

“他就是不负责任。”

“他没有把这项工作放在心上。”

“我应该自己做这件事，这样就不会出现这样的问题了。”

…………

这些小声音是我们对一个人的工作成果进行了消极的评价后自然而然地产生的评判，是我们大脑运行的习惯使然：我们的大脑从小就接受了社会的价值观和规范，以及来自家庭、学校等的教育和影响。这些因素使我们形成了一定的判断标准和偏好，而尽责性强的人更加注重细节和规则，也更容易发现不符合自身标准的环节，从而产生不满和失望。尽责性强的人也更容易感知自己的责任和义务，因此可能更倾向于希望他人也尽到他们自己的责任和义务，在这种情况下，他们可能会更多地注意到他人的错误或缺陷，更容易对他人进行指责，而负面的评价和情绪会形成一个负反馈链条，引发被评价者的不公平感、焦虑感甚至愤怒。

在案例 11 的描述中，小义的一位下属在部门会议中和他发生了严重的争执，其他同事也多次发生这种情况，从这一点来看，小义在管理中的一些行为已经让团队成员感受到被冒犯和激惹。小义“尽量不直接批评”，表明他已经觉察到原有的管理方式造成的风险与不适。而对自己的管理能力产生怀疑，意味着小义需要习得一种新的管理方式。小义可以尝试从非评判性的沟通和反馈方式开始练习，在管理中采用更加客观、更具建设性和肯定式的语言来表达自己的想法和意见。在心理学和管理学的沟通训练中，有大量的工具可以辅助管理者进行相关的训练，比如，通过将对“你”的评判转换为“我信息”（指从“我”的观察出发进行沟通），练习客观的工作交流表达，比如：

- 写了这么久，你怎么还是不能提交一份合格的报告？
    - **我看到**你加了几天班，很辛苦，目前这个报告还需要修改这几处……
- 这份报告根本不是你的真实水平，你能不能再用点心？
    - **我感觉**这份报告没有体现出你的真实水平，主要是框架上还有问题……
- 你最近工作心不在焉的，还经常请假，要注意了！
    - **我观察到**你最近经常请假，是遇到什么困难了吗……

沟通的技巧可以在一定程度上缓解严格的管理引起的情绪冲突，而更加行之有效的管理团队的方式是与团队成员建立真正的信任关系。我们需要了解的是，我们是否对“人在本质上是值得信任的”这个观点持肯定的态度，如果答案为“是”，那么，我们就会相信人的积极性和潜力，就会用动态的、发展的眼光和心态去看待目前遇到的管理困难。以员工最近经常请假为例，如果我们对人的本质是不信任的，我们可能会觉得员工在消极怠工，如果我们对人的本质是相信的，我们就会想到目前员工可能遇到了工作或者生活上的困难，这困难是员工的，也是管理者的，员工最近经常请假的现象是一个有困难需要面对的信号，而解决困难是团队发展和成长过程中的必经之路。管理者与团队成员需要进一步培养和发展自我意识、积极情感和良好关系来发挥自我和团队的潜能，从而获得进一步的发展。这种相信是本质性的，而不是一种姿态，这种本质上的信任，能够使团队成员之间建立稳定和谐的人际关系，减少互相猜疑和矛盾，从而提高组织绩效和个人幸福感。

案例11中的小义，需要训练的是更加有效地激励团队的沟通方式，而不是矫枉过正，对严格管理心存疑虑。信任和严格并不是互相排斥的，一个充满信任的环境可以激励员工更加努力地工作，而同时对员工的严格要求可以确保他们保持高标准和个人业务技能的成长性。中国有一个词语叫“严管厚爱”，对尽责性强的人而言，不是要抑制自己的“严管”，而是要强化“厚爱”，两者本身就是相辅相成的。有研究表明，被信任会增强个体的自信心和归属感，也会带来一种责任感和义务感。当别人对自己寄予信任时，个体会感到自己有一种责任和义务去回馈和维护信任，从而更加认真地履行职责，努力工作，以不辜负信任和期望。被信任也会增强个体与他人之间的情感联结，从而使人更加愿意与他人合作、互动、分享和互相支持，形成良好的工作和生活氛围。

调动人，破“小马拉大车”之局

一般来说，尽责性强的人有两个方面的特点会阻碍自身和团队的进步和发展：一是尽责性强的人通常会认为稳定和可靠的做法才是正确的，倾向于遵循既有的经验和程序，为了确保工作的质量和准确性，他们通常更偏好稳定的环境，而当环境变得不稳定或充满不确定性时，尽责性强的人可能会感到有压力和不安，甚至会表现出抗拒和回避的态度；二是尽责性强的人在一定程度上可能会更容易产生刻板印象，这是因为这一特质类型倾向于对事物进行分类，从而更容易形成固定的认知框架，这种倾向可能会使他们对创新持有保守态度，不愿意尝试新的事物和方法，对创新产生一定的影响。

但任何一种特质都不是独立存在的，如果尽责性强的人同时具备较好的开放性，那么，他们依旧会以自己独特的优势，在创新性行为中发挥很好的价值。因为尽责性强的人更有可能具备较好的组织能力和计划能力，这些能力对创新也有着积极的促进作用，创新既需要一些具有冒险精神和开放心态的人来引领，也需要具有高度组织力和执行力的人来确保项目的顺利落实。从发展性的眼光来看，案例 11 中，小义目前的“小马拉大车”的感觉是小义的管理能力与部门管理岗位的任务要求出现了动态不平衡的表现，小义需要认识到作为中层管理者不仅需要具备高度的责任感，还需要提升认知层次，整合资源，而这些能力都与培养和发展自我的开放性相关。

提升开放性，意味着对不确定性的接纳，并能够有效地管理不确定性。这是“小马”长成“大马”的必由之路。“小马”之所以“小”，是受经验和眼界的限制，尽责性强的“小马”习惯低头拉车，作为公司中层的“部门长”，“小马”的管理职责要求已是“中马”水平，需要上传下达，与公司的战略保持一致，这就需要“小马”抬头看路，动态地看待时代变化和发展中的组织任务，在不确定的环境下，积极寻找并利用信息，进行灵活的应变和创新。当“小马”们能够看到不确定性所带来的是机会而不是无法预测的灾难时，就向开放性打开了认知的大门，而开放性能够带来的创新思维和创新行为又能更好地提升“小马”的格局。创新是推动社会发展和进步的关键因素，在我们当今所处的时代，所有的组织都面临着变革的机遇和挑战，管理者正是在参与或引领组织的创新过程中、在为组织带来新的发展机会的过程中扩展自身格局的。

本章小结

本章我们从集体疲劳对组织士气的吞噬这个组织目前正在面临的挑战和新威胁切入，探讨了管理者的情绪价值能力和沟通质量对提升团队积极的情绪能量的作用，并以领导力专家约翰·麦克斯韦尔的领导力层级的第二个层级——认同层级为例，提出了获得士气领导力四步法：接纳人，获得可能；懂得人，获得办法；相信人，获得人心；调动人，获得气势。本章结合大五人格特质，从全新的视角阐释了具有不同人格特质的管理者应该如何通过自身的发展与成长，培养并发挥士气领导力。

复习题

- 获得士气领导力四步法是什么？
- 相信人能够获得哪“五心”？
- 不同的人格特质对应了获得士气领导力四步法的哪些部分？

第 8 章 | CHAPTER 8

成为面向未来的管理者

我们的时代需要懂得心理安全

我们所生活的 21 世纪的第 2 个 20 年的开端发生了两件深刻影响并将持续影响全球每一个组织生存与发展的事件：疫情的暴发和 ChatGPT 的问世。组织迫切需要一批具有新理念和适应新的社会经济发展阶段的管理者。在全球领先的企业中，作为组织能力建设的重要关注点，一个全新的理念被提出并迅速传播，这就是“心理安全”。

有关心理安全方面的早期研究可以追溯到 20 世纪中期。在不同的学科领域，它的内涵和外延有所不同。在心理学领域，依附理论研究的是个体的心理安全感。依附理论的发展与两大因素密切相关：一是第二次世界大战后的时代背景，二是心理学的理论及技术的突破性进展。战争期间，许多家庭经历了分离、不确定性和创伤，个体在人际关系中的情感需求受到关注。战后的 20 世纪中期，社会结构发生巨大的变化，包括家庭结构、性别角色和工作模式的变化，这些变化也引发了个体在不同环境中对安全感的需要。心理学许多新的理论和方法的发展为解释和解决社会面临的急迫问题提供了科学和学术研究支撑，在这一时期，心理学的发展包括临床心理学、发展心理学和人际关系心理学，其中发展心理学在儿童发展方面对于儿童的心理和情感发展进行了大量研究，包括父母与婴儿之间的亲子关系和依附，这些领域的研究为依附理论的发展提供了理论和实证基础。

依附理论描述和解释了从出生到死亡的生命过程中人们稳定的关系模式。对依附现象的研究最初是在动物身上进行的，比如我们在本书中讨论过的恒河猴实验，此实验显示依附不仅仅是由生物本能如饥饿所激发的，还包含一种对安全感的需求。之后在人类婴儿和成人身上进行的实验，都显示了个体的情感需求和与他人的关系对于心理健康和幸福感的重要性，依附理论在心理学和相关领域中产生了广泛的影响。

组织心理学和管理学领域的心理安全相关研究探讨的是个体在不同组织环境下的心理安全感，这种心理安全感既影响了员工对组织的投入意愿和投入行为，也决定了组织的创新与发展。与依附理论产生于二战后的时代背景有类似之处，疫情的暴发可以被视为组织倡导心理安全的重要时代背景之一。这场突如其来的疫情对组织发展产生了广泛而深刻的影响，它带来了不确定性、焦虑和恐慌，这迫使组织采取有效的策略帮助员工处理情感反应，减轻焦虑和提供支持。对于疫情导致的社交孤立和孤独感，组织应刻意地营造一种人际氛围使之发生改变，否则这种孤立与孤独的社交氛围会持久地蔓延下去，对组织文化和组织效能产生负面影响。疫情带来了远程工作和在线互动的交互模式，在疫情结束之后，这一工作方式被很大程度地保持了下来，这意味着组织需要更加关注员工在虚拟工作环境中的心理安全，建立一种支持性的在线工作文化，确保员工在虚拟环境中感到被聆听和尊重。

脑科学的研究成果使我们更清晰客观地了解到了脑力劳动者的创造性工作路径。人类的大脑保留了进化过程中形成的捕捉危险信息的本能防御功能，当人类通过五感将应激源反馈给大脑时，大脑会产生三种反应——或战或逃或僵住。当员工在组织中受到刺激时，战，预示着会发生更多的员工关系冲突；逃，则指员工“用脚投票”，离职率高升；与这两种情况相比，对组织生产率和组织能力耗损最为持久的是僵住，这种情况下大脑停止创造，启动谨小慎微的应对模式，人们会因为害怕被处罚、被嘲笑而选择不作为。当人们感觉到心理不安全时，他们会把注意力完全放在自我保护上。对长期处在“僵住”状态的个体和组织来说，工作成为一种机械的重复，毫无创新动力会带来个体的倦怠和组织的老化，而彼此的戒备和孤立则会引发更多的心理问题和职场危机。

艾米·埃德蒙森是哈佛商学院的教授，她做了20多年的心理安全和团队协作方面的研究。她提出：当人们在工作中更多的是靠脑力协作来解决问题的时候，心理安全对组织发展非常重要。她的著述《无畏的组织：构建心理安全空间以激发团队的创新、学习和成长》成为许多组织和领导者关于心理安全的重要参考资料。艾米·埃德蒙森所倡导的无畏的组织，指的是领导者所创造的一种具有信任、尊重和相互理解的心理环境和氛围的组织，它强调了在工作环境中，员工应该感到他们的声音被聆听，他们的观点被尊重，他们可以提出问题和疑虑，而不必担心遭受惩罚或批评。

心理安全的理论最早在医疗保健领域得到广泛关注，特别是在手术室等医院工作环境中。这种情境要求高度的团队协作和沟通，以确保患者的安全和治疗的成功。早期的研究表明，医生和护士之间的心理安全感对于有效沟通和防范错误非常重要。心理安全的概念后来被推广到其他行业和组织领域，成为管理和领导力领域的一个重要概念。

谷歌公司为了找到高绩效团队的打造方法，曾经开展过一项为期两年的大规模研究，最后研究结果发现，表现最好、最具创新精神的团队有一个共同点——心理安全感高。苹果公司建立了多种制度来保障员工的心理安全，例如，它实施公平的薪酬制度，支持弹性工作时间制度和远程工作，通过建立各种内部社区和论坛来加强员工之间的交流和合作等；Netflix 公司注重员工的自主性和责任心，强调开放、透明和诚实的沟通方式，要求员工只做最重要的事情且保持专注，并鼓励员工在工作中勇敢尝试新想法和新方法，理解失败是成功的一部分。更多的组织通过提供专业的心理健康支持、关注员工的工作负荷和压力、帮助员工更好地应对压力和挑战等措施来提升员工的心理安全感，针对管理者开展“重启五感管理模式”的培训以及帮助员工提升技能和能力、提高自信心和自尊心的培训，使员工更好地适应工作环境和工作要求，从而满足员工对心理安全的需求。

心理安全建设得以在全球前沿性组织中被倡导，也与将组织视作一个生命体的探索和研究密切相关。在从知识经济向情感经济迈进的时代，组织要创新性地生存与发展，就需要从管理员工的行为转换到管理员工的动力，并以此来引领组织的士气。营造一个员工在心理感知层面无伤害、无歧视、信任友善和支持鼓励的心理安全组织氛围，是现代组织的必由之路。

心理安全基地领导者的人格特质

心理安全的人际氛围需要刻意营造，当不确定性成为社会大背景的底色时，微观环境工作氛围的包容和温暖就显得愈加重要，它会以微妙而有力的方式塑造人们的行为。而这个刻意的营造者，我们称之为职场生态环境的设计者，就是管理者。在现代组织中，管理者存在的价值与意义毋庸置疑，但是，依旧会有人用完全逆向的思维和创新想法来质疑：在我们的时代，真的需要管理者吗？我们又需要什么样的管理者？

一个代表性的质疑和有趣的实验来自谷歌。谷歌的两个创始人都拥有计算机相关背景，有段时间他们感到疑惑并探讨，既然谷歌的创新都来自每一个工作室和不同的开发小组，那么，为什么还需要中间管理层呢？但当他们砍掉了中间管理层之后，麻烦就来了，太扁平的管理使得两位创始人深陷日常事务中举步维艰。他们理解了管理层存在的极大必要性，也就此进行了调研——他们所在的组织到底需要管理层做什么，这个调研得出的一个结论是，高层管理者的主要职责并不是做核心业务，而是营造一种生态，管理一个能让大家思考的环境，在这个环境中，员工每天有创意、有思考，并乐于置身其中。谷歌最佳管理者的八项行为中，排在首位的是经理人要成为员工的好教练，及时向员工提供具体反馈信息，定期和员工做面对面谈话，给员工提供建设性的意见。在有效的沟通中，经理人作为组织和员工之间的桥梁，要帮助员工和团队建立起共享的愿景和使命，所以，经理人既要对团队的使命清晰并且将其内化成行动的指南，也要充分了解员工的内在愿景和目标，这是员工的根本动力所在。

> 从现代组织学出发，安全基地是指这样一类人、场所、目标或事物，它们能够在提供被保护感、安全感和关爱的同时，给人以探索、冒险和寻求挑战所需要的鼓舞和能量。
>
> ——乔治·科尔里瑟

在当代组织中，微软的第三任首席执行官萨提亚·纳德拉是一位旗帜鲜明地重塑组织文化，全面推进心理安全组织建设的企业领导者，他在重新发现商业与未来的实践中提出“重新发现微软的灵魂”。他着重论述了两个词，一个是同理心，它对应了大五人格特质中的宜人性；另一个是思维模式，主要分为成长型思维模式和固化型思维模式，纳德拉认为，成长型思维模式可以使人在面对不确定性时做出更好的反应，成长型思维也会带来持续的创新和更大的突破，它对应了大五人格特质中的开放性。

纳德拉在微软所倡导的同理心与成长型思维模式，引领了情感经济时代新一轮的组织能力提升潮流。纳德拉极力推动组织生态向更加开放与安全的方向发展，他认为，高管团队成员之间应该加深对彼此的了解，深入发现每个人能够被激励的因素。纳德拉在《刷新》中描述了这样一件事情，他刚刚接任微软 CEO 时，尝试将训练运动队的正念训练引入到高管团队中。第一次活动开始后，正念教练询问高管们是否愿意尝试一段特别的体验。在获得高管们的同意后，正念教练邀请高管进行互动，这时，每一位高管都表现出了严谨式的回避：尽管有些答案就在嘴边，但他们或担心失败，或担心被嘲笑，或出于傲慢而不屑于回答。显然，高管团队在日复一日的工作中，习惯了发出指令，习惯了听他人汇报，习惯了带领团队竞争，唯独不习惯彼此袒露心扉或无功利目的地分享观点，彼此难以舒适地交谈。微软团队所呈现的这种状态在全球的组织中具有跨文化的普遍性。纳德拉告诉高管们："我们花太多的时间在工作上，所以工作应该有更深刻的意义。如果我们能把自己相信的价值与公司的长处结合起来，那我们几乎就可以攻无不克了。"

尽管纳德拉对微软的创始人比尔·盖茨的核心信念和社会责任方面的价值主张完全认同，但由于时代、年代和个体人格特质的差异，他在带领微软企业文化和组织生态上还是有很多差异化的思路，这种"和而不同"，反映出领导者的个体风格差异和组织重心的变化。在领导风格方面，盖茨作为微软的联合创始人，在公司的早期阶段和成长阶段扮演了领导者的角色。他以坚定的领导风格而闻名，注重技术驱动和市场占有率，微软在盖茨的领导下主要关注操作系统、办公软件和个人电脑市场，盖茨时期的微软企业文化以工程师文化为核心，以竞争、结果导向和技术创新为主要特征。而到了纳德拉时期，微软的企业文化发生了一些变化，公司积极推动多元化和可持续性，以服务社会和推动创新为重要目标。纳德拉本人的领导风格以协作、包容性和人际关系导向而闻名，应用于组织管理中，他强调用户导向、开放性、包容性。纳德拉将公司的重心转向云计算、人工智能、服务和协作工具，使微软逐渐变成了一家以服务和创新为中心的公司。

纳德拉为新时代提供了一个极佳的领导力范本，而作为一个倡导心理安全文化的领导者，他自己内在的心理安全是如何形成的呢？在《刷新》中，纳德拉回忆了一件童年的事情：有一次，他的父亲在他的卧室里挂了一幅卡尔·马克思的画像，作为回应，母亲在他的卧室挂了一幅印度执掌财运的吉祥天女的画像。在纳德拉身上，这两种信息一直并行不悖，一方面他有强烈的投身于改变世界的事业中的动力，另一方面他快乐平和，与现实环境友善共处。纳德拉的父母为他建立了安全的依恋关系，这有助于他在成长过程中按照自己的特长和生命节律去走自己选择的道路，完成使命。

心理安全和心理依附是两个不同的概念，但它们之间存在一定的关系。心理依附是指人际关系中的一种情感依附现象，是一种与生俱来的、基本的情感需求。心理依附理论认为，在早期的亲子关系中，婴儿和孩子通过与父母或主要照顾者的互动，建立了一种情感依恋的关系，并由此发展出不同类型的依附，包括安全依附和不安全依附。安全依附的儿童通常对主要抚养者感到信任，并在探索中感到自信，不安全依附则可能表现为焦虑、回避或混合的依附模式。儿童通过他们与主要抚养者的交往经验来建立心理内部工作模式，这些模式影响他们的后续关系和行为。如果他们的初期依附经验是积极的，他们可能会更有信心探索世界并建立稳定的人际关系，也就是说，具有安全型依恋关系经验的个体在工作环境中更容易感到心理安全，他们更愿意表达自己的观点和意见，并且更有可能参与团队的合作和决策过程。

在同一个组织中，不同的领导者会表现出不同类型的依附特质，这些不同类型的依附特质会对领导者的领导风格、团队动态和组织文化产生影响。如同纳德拉一样具有安全依附风格的领导者，具有较高的情感智慧，能够建立亲切、支持性和互信的关系，他们鼓励员工表达情感和需求，并提供情感支持，这种类型的领导者通常能够建立积极的工作氛围，促进员工的幸福感和参与度。某些领导者表现出回避依附的特质，他们更加独立，不倾向于建立亲密的情感关系。他们更侧重于任务导向，而不是情感关系，这种类型的领导者的管理方式可能会在一些情况下有效，但在建立员工的情感安全感方面表现不佳，通常难于实现持续的高绩效和创新成果。某些领导者则表现出焦虑依附的特质，他们过于担忧员工的情感需求，容易感到不安，会对员工的需求做出过多的反应，这种类型的领导者可能会过度干预员工，导致员工感到受控制或不自由。还有一些领导者会表现出矛盾依附的特质，时而表现出亲近和关心，时而表现出疏远或焦虑，他们会在员工之间产生不一致的态度和行为，这种情感不稳定性可能会对员工的感受产生负面影响，使员工因难以预测领导者的反应而感到困惑和不安。

我们可以从一个全新的角度来理解心理安全和心理依附的关系：由于组织这个超级生命体是由差异化的个体融合而成的，每一个个体不同的依附类型交织在一起形成了组织这个生命体的混合依附类型，它具有各种可能性，会兼具安全、回避、焦虑和矛盾依附的特点。组织可以打造一个能提供心理安全感的职场环境，将各种依附类型的员工融入其中，从而形成一个具有能容错、敢创新、高投入、高沟通的积极特征的生命体。而在此之前，一个具有安全依附特质的高层领导者至关重要，这样的领导者通常更容易表现出高水平的同理心和开放性，自己满怀热情地去创造新世界，也鼓励和允许他人以各自恰当和有效的方式去探索世界。从这一点来衡量，微软的第三代掌门人以其独特的人格魅力，开启了通过关注心理安全提升组织核心竞争力的新一轮现代组织的实力竞赛。

不同层级管理者的人格特质呈现

因具体职责不同，对不同层级的管理者所具有的人格特征的要求会有所不同。在组织内部，管理者通常可以分为高层管理者、中层管理者和基层管理者。高层管理者需要具备战略思维，能够看到大局和未来的趋势，制定组织长期战略和愿景。他们需要展现出强大的领导力，能够影响整个组织，同时具备决策能力，在复杂和关键的问题上能兼顾各方利益做出决策，并承担责任。他们通常需要具备高度的自我管理能力，以应对高压力和充满来自各方的高期望的环境。中层管理者需要具备部门任务管理和团队建设能力，能够管理和激励团队，确保关键任务的完成。他们需要与上级和下属进行有效的沟通，传达方向和目标，同时倾听员工的反馈和需求，在不同层级之间进行调解，同时适应不同的管理要求。而基层管理者直接带领一线员工，他们需要具备高执行力来处理日常的问题和挑战，并确保员工按要求工作及任务按时完成，他们需要与员工建立有效的关系，了解员工的需求，提供支持和反馈。

尽管不同层级的管理者承担着不同的职责，但成功的管理者往往具备一些共同的人格特质，如尽责性、情绪的稳定性、同理心、学习力等，不过在不同层级，这些特质的重要性可能会有所变化。根据组织的文化和需求，管理者应当发展并强化那些与其角色相匹配的特质和技能。

盛心公司的职场健康专业研究团队在所服务的一个组织中选取了连续 3 年绩优的基层、中层和高层管理者各 1 人，在表 8-1 中我们用 A 代表基层管理者，B 代表中层管理者，C 代表高层管理者来进行标注。

表 8-1　不同层级管理者大五人格特质分析

管理者	尽责性	开放性	神经质	外倾性	宜人性
A	39	25	15	25	30
B	36	28	13	31	31
C	40	32	6	29	35
普查整体（N=8156）	35.24	24.35	18.23	26.97	31.87

注：满分均为 48，其中尽责性、开放性和宜人性高分有利，神经质低分有利，外倾性高分表明偏外倾。

从数据中可以看到，三位管理者在尽责性、开放性方面分数均高于普查整体的分数，神经质方面的分数均低于普查整体的分数，即情绪较稳定；但三位管理者也呈现出了个体的差异性：基层管理者 A 在尽责性方面分数远远高于普查整体的分数，这对其执行力和任务完成的质量至关重要；中层管理者 B 性格更偏外倾，这种特质对于跨部门沟通协调资源，以及上下级沟通，上传下达极为有利；高层管理者 C，跟我们在上文中提到的微软首席执行官纳德拉一样，在宜人性和开放性两个方面分数居于高值。

具体到每一个特质的二级维度，在尽责性二级维度，尽管三位管理者的分数均高于普查整体的分数，但高层管理者 C 在“追求成就”和“自律”维度的分数明显高于另两位管理者，而基层管理者 A 在“自我效能”和“忠于职守”维度的分数和高层管理者 C 的一样高（见表 8-2）。

表 8-2　不同层级管理者尽责性分析

管理者	尽责性二级维度					
	追求成就	谨慎	自律	自我效能	整洁	忠于职守
A	3.50	2.50	3.00	3.50	3.50	3.50
B	3.00	3.00	3.00	3.00	3.00	3.00
C	4.00	2.50	3.50	3.50	3.00	3.50
普查整体（N=8156）	2.95	2.82	2.91	2.92	2.85	3.16

在外倾性二级维度，中层管理者 B 在“合群”和“友善”两个维度的分数明显更高（见表 8-3）。

表 8-3　不同层级管理者外倾性分析

管理者	外倾性二级维度					
	活跃度	坚持	开心	追求兴奋	合群	友善
A	2.50	2.00	3.00	2.00	1.50	1.50
B	1.00	3.00	3.00	2.00	3.00	3.50
C	2.00	3.00	3.50	1.50	2.50	2.00
普查整体（N=8156）	1.61	1.92	2.80	2.06	2.60	2.40

在神经质二级维度，高层管理者 C 在“放纵”“脆弱”“焦虑”“抑郁”维度的分数明显更低，而基层管理者 A 在“放纵”“脆弱”维度的分数明显更高（见表 8-4）。

表 8-4　不同层级管理者神经质分析

管理者	神经质二级维度					
	放纵	自我意识	脆弱	愤怒	焦虑	抑郁
A	1.50	1.00	2.00	0.50	1.50	1.00
B	1.00	1.00	1.00	1.00	1.50	1.00
C	0.50	1.00	0.00	0.50	1.00	0.00
普查整体（N=8156）	1.26	1.91	1.28	1.27	1.84	1.56

我们还特别分析了高层管理者需要的两大特质开放性和宜人性，高层管理者 C 在开放性的二级维度“审美性”“思考力”上的分数明显更高（见表 8-5），在宜人性二级维度，高层管理者 C 在“道德感”“谦虚”“同情心”诸维度的分数均明显更高（见表 8-6）。

表 8-5　不同层级管理者开放性分析

管理者	开放性二级维度					
	冒险	审美性	情感力	想象力	思考力	包容性
A	2.00	2.50	2.00	1.00	2.50	3.00
B	1.50	3.00	2.50	2.00	2.50	2.50
C	2.00	3.50	2.50	1.50	3.50	3.00
普查整体（N=8156）	1.43	2.42	2.14	1.84	2.03	2.33

表 8-6 不同层级管理者宜人性分析

管理者	宜人性二级维度					
	合作	道德感	利他	谦虚	同情心	信任
A	3.00	2.50	2.50	2.00	2.50	2.50
B	3.00	3.00	3.00	1.00	2.50	3.00
C	2.00	4.00	3.00	2.50	3.00	3.00
普查整体（N=8156）	2.33	3.03	2.84	2.39	2.64	2.70

随着数字化与情感经济时代的到来，作为履行环境、社会与公司治理责任的关键力量，企业管理者面临新的素质要求。管理者需要有更强的意愿与员工、合作伙伴及利益相关者建立真诚的联结与合作，管理者比以往更需要具备创新性和战略性思维，激励团队共同探索新的方法和解决方案，从而有效应对不可知、不确定的时代挑战。此外，各级管理都必须拥有持续学习和适应的能力，以便紧跟目前职场在管理和经营领域的最新趋势和最佳实践。

人工智能时代需提升最具未来性的开放性特质

无论人类是否准备好了，所有的职业都会经受人工智能的挑战，要么并存，要么被替代。当下，人们关注和探究的一个普遍议题是：在人工智能时代，人类需要培养自身哪方面的特质或者技能，以便能与飞速迭代的人工智能共处？

一切皆有可能的时代真正来临了。在这个时代，人格特质中的开放性尤为重要，因为这个特质主导了人的学习力、创新力和适应变化的能力。在人工智能时代，跨学科合作变得更加重要，开放性强的人更愿意与不同领域的专家共同解决复杂的问题，并开创新的领域；开放性强的人也更加容易接受和适应新的技术和方法，并对从各种类型的大数据模型中获取洞见和信息充满好奇，更能够利用大数据模型来进行决策和判断，提高效率和创新能力。而情感计算领域本身就涉及多个学科，包括计算机科学、数学、心理学、哲学等，要管理人类团队和人工智能，并达成人机的有效合作，开放的、突破性的思维成为领导者的必选。从接受不确定性、迎接挑战和丰富想象力方面看，开放性是最具未来性的人格特质。

开放性中的一个重要维度是学习力，由于我们的教育体系一直以来以分数作为学习考核的标准，我们在离开学校之后，依旧习惯以学习表现（learning performance）代替学习能力（learning ability）。学习表现和学习能力相关但不同，学习表现是指一个人在学习任务或学习活动中所取得的成绩或成果，它关注的是学习的结果和输出，比如考试成绩、作业质量、项目成果等，有具体的、可观察的衡量指标。学习能力是指个体获取、理解和应用新知识、技能和概念的潜力和能力，它关注的是一个人的学习潜力和学习过程中的认知和心理能力。学习能力相对稳定且可以持续发展，包括但不限于以下方面：记忆力、问题解决能力、逻辑思维、创造性思维、批判性思维、自主学习能力、适应性和灵活性等。一个人的学习能力会影响他的学习表现，但学习表现并不能代替学习能力，大五人格特质开放性中的学习力维度是指学习能力而不是学习表现。作为一名领导者或者管理者，我们需要持续培养的是学习能力，因为学习能力涉及个体在各种学习任务和领域中的适应能力和发展潜力。

◈ 案例 12

小吉的“本领恐慌”

小吉性格乐观开朗，工作主动而有担当，他在一家公司已经工作12个年头了。小吉的人缘很好，领导和同事都喜欢和他共处。两年前，小吉被提拔为中层管理者，他担任经理的部门氛围好，同事之间关系融洽。

公司对部门经理贡献度的考核有两个方面，一是目前业绩的完成度，二是部门的成长性，小吉带领的部门在业绩完成度上还不错，但每一年在部门成长性上的得分都不高。部门的成长性考核有三项指标：部门氛围及融合度、创新项目成果、为公司重大项目推荐人才。小吉带领的部门在部门成长性的后两项指标上综合评分一直不高。公司鼓励跨部门的产品创新与开发，同事们也组建了几个跨部门创新创业平台，小吉没有加入其中，也没有特别鼓励部门同事参与。小吉自认为是一个爱学习的人，学习的内容涉及专业知识、管理学和营销学等方方面面，但他个人感觉这些学习对他的工作没有什么实质的帮助。一个月前，曾和小吉一起被提拔为部门经理的两位管理者都被提拔到了新的业务模块任总监，小吉感到了一种前所未有的发展危机。小吉的困惑是：自己是一个工作成就动机很强的人，也很认同公司的价值观，何以如此高投入，却时时刻刻都感觉到有一种“本领恐慌”呢？

解析

学习是出于焦虑还是热爱

学习焦虑与学习的功利性有关，对国人来说，为功名而学习似乎是一种从古至今的传承。王阳明读书时，有一次问私塾先生：“何为第一等事”？先生说：“惟读书登第耳。”也就是说好好读书，考取功名，成为晋升阶层的敲门砖，它代表着可能的荣华富贵；反之，不学习或学而不得，意味着会被主流社会摒弃，不仅自己没有未来，家族也没有希望。所以，学习焦虑成为一种在家族中蔓延的焦虑，每个人都身在其中，且不由自主地推波助澜。学习焦虑引发了一种表现性的学习行为，无论学习的结果是什么，看上去在学习，对人对己都是一种交代，很多人都有这样的一种学习习惯，就是总觉得需要学点什么，但什么都学不进去，或者不断地去考取各种并不会去从事的行业的证书。这种学习焦虑引发的学习行为，对提升思维与认知能力并没有助益。

“看上去在学习”还衍生出一种附庸风雅的读书习惯。比如，当下流行着一种听书的习惯，传统上，书是供人阅读的，而讲述出来的内容才是用来倾听的，听书可以养心养脑，调节心情，每年听数十本甚至数百本书也不可谓不风雅，但看书并同时思考，全神贯注地以情感和思想与书中的人物命运和观点交织与对话，却是听书难以完全替代的。真正的“风雅”不在于表面的文化追求，更重要的是通过学习来锻炼思考能力和情感理解力，这样才能避免陷入“学而不思则罔”的困境。

真正的对学习的热爱是与对知识的渴望和对美德的追求连在一起的。亚里士多德在其著作《尼各马可伦理学》中提出了一个西方哲学的重要视角：“知识即美德。”亚里士多德将道德和伦理观念与个人的幸福和目标实现联系在一起，他认为，知识是实现个人幸福所必需的，这种知识包括对道德和伦理原则的认识和实践。西方理性哲学对知识、道德和美德之间的关系进行了广泛的探讨，康德就强调人的理性能力是道德行为的基础。无论是从西方哲学强调将知识应用于实际问题的解决和技术的发展，以改善人类生活，推动社会进步，还是从东方哲学更关注将知识应用于个人的成长，通过内在觉醒和超越痛苦的实践来实现个人的内在和谐，我们都可以看到真正热爱学习状态下的学习路径：从知识到智慧、美德和幸福。

案例 12 中的小吉，需要了解自己的学习行为，是基于学习焦虑的习惯性行为，还是出于对知识的热爱，或是对个人与时俱进的成长的强烈渴求，三种学习诉求将导向不同的学习内容、学习行为和学习结果。

如何区分外倾性和开放性

从小吉的特质来看，他“性格乐观开朗，工作主动而有担当”“领导和同事都喜欢和他共处”，小吉担任部门经理的团队“氛围好，同事之间关系融洽”，这些描述都指向了小吉的外倾性特质。小吉外倾性特质与中层管理者的职位要求是匹配的，他在部门内外的沟通协调对工作的促进和任务的达成都卓有成效。外倾性主导了人际的良性互动，它与开放性指向了人格特质的不同方面：外倾性是指一个人在社交和活动中表现出来的活跃程度，而开放性则是指一个人对新事物和经验的开放程度，包括好奇心、想象力、创造力、文化敏感性等。外倾性强的人通常比较喜欢和人交往，喜欢通过参与活动，在与人的互动中尝试新的体验；而开放性较强的人则更关注新事物，热衷于探索和了解前沿的观点和技术、社会经济趋势和文化的差异性碰撞。这两种人格特质的核心本质和表现形式不同，开放性主要影响一个人对新事物的接受和应用能力，而外倾性则主要影响一个人的社交和活动能力。

小吉虽然表现出了高外倾性，但同时，他在部门的成长性指标中的“创新项目成果”方面得分不高，自己也感到正在被创新的浪潮边缘化。创新是衡量开放性的一个重要维度，外倾性强的人由于过于注重人与人之间的互动和社交活动，可能会忽视思考和自我反省，缺乏独立思考的能力。提高开放性可以帮助外倾性强的人更好地平衡社交时间和个人思考的时间，增强他们的创造力和创新能力。同时，提高开放性也可以让他们更容易接受新的观念和经验，能够在快速的变化中保持持续的发展和进步。

外倾性强的人通常喜欢冒险，并表现出乐观和自信，这些特质使其能够快速适应新的环境和变化，因此，具有外倾性特质的领导者能够有效地应对挑战和压力，鼓舞团队共同应对困难。同时，外倾性强的人通常会表现出对于权力和地位的渴望，这也是领导者所需要的。然而，有热情、有抱负、愿意上进的小吉，需要平行向右夯实尽责性基础，向上开发宜人性，与团队成员建立深度的信任与情感联结，向对角线的方向提升自己的思考力（见图 8-1）。小吉的部门在“为公司重大项目推荐人才”方面得分也不高，作为一个管理者，培养和推荐员工，不仅是对员工尽责的表现，也是对组织尽责的表现。所以，小吉在开放性和尽责性方面，也就是“管理者发展层级的人格特质四象限”的右侧，还有很大的扩展空间。

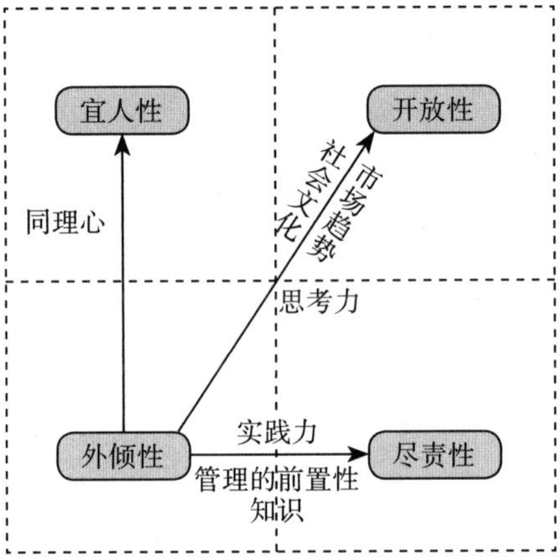

图 8-1　发展学习力的领导力路径

> 如果你在空中建了城堡，你的工夫不是白费的，那恰恰应该是它的立身之所，但现在，你要在它的底下建好基础。
>
> ——亨利·戴维·梭罗

提升思考力四步法

思考力是学习力的关键，思考力使我们能够深入理解所学的知识，并将其应用于实际情境，发展解决问题和创新的能力。通过思考力，我们能够对接收到的信息进行分析和评估，更好地筛选和利用有价值的信息，并培养批判性思维和自主学习能力。在实际工作中，我们可以用四步法提升管理者的思考力：

- 补充管理的前置性知识
- 学以致用的强化

- 接受不同的意见
- 关注社会变化和市场趋势

补充管理的前置性知识

在进入一个新的领域或学习一种新的技能时，有些概念、术语、原理、模型、公式等需要依赖一定的前置性知识才能够得到深入理解和掌握。例如，学习微积分需要先学习代数、几何、三角函数等基础知识；学习物理学需要先学习数学等相关知识。作为一个管理者，要掌握的前置性知识包括业务知识、组织管理和领导力等方面的知识。对管理者来说，了解和熟悉所管理的业务领域至关重要。这包括了解相关行业的趋势、竞争对手、产品和服务、市场需求等，拥有扎实的业务知识可以帮助管理者更好地理解业务运作和决策的背景，为管理决策提供基础。了解组织管理的原则和实践是对管理者的基本要求。这包括组织结构、战略规划、绩效管理、人力资源管理、项目管理等方面的知识，掌握这些知识可以有效地组织和管理团队，实现组织的目标。

常常被忽略的管理的前置性知识是对人的理解与了解，包括对自我和他人的了解。我们每天都在与人打交道，有了一些基于经验的对人的直觉与判断，但如果没有经过专业的训练，没有真正懂得人的差异性，理解人在成长和进步中基本的内在诉求，就无法真正地影响人和促进人的进步。由于管理者是通过对人的管理来实现组织的目标的，了解下属的人格特质对管理者来说就是一个重要的前置性知识，了解下属的人格特质可以促进团队协作和有效提升团队动力，不同的人格特质在团队中扮演不同的角色，发挥着不同的作用，通过了解每个下属的人格特质，管理者可以更好地安排工作任务、分配角色和激发团队成员的积极性。不同的人格特质可能意味着下属在不同方面具有不同的优势和发展需求，了解下属的人格特质还使管理者能够针对员工的个人成长和职业发展提供支持，包括合适的培训、挑战和机会，帮助他们发挥潜力。不同的人格特质可能会影响个体的沟通风格和偏好，了解下属的人格特质可以帮助管理者更好地进行团队沟通，通过调整自己的沟通方式，增进彼此的理解和信任，建立有效的协作。

学以致用的强化

将新知识学以致用是确保知识得以内化和应用的关键步骤。通过将新知识应用于实际问题和情境，人们更能够牢固地记住这些知识。当人们尝试将知识应用于具体问题时，他们需要进行深入的思考和分析，这有助于理解知识的本质及其相互之间的联系，从而加深对知识的理解。学习新知识的最终目标是帮助人们解决问题和应对挑战，将新知识学以致用可以确保知识不是停留在理论层面，而是真正融入生活。无论是学习新的编程语言、领导技能还是烹饪方法，通过将新知识应用于现实的工作与生活，人们可以看到知识的实际价值，并以更好的方式减少错误，提高效率。同时，将新知识应用于实际情境还可以激发创造力，通过将不同的知识和经验结合在一起，人们可以创造新的解决方案和创新性的思维。

外倾性较强的人，他们的优点是在人际互动中比较游刃有余，常常靠着个人的社交能力就能调动团队。外倾性强的管理者在学以致用方面需要注意两点。第一，外倾性强的人注重当下的社交体验和感受，所以，他们更习惯用自己已经娴熟掌握的知识或技能，因为通常在应用新知识或技能的最初阶段，会经历一个笨拙而不自然的阶段，需要刻意练习，而如果过于关注他人的看法和自己的形象，可能会阻碍个人在实际情境中应用新知识或技能。第二，从学习动机来看，高外倾性、低开放性的人中有些人学习只是为了社交展示，这通常会影响学习的深度和质量。这种学习动机也被称为“表面学习”，表面学习通常侧重于记忆和背诵信息，而不是理解概念和内化知识，这导致对知识的短期记忆，而不是持久的理解，使人无法将知识应用于实际问题或情境，对知识的掌握可能只停留在理论层面，而不具备实际应用的能力。

成人的学习通常更强调实际应用和学以致用的方式，他们已经了解了实际问题和挑战，通过学以致用的方式，可以更好地将新知识融入已有的经验中。与以应试教育为主的校园学习不同，成人的自主学习动机往往更强，他们能够看到学习的直接价值和影响，实际应用和成功的经验可以增强其学习动力，他们也可以根据自己的需求和兴趣选择学习内容。"学以致用"是记住和理解新的概念，切实有效地提高技能水平、问题解决能力和创新能力的路径。

接受不同的意见

接受不同的意见通常需要挑战自己的思维习惯和偏见，这种挑战可以激发更深刻的思考，帮助人超越传统的思维模式，发现新的解决方案。外倾性较强的管理者通常既注重自己在他人面前的形象，也很注重关系，当遇到批评性的建议和反馈，尤其当这个反馈来自上级时，他们会表现出一种迅速接受的姿态，这种姿态能够有效地阻止进一步的批评和对问题的讨论，但问题往往并没有真正被重视和解决，问题所带来的可能发生深刻改变的线索也因此被忽略了。不同的意见通常携带着新信息和见解，通过接受不同的意见，人们有机会学习新的知识和观点，从而不断扩充自己的知识库；不同的意见通常还涉及解决问题的不同方法和策略，通过考虑不同的意见，人们可以更好地理解问题的复杂性，从而提高解决问题的能力。不同的意见可以拓宽人的视野，使其能够看到问题的不同侧面和层面，这有助于综合不同的观点，更全面地理解问题，并做出更明智的决策。

外倾性较强的管理者，可以先观察别人遇到不同意见的时候是怎么处理的，以提升自我的思考力。可以观察别人怎么样把一个问题变成一个线索，再引导团队来解决这个问题，直到产生创新的思维，解决新的问题，产生新的制度和流程。接受不同的意见不仅可以提高思考力，还可以促进个人和组织的发展。它有助于人们更全面地思考问题，提高解决问题的能力，促进学习和创新，从而取得更好的成果。

关注社会变化和市场趋势

外倾性的人格特质向外关注的是人际关系与互动，从中层管理者向高层管理工作迈进，必须提升自身格局，去关注更广阔的社会、政治、经济的变化，因为这些变化将对组织和组织中的人产生深远的影响。社会变化可以直接影响市场需求，领导者需要了解社会趋势和消费者行为的变化，以调整企业的产品和服务满足新的需求。社会变化将导致新的竞争者进入市场或者现有的竞争者改变策略，领导者需要了解竞争态势并相应调整企业战略，以保持竞争力。社会变化也会带来新的风险，如环境问题、社会不稳定等，领导者需要预测和应对这些风险，以确保企业的可持续性。

在某种程度上，高开放性的领导者更容易展示出格局意识，但格局也可以通过实践和学习来提升。除了系统地学习思考和多领域阅读之外，还可以通过积极参与行业相关的研究和前沿性问题的研讨培养格局意识，借此，管理者能够了解行业动态和最新趋势，从而更好地预测未来的挑战和机会。在组织内部主动寻求复杂和挑战性的任务和项目，建立跨职能联系，积极参与跨部门和跨职能的合作项目，与不同背景和专业知识的人一起工作，可以直接锻炼自身的领导能力和格局意识。管理者还可以寻求经验丰富的导师，向他们请教如何发展格局意识和领导视野，了解自己的强项和需要改进的领域，定期反思自己的决策和行动，思考如何更好地处理复杂情况，从而拓宽视野，提高格局。

同理心：刷新管理者的情感心智模式

2020 年是“90 后”步入而立之年的开端。无论“50 后”“60 后”“70 后”的管理者是否准备好，或者是否意识到，“85 后”和“90 后”组成的“千禧一代”已经真正成为职场的主力军了。所有的管理经验和管理系统，都要在充分理解新生代员工的情绪情感和他们的工作价值观的前提下，才能够发挥功效。

2023 年 12 月，东方甄选的股价一度大跌，其中明显起因于公司管理。同年的 12 月 20 日，格力电器股价暴跌，132 亿元市值灰飞烟灭。短期来看罪魁祸首是格力拟增持格力钛这一当时还无法为公司贡献净利润的资本运作行为，但有许多人将格力股价暴跌和新东方的股价大跌联系起来，猜测这跟其领导者近期多次发言批评现在年轻人“自我为中心”“自由散漫”“不讲规矩”等言论，招致公众反感有关。这种猜测并无可求证的依据，但引起这样的猜测表明，公司治理以及高层管理者的认知与言行，不再仅仅是公司内部的事宜，公司是否尊重平等地对待员工、管理者与新生代员工的管理冲突，都会影响投资者和公众随时“用脚投票”。

这个世界的商业逻辑正在被重构，管理者需要理解情感经济时代公司治理的方法论和指导原则，在 ESG 的全球背景下，员工作为企业生产经营活动的直接参与者，是企业最为核心的利益相关者，“员工权益”强调平等、尊重、包容性和多样性，关注员工的幸福感与满意度。由此，针对管理者的培训的内容与视角，从认知、情感、技能等多个维度均需重新建构，对组织和管理者来说，理解新生代员工的工作价值观是一个至关重要的议题。

新生代员工天然具有新时代的社会基因：独生子女、时代变革、经济全球化、东西方文化的冲突与融合、高等教育改革、互联网与信息化……而作为他们的管理者和前辈的“50 后”“60 后”“70 后”管理者的管理方式和管理风格也带着自己所处时代的强烈烙印，在组织管理层面，这种差异的巨大性超过了以往的任何时代，因此管理难题与矛盾一下子涌现出来。建立有心理安全感的职场，需要管理者与员工的“双向奔赴”，而不是单向的引导和劝说，或附和与屈从。以组织中普遍开展的新员工入职培训为例，这类培训目前关注的目标依旧是使新员工接纳组织文化，遵守组织规则，而针对管理者开设的“新生代员工管理”课程，对新生代员工充满了标签化的解读，这种评判式的解读达不到理解彼此的效果，更无法激励新生代员工发挥他们这一时代人独有的优势，积极投身到组织的建设中。

管理者与新生代员工的“双向奔赴”意味着，管理者需要了解新生代员工的工作价值观，新生代员工亦需要理解“60后”“70后”管理者的工作价值观，尊重并理解差异，在此基础上，双向满足彼此的心理契约。对新生代员工工作价值观的研究正在引起关注，并取得了一些突破性的进展，与“对物质淡漠”“躺平”“无动力”“社恐”这些对新生代的刻板印象不同的是，初步的研究成果表明，新生代员工在对报酬的预期、工作价值感、人际和谐、创新导向及个人的长期发展上，呈现出全面的、全维度的期望和探索，这种探索倒逼管理者成长，而理解并鼓励这种探索是新时代提高组织核心竞争力的必然选择。

管理理论也在与时俱进。2020年，在第四届《清华管理评论》管理创新研讨会上，93岁高龄的企业文化理论之父、组织心理学家埃德加·沙因与其子彼得·沙因进行了精彩的对话。埃德加·沙因是“组织文化”“心理契约”“职业锚”等管理学重要概念的提出者。这场对话展现了埃德加·沙因在其长达五十年的研究中，从权变领导力、文化领导力到谦逊领导力，不同时期管理理论和领导力思想建构和发展的过程。谦逊领导力是埃德加·沙因和其子彼得·沙因根据21世纪的时代变革，面向以知识工作者为主体的创新组织阐述的对组织领导力的研究与思考。这种父与子的合作，也预示着管理理论的迭代与发展。

在谦逊领导力的建构与论述中，埃德加·沙因仍秉持其一贯的“关系的角度”。他区分了领导者与追随者之间互动的四个关系层级，这是四种不同的领导力类型。具体划分为–1级到3级：–1级，完全没有人情味的支配与强迫，单纯依赖权力自上而下的支配型领导权威；1级，交易型角色和基于规则的管理、服务以及各种形式的帮助关系，这是基于明确的规则和上下级利益交换的互动型权威，是多数组织中常见的领导力类型；2级，个人化、合作性、信任的关系，团队成员有朋友般的信任和队友般的合作，是一种高效团队的同事关系；3级，情感亲密的相互承诺的关系。通过对来自多种组织的案例的分析，沙因强调了谦逊领导力的实践价值，以及推动1级关系领导力转向2级关系领导力的重要性和紧迫性。

在沙因的谦逊领导力模型中，2级关系领导力是一种新型的“朋友+同事”的职场关系，要求管理者在原有的任务导向和规则导向的模式中增加情绪和情感管理能力。真实型领导者的研究也强调管理者与员工建立真实、透明、安全、可信任的关系，Avolio等提出，真实型领导者能清楚地意识到自身所处的环境，了解自己与他人的价值观、知识和优势，能够言行一致、以身作则，使员工有更多安全感，从而愿意主动承担更多的工作责任。还有学者从道德视角进行探讨，认为真实型领导者为人正直、诚实，能够与下属构建真实的信任关系，这是一种基于积极心理资本和道德氛围的行为模式。根据组织社会化理论，新员工面对不确定性时，会搜集信息并形成自己的判断，而真实型领导者的言行一致、以身作则，能让他们从积极的一面认知和理解组织，这种积极的认知和理解会让新员工愿意和敢于承担更多的工作责任，做出超越岗位职责要求的创新行为。同时，真实型领导者能够与员工建立透明的、相互信任的关系，可以极大地提升“90后”新员工的心理安全感，激发“90后”新员工产生更强的创新动力。

> 我们的时代十分迫切地需要根本性的知识来理解人际关系问题，需要切实有效的技能来处理人类的各种紧张的冲突，如果我们不能

> 在认识和化解个人之间、群体之间的冲突方面实现巨大的突破，日新月异的科学进展就有可能导致我们人类社会的全盘毁灭。
>
> ——卡尔·罗杰斯

在大五人格特质中，最具情感联结力和道德感的特质莫过于宜人性。高宜人性的人通常更友好、谦逊、慷慨、公正、合作，更关心他人的需求，更容易建立亲密关系，高宜人性的人通常也是同理心较强的人，因为宜人性和同理心都包含了对他人情感上的理解和感受上的关切。客观地认知自我与他人，用行动释放善意，这与“90后”新员工真诚、平等的价值观高度契合。对组织公平的感知，也能让新员工在工作中更加乐观，激发积极、稳定的工作状态，对领导的信任和对组织公平的感知程度越高，就越能弱化新员工在面对不确定性时产生的压力。

情感经济时代，需要刷新管理者的情感心智模式，发现并发展管理者的创新性与同理心，为组织的突围和可持续发展培养符合时代需求的领导者。一些组织已经开始进行探索和尝试，在高管团队的选拔和管理梯队的建设中，关注个体人格特质因素及综合素养，建构面向未来的具有共情力、突破力、想象力和坚韧力的领导者与团队。

◈ 案例13

小尚被提拔为区域总监时只有33岁。由于优异的工作表现和工作业绩，两年后小尚被选拔为集团的后备干部。集团人力资源部为小尚配备了一位高管教练，希望他针对小尚的特质制订一个重点培养计划。高管教练与人力资源部负责人、小尚的领导进行了交流，在他们的描述中，小尚事业心强，敬业度高，业务能力过硬，合作性强，性格内敛严谨，获得了上级和下属的普遍信任。组织希望高管教练帮助“85后”的小尚开阔视野，提升格局，使其更具全局观，从而实现新的业务突破。高管教练与小尚进行了首次会谈，获得的信息具有相当高的一致性：小尚具有很高的内驱力，高度认同组织的价值观，自律、严谨，执行力强。但小尚有一个并不为领导所了解的困惑，即他认为自己性格偏内向，尤其很少进行公众表达，他担心自己的影响力和领导力不足以支撑更重要的岗位。

解析

认知自我，是终身成长的命题

高管教练请小尚进行了大五人格特质测试，并将小尚的测评数据与本章“不同层级管理者的人格特质呈现”中给出的大五人格特质的整体均值及高层管理者（C）的数据进行了对比（见表 8-7），从而对小尚成为高层管理者的潜质进行大致评估。获得的信息与小尚的自我评价和他人对小尚的感知在很多方面具有一致性，其中高尽责性指向其敬业度高，事业心强且自律、严谨，高宜人性指向利他与信任。但也有一些令小尚本人感到惊讶的发现，尤其是在外倾性维度，数据对比分析呈现，小尚并非像他自己所描述和领导所感知的那样偏内向。

表 8-7　小尚的大五人格特质分析

管理者	尽责性	开放性	神经质	外倾性	宜人性
小尚	41	32	15	36	36
C	40	32	6	29	35
普查整体（N=8156）	35.24	24.35	18.23	26.97	31.87
满分	48	48	48	48	48
	高分有利	高分有利	低分有利	高分偏外倾	高分有利

具体到每一个特质的二级维度，在尽责性上，小尚在“谨慎”“整洁”“忠于职守”方面分数更高，而在“自律”方面分数明显更低，与整体均值没有显著差异（见表 8-8）。

表 8-8　小尚的尽责性分析

管理者	尽责性二级维度					
	追求成就	谨慎	自律	自我效能	整洁	忠于职守
小尚	3.50	3.00	3.00	3.50	3.50	4.00
C	4.00	2.50	3.50	3.50	3.00	3.50
普查整体（N=8156）	2.95	2.82	2.91	2.92	2.85	3.16

在宜人性二级维度上，小尚在“合作”“利他”“信任”方面分数更高，而在“谦虚”“道德感”方面分数较低，甚至低于整体均值（见表 8-9）。

表 8-9　小尚的宜人性分析

管理者	宜人性二级维度					
	合作	道德感	利他	谦虚	同情心	信任
小尚	2.50	3.00	4.00	1.50	3.00	4.00
C	2.00	4.00	3.00	2.50	3.00	3.00
普查整体（N=8156）	2.33	3.03	2.84	2.39	2.64	2.70

在开放性二级维度上，小尚在“冒险”“想象力”方面分数更高，而在“思考力”“包容性”方面分数较低（见表 8-10）。

表 8-10　小尚的开放性分析

管理者	开放性二级维度					
	冒险	审美性	情感力	想象力	思考力	包容性
小尚	2.50	3.50	2.50	2.00	3.00	2.50
C	2.00	3.50	2.50	1.50	3.50	3.00
普查整体（N=8156）	1.43	2.42	2.14	1.84	2.03	2.33

在神经质二级维度，整体看来，小尚在神经质方面分数较高，尤其是在“脆弱”“焦虑”和“抑郁”方面，这与小尚的工作阅历及承担重大任务方面的经验明显相关（见表 8-11）。

表 8-11　小尚的神经质分析

管理者	神经质二级维度					
	放纵	自我意识	脆弱	愤怒	焦虑	抑郁
小尚	1.00	1.50	1.00	0.00	2.50	1.50

（续）

管理者	神经质二级维度					
	放纵	自我意识	脆弱	愤怒	焦虑	抑郁
C	0.50	1.00	0.00	0.50	1.00	0.00
普查整体（N=8156）	1.26	1.91	1.28	1.27	1.84	1.56

了解自身的优势资源，挖掘潜能

大五人格特质的测试结果表明，小尚并不像他所自认为的偏内倾，在多个维度上，小尚都表现出较强的外倾性，尤其在“追求兴奋”“合群”“友善”方面，小尚的分数明显高于整体均值，也高于其他高管（见表 8-12）。

表 8-12　小尚的外倾性分析

管理者	外倾性二级维度					
	活跃度	坚持	开心	追求兴奋	合群	友善
小尚	2.00	3.00	3.50	3.00	3.50	3.00
C	2.00	3.00	3.50	1.50	2.50	2.00
普查整体（N=8156）	1.61	1.92	2.80	2.06	2.60	2.40

在外倾性上，数据呈现为何会与小尚对自己以及周围人对他的感知有如此大的区别呢？一个可能的原因是社会期许的作用。社会期许是指社会对个体在特定环境或角色中的行为、态度、价值观以及职责等方面的预期和期待。社会期许对个体的性格表达有深远的影响。个体通常会在努力适应社会期许的同时，在个人认同和自我表达之间寻找平衡。社会期许在家庭生活、社会交往、工作环境等各个层面都有体现。父母是孩子成长过程中最重要的社会化代理人，他们的期许可能塑造孩子的自我认知、情绪表达方式和社交行为。在家庭的养育环境中，父母对孩子表达方式的期许会对孩子的性格发展产生深远的影响，如果父母对孩子的性格期许偏向稳重，那么孩子可能会更加注重责任的承担，更愿意承担一些重要的责任，对工作和学业会更加有责任心。而父母对孩子内敛的期许可能使孩子在社交方面表现得较为谨慎和审慎，他们不太容易展

现自己的情感，尤其是很少有个性化的表达，甚至会有意识地控制自己的兴奋和情感表露。在对小尚的大五人格特质数据分析中，可以看到小尚在尽责性上分数的确高于常人，尤其是在“忠于职守”方面，他的领导也格外强调了他的责任担当。

高管教练就大五人格特质测试报告结果与小尚进行了解读与探索，并了解到小尚出生于教师家庭，在父母尤其是母亲从他小的时候对他的行为要求中，他记得最深的就是“稳稳当当”和“不张扬，不骄傲”。小尚回忆起小时候的一个场景，家里客人和父母聊天时，小尚不止一次因为插话而受到了母亲的严厉呵斥。高管教练回顾了首次会谈时小尚提及的一个困惑——因为很少进行公众表达，小尚担心自己的影响力不足，对管理者来说，行胜于言很重要，但在日常工作中流畅而恰当地表达自己的观点和情感，在会议中的带领与激励员工，在公众场合发表演讲，都是一个高层管理者需要具备的能力。所幸的是，这些能力都可以经由训练而习得。而对小尚来说，他原本可能就具有此方面的天赋，只是这种天赋过去并没有被他意识到，也没有获得有效的开发。这种情况在绝大多数人身上都会出现，即由于社会期许等多方面的原因，我们每个人身上都拥有一些从未被自己所认识到的潜能，有时，某些潜能会借由一个艰难困苦的情境而被激发出来，但更多的潜能还有待我们有意识地发现与发掘。

因势利导，开阔视野，提升格局

高管教练根据小尚的测试分数分布，为他画了一张人格特质的四象限图（见图 8-2）。

如图 8-2 所示，如果用阳光的普照和包容来形容宜人性，用大地的厚重与扎实来比喻尽责性，那么小尚在阳光直射大地、万物生长的“宜人性”和“尽责性”这条对角线，已经达到了畅通无阻；如果用蓝天的高远来形容开放性，用花朵带来的欢愉来比喻外倾性，那么小尚尽管在外倾性上有较高的分数，但由于还没有有效地发挥，他在获取信息的广度和获得资源的高度上还有待提升。

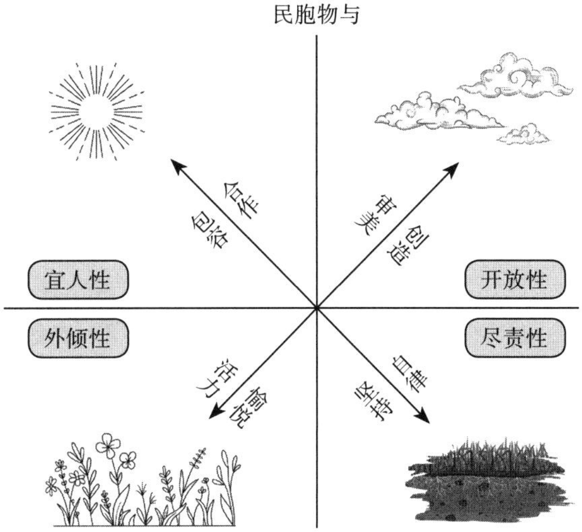

图 8-2　小尚的人格特质四象限图

高管教练针对不同维度分数的对比分析，发现小尚拥有领导力的一个重要特质，即通过利他获得广泛的信任，但海纳百川的广度，还需要心居山顶的高度，不仅要融合人，也要融通事物和世界，这对小尚开放性二级维度中的“思考力”和“包容性”提出了更高的要求。正如高管教练所推测的，小尚坦言自己阅读领域比较单一，局限在专业图书、历史书和管理类图书，高管教练与小尚探讨了跨学科的学习、多领域的阅读，这将有助于他“思考力”和“包容性”的提升。尽管小尚在宜人性上获得了很高的分数，但他在宜人性的“道德感”和“谦虚”维度得分并不高。哲学书的阅读，能够培养小尚对天地万物的悲悯，从而进一步提高他的同理心。高管教练在小尚的四象限图上，写下了“民胞物与”几个字。“民胞物与”的思想源于北宋时期的思想家张载的著作《正蒙·乾称篇》开头的一段话，张载把它抄录下来，贴在西边的窗户上，称《订顽》。程颐将其改称为《西铭》，对其推崇备至。“民胞物与”一词具体出自《西铭》中“民吾同胞，物吾与也”这句话，意谓世人皆为我的同胞，万物俱是我的同类。

> 乾称父，坤称母；予兹藐焉，乃混然中处。故天地之塞，吾其体；天地之帅，吾其性。民吾同胞，物吾与也。
>
> ——张载

“民胞物与”秉承了儒家“仁民而爱物”的思想，以仁爱的德，关爱社会上生存状态各异的族群，引物为同类，将其视为人类的同伴予以关照，这是同理心的最高境界，这也是同理心中谦逊的本质，是对万事万物的敬畏和对人没有分别心的同情与接纳。比如在太阳落山的那一瞬间，对每一棵树和每个生命，是否敏锐地感觉到生命的流动。小尚被这种前所未有的交流所打动，他坦言自己的确对人的关注更多，而很少去关照到大自然，原来人的情感可以由人及物再由物及人循环往复地流动与扩充。结合小尚在尽责性的自律维度、外倾性的活跃度维度分数偏低的状况，高管教练为小孟制定了一个综合的解决方案，就是选择一项能够坚持下来的户外运动，在亲近大自然的过程中增强自律，提升活跃度。

本章小结

本章我们探讨了情感经济时代最具领导力的开放性和宜人性特质相关的维度以及提升的路径，分析了不同层级管理者所需要的核心特质，以及组织培养具有未来性的领导者的全新视角。在组织心理安全建设的全球趋势下，对心理安全基地领导者的培养成为组织发展的重要议题，我们所处的时代需要与时俱进的组织文化与管理理论，本章对此进行了探索。

复习题

- 现代组织说的“安全基地”指的是什么？
- 心理依附理论包括了哪几种心理依附类型？
- 简述“民胞物与”思想。

后记 | POSTSCRIPT

组织发展：什么是变化的，什么是不变的

写书的过程也是读书的过程。《士气》这本书从开始动笔到完稿，历时整整一年。一方面，工作停不下来，每天只能写一两个小时；另一方面，按图索骥，又发现了很多好书，一些是读过的，再次发现其精华，需要细细地读，一些是新发现的，如获至宝，沉迷其中。所以，我火热地读书，火热地工作，慢慢地写书。

粗略算来，这期间我读了60多本书，其中精读26本，又读了100多篇论文，有些与写作有关，有些并无直接关联，只是兴趣使然。每发现一本好书或一篇论文，玲玲就帮我下单或者下载；每每写作卡顿的时候，我就和玲玲漫谈，谈着谈着，思路就随案例中的人物而鲜活起来。这样的场景很熟悉，作为我们漫谈中不可或缺的角色，玲玲是我在组织电视剧《夜幕下的哈尔滨》剧本创作和改编时认识的。当时我和编剧们讨论剧本的结构、大纲和具体的情节人物设置，需要一位速记员来帮助

我们，玲玲就这样来到了我身边，那是2003年。那一年，玲玲只有19岁。两年后，我离开媒体工作，进入了心理学工作领域，成为我创办的盛心公司的第一位员工，玲玲是第二位员工。

盛心，在汉语里寓意“深厚而美好的情谊”。明代刘基言：“故与人交，必常有所勗者，朋友之盛心也。”勗，是勉励的意思，我和玲玲相互勉励良多彼此盛心以待。相勗二十载，在时间和空间上，我们相互交织。20年，对人的工作生涯来说，是不短的时光，好像什么都变了，又好像什么都没有变，时光机在玩着从无到有、从有到无的游戏，所幸的是，我和玲玲还可以面对面漫谈，随时随地。

人和人之间，只要能够互相看得见，感知得到，情谊就没有变。那么，对组织发展来说，当一代人接替或者替代了另一代人，什么是变的，什么又是不变的？组织心理学家埃德加·沙因说：“组织角色需要的只是个人部分特定的活动，但是前来工作的却是整个人。”这里所说的整个人既有其生物因素，又有其社会关系和时代烙印，而“整个人”所属年代的群体特征则会影响组织的变化。当“90后”成为职场的主力军时，组织会发生怎样的变化呢？我看过一部2004年上映的电影《我，机器人》，它改编自阿西莫夫1950年出版的同名小说集，描述了2035年人类生活的样子：机器人成为不可或缺的家庭成员，一些新的职业由此产生了，比如懂得机器人心理的科学家。2035年对20世纪50年代的人来说是一个未来世界，而如今，它近在咫尺。2035年，最大的“90后”45岁，最小的35岁，这是“90后”正当年的时代，按照预言人类发展轨迹的科幻电影所示，人、机器人还有宠物将成为一个家庭的基础标配。EAP强调的是组织要关注员工作为整个人的全部方面，而不仅仅是他们的某一项劳动技能。在我们的时代，一个员工的全部包括他的学识、人格特质、家庭出身、信念和价值观等，当然，也包括他所面临的困难；而到了人工智能与人类共塑职场的时代，“整个人”指的还有作为员工家庭成员和工作伙伴的机器人，组织中的管理者不仅仅要懂得人的心理，还要懂得机器人的心理。

这样的时代和这样的职场看上去会越来越有趣。我的一位好朋友，中国人口学家陈剑在一篇文章中分析了“90后”的两大特点。一是高知人群占比高，20世纪90年代出生的人口数为1.95亿，他们在2008～2017年陆续进入高校读书学习，是大众教育的受益者，这十年录取的大学生有6954.42万人，这是中华文明史上接受高等教育最大规模的人口群。陈剑分析道，“90后”1/3以上的人群接受过高等教育，他们接受了现代文明知识，对人类社会发展的规律性的认知水平达到了前所未有的水准。“90后”普遍具有开放意识、平等意识、竞争意识，而这些是现代社会必须具备的意识。二是“90后”几乎一半来自农村，他们或是考大学接受高等教育，或是进城打工，或是通过在乡村的努力改变现状，他们有着明确的自身利益诉求，并通过自身努力获得突破。与父辈不同的是，他们不再认命，不认同存在严重歧视的城乡二元结构。正是因为不认命，以及强烈的改变现状的愿望，“90后”注定是“躺不平”的一代，就看哪个组织、什么样的管理者可以激发他们的士气，从而使他们对人与机器人共创的组织发挥影响力了。所以，更大的可能性是，在这个时代，没有人能够“躺得平”，人人都需要与时俱进，而对作为一个生命体的组织来说，不变的是生生不息的自我进化。

我曾经问过杨壮老师一个问题：一个可持续发展的组织的长相是什么样子的？杨壮老师说，灵动、有灵性。在我的理解中，灵动就是活着的样子，灵性就是生命体验，灵动是一种有力量的活泼的存在，因为有灵性作为根基。说到根基，中国文化有很多这方面的精华，比如，“以善为本，以诚为先，以和为贵”。人类也试图将“以善为本”的原则植入智能机器人，比如科幻作家阿西莫夫提出来的“机器人三原则”：第一条，机器人不得伤害人类，或因不作为而使人类受到伤害；第二条，机器人必须服从人类的命令，除非与第一条相矛盾；第三条，机器人必须保护自己，除非与第一、第二条相矛盾。“以诚为先”，诚是人的心灵之本，它使人拥有体验生命的能力，如果说安全、满足和游戏是美好的生命体验，那么与此相悖的就是焦虑、贪婪和模仿。人与机器人的一个本质的区别就在于“游戏”与“模仿游戏”，游戏是一种精神生活，产生精神律动的愉悦，就像我们小的时候，一根小红绳、一颗玻璃球和一群小伙伴带给我们乐此不疲的游戏的快乐；而“模仿游戏”中的“模仿”，则相当于“东施效颦”的“效”字，因为不是发乎于本心，不论乐与愁，都可以假装，“模仿游戏”也可以泛指假装在学习，假装在工作，假装在思考，假装在娱乐。“以和为贵”，和是一种文化，是一种生态，是一种精神面貌，对一个组织来说，和也是滋生士气的土壤。大道至简，大道相通，从组织的发展来看，“善”是组织的核心价值观，“诚”是尽责的群体行为，“和”是宜人的发展生态。在宜人的、善意的生态环境中，组织自然而然地吐故纳新，因时而变，因地制宜，在每一个时间与空间的交叉点上，自然而然、通畅而有力量地向前奔赴，从无中创造有，从有中体验和共享无边无际的生命创造之美，一路壮大，一路滋养万物。

在情感经济时代，组织若要实现基业长青，关键仍在于建立深厚的情感基础，这需要基于共同的价值观和情感认同。对人类而言，唯有发乎内心的善意行为才能持久流传。即便是从“机器人三原则”来反观人类的组织，无论以任何名义，所想、所为、所制造都不得伤害人类，都应该保护人类的可持续发展。“机器人所不欲，勿施于人”，人类的每一个个体，都要以不伤害人为基本信念，而且无论在身体还是精神上，人都必须保护自己。顺时而生，顺势而长，不变的，善待，变化的，迎接。

在我写最后一段时，玲玲又核对了一遍参考文献的顺序。我意识到，我们在共同创造的一个领域里相逢，并且在这里找到了归属感，我想，这就是组织之于人的价值：创造，并获得归属感。

2024 年 1 月

于西双版纳

参 考 文 献

[1] 之江实验室，德勤中国，上海科学技术出版社，等．情感计算白皮书 [R/OL].（2022-12-09）[2024-02-06]. https://www.zhejianglab.com/uploadfile/20221208/1670465654902617.pdf.

[2] 拉斯特，黄明蕙．情感经济 [M]. 彭相珍，译．北京：中译出版社，2022.

[3] 语言文字周报．腔调 2023 年："十大网络流行语"正式发布 [EB/OL].（2023-12-08）[2024-06-06]. https://mp.weixin.qq.com/s/xsxpFWLEW221YIpGdyYY3g.

[4] 德赫斯．长寿公司：商业"竞争风暴"中的生存方式 [M]. 王晓霞，刘昊，译．北京：经济日报出版社，1998.

[5] 日经 BP 社周年纪念商业实验室．日本在全球经营 100 年或 200 年的长寿企业排名中名列第一 [EB/OL].（2020-03-18）[2024-02-06].https://consult.nikkeibp.co.jp/shunenjigyo-labo/survey_data/I1-03/.

[6] VROOM V H.Work and Motivation[M].New York: John Wiley&Sons，1964.

[7] 刘飞，陈英葵．基于期望理论的激励时机文献综述 [J]. 心理学进展，2017，7（3）：394-402.

[8] 中华人民共和国教育部．汉语盘点：2019 年十大网络用语发布 [EB/OL].（2019-12-02）[2024-02-06].http://www.moe.gov.cn/jyb_xwfb/gzdt_gzdt/s5987/201912/t20191202_410477.html.

[9] 侯烜方，李燕萍，涂乙冬．新生代工作价值观结构、测量及对绩效影响 [J]. 心理学报，2014，46（6）：823-840.

[10] 人民日报 . 人民日报评论：崇尚奋斗，不等于强制 996 [EB/OL].（2019-04-14）[2024-06-06]. https://baijiahao.baidu.com/s?id=1630774179249573422&wfr=spider&for=pc.

[11] 马克思 . 资本论：纪念版 [M]. 中共中央马克思恩格斯列宁斯大林著作编译局，译 . 北京：人民出版社，2018.

[12] SELYE H.Stress sans détresse[M].Philadelphia：Lippincott Williams&Wilkins，1974.

[13] 刘堰，苏畅，宋小双，等 . 表达食血蝙蝠唾液纤溶酶原激活剂的毕赤酵母菌株的构建 [J]. 生物工程学报，2009，25（4）：566-574.

[14] HOLMES T H，RAHE R H.The social readjustment rating scale[J].Journal of psychosomatic research，1967，11(2):213-218.

[15] 世界卫生组织 . 世卫组织总干事 2022 年 5 月 23 日在第七十五届世界卫生大会上的讲话 [EB/OL].(2022-05-23)[2024-02-06].https://www.who.int/zh/director-general/speeches/detail/who-director-general-s-opening-address-at-the-75th-world-health-assembly---23-may-2022.

[16] 汉森 R，汉森 F. 复原力：拥有任何挫折都打不倒的内在力量 [M]. 王毅，译 . 北京：中信出版集团，2020.

[17] MAIER S F，SELIGMAN M E.Learned helplessness：theory and evidence[J].Journal of experimental psychology：general，1976，105（1）：3-46.

[18] SELIGMAN M E，GROVES D P. Nontransient learned helplessness[J].Psychonomic science，1970（19）：191-192.

[19] 林崇德 . 心理学大辞典 [M]. 上海：上海教育出版社，2003.

[20] 美世咨询 .2022 中国职场员工健康风险报告 [R/OL].[2024-06-06]. https://www.mercer.com.cn/insights/health-and-benefits/2022-China-healthiest-workplace-employee-survey/.

[21] 盛心集团，健康中国 50 人论坛 . 疫情三年中国职场心理风险洞察报告 [R/OL].（2023-01-31）[2024-06-06].http://www.eapchina.net/news/20230201.html.

[22] LARSEN R J，DIENER E.Promises and problems with the circumplex model

of emotion[J].Review of personality and social psychology,1992,14:25-59.

[23] REISENZEIN R. Pleasure-arousal theory and the intensity of emotions[J]. Journal of personality and social psychology，1994，67（3）：525-539.

[24] RUSSEL J A.A circumplex model of affect[J].Journal of personality and social psychology，1980，39（6）：1161–1178.

[25] 李宏，刘菲菲 . 基于情绪视角的营销信息分享述评与展望 [J]. 外国经济与管理，2018，40（9）：143-152.

[26] ALLPORT F H，ALLPORT G W. Personality traits ：their classification and measurement [J].Journal of abnormal psychology and social psychology，1921，16(1) ：6-40.

[27] ALLPORT G W. Pattern and growth of personality: basic trait resolved into clusters[J].Journal of abnormal and social psychology，1937，38:476-506.

[28] 许燕 . 人格心理学 [M].2 版 . 北京：北京师范大学出版社，2020.

[29] EYSENCK H J. The prediction of death from cancer by means of personality/stress questionnaire ：too good to be true?[J].Perceptual and motor skills，1990，71（1）：216-218.

[30] TUPES E C，CHRISTAL R E. Recurrent personality factors based on trait ratings[J].Journal of personality，1992，60（2）：225-251.

[31] BURGER J M. 人格心理学：第 8 版 [M]. 陈会昌，译 . 北京：中国轻工业出版社，2014.

[32] GOLDBERG L R. Language and individual differences:the search for universals in personality lexicons[J].Review of personality and social psychology，1981，2（1）：141-165.

[33] 刘玉凡，王二平 . 大五人格与职务绩效的关系 [J]. 心理学动态，2000（3）：73-80.

[34] BARRICK M R，MOUNT M K. Autonomy as a moderator of the relationships between the big five personality dimensions and job performance[J].Journal of applied psychology，1993，78（1）：111-118.

[35] BORMAN W C，MOTOWIDLO S J.Expanding the criterion domain to include

elements of contextual performance [M]//SCHMITT.Personnel selection in organizations.San Francisco: Jossey-Bass,1993:71-98.

[36] 姚若松，陈怀锦，苗群鹰 . 企业员工大五人格特质与关系绩效的相关研究 [J]. 心理学探新，2013，33（4）：374-379.

[37] 曾垂凯，时勘 . 大五人格因素与企业职工工作倦怠的关系 [J]. 中国临床心理学杂志，2007，15（6）：614-616.

[38] BARRY B，STEWART G L.Composition，process，and performance in self-managed groups：the role of personality[J].Journal of applied psychology，1997，82（1）：62-78.

[39] 任国华，刘继亮 . 大五人格和工作绩效相关性研究的进展 [J]. 心理科学，2005，28（2）：406-408.

[40] 刘畅 . 大五人格与员工绩效关系的研究综述 [J]. 廊坊师范学院学报（社会科学版），2013，29（3）：126-128.

[41] BARRICK M R，MOUNT M K，GUPTA R.Meta-analysis of the relationship between the five-factor model of personality and holland's occupational types[J].Personnel psychology，2003，56（1）：45-74.

[42] 孟慧，李永鑫 . 大五人格特质与领导有效性的相关研究 [J]. 心理科学，2004，27（3）：611-614.

[43] JUDGE T A，BONO J E，EREZ A，et al.The scientific merit of valid measures of general concepts:personality research and core self-evaluations[J]. The journal of applied psychology，2001,86（1）：80-92.

[44] ANDERSON C，JOHN O P，KELTNER D，et al. Who attains social status? Effects of personality and physical attractiveness in social groups[J]. Journal of personality and social psychology，2001，81（1）：116-132.

[45] CABLE D M，JUDGE T A. Managers'upward influence tactic strategies：the role of manager personality and supervisor leadership style[J].Journal of organizational behavior，2003，24（2）：197-214.

[46] MILLER D，DRÖGE C. Psychological and traditional determinants of structure[J].Administrative science quarterly，1986，31（4）：539-560.

[47] 霍克 . 改变心理学的 40 项研究：第 5 版 [M]. 白学军，等译 . 北京：人民邮电出版社，2010.

[48] DIENER E.Subjective well-being[J].Psychological bulletin，1984，95（3）：542-575.

[49] GOLDBERG D P，HILLIER V F.A scaled version of the general health questionnaire[J].Psychological medicine，1979，9（1）：139-145.

[50] 迪纳 E，迪纳 R. 改变人生的快乐实验 [M]. 江舒，译 . 北京：中国人民大学出版社，2010.

[51] CHRISTIAN M S，GARZA A S，SLAUGHTER J E. Work engagement：a quantitative review and test of its relations with task and contextual performance[J].Personnel psychology，2011，64（1）：89-136.

[52] HALLBERG U E，SCHAUFELI W B. “Same same” but different? Can work engagement be discriminated from job involvement and organizational commitment? [J].European psychologist，2006，11（2）：119-127.

[53] KAHN W A. Psychological conditions of personal engagement and disengagement at work[J].The academy of management journal，1990，33（4）：692-724.

[54] MASLACH C. Burned-out[J].Human behavior，1976，5（9）：16-22.

[55] SCHAUFELI W B，SALANOVA M，GONZALEZ-ROMA V，et al. The measurement of engagement and burnout：a two sample confirmatory factor analytic approach[J].Journal of happiness studies，2002，3：71-92.

[56] 胡少楠，王咏 . 工作投入的概念、测量、前因与后效 [J]. 心理科学进展，2014，22（12）：1975-1984.

[57] 李锐，凌文辁 . 工作投入研究的现状 [J]. 心理科学进展，2007，15（2）：366-372.

[58] 张轶文，甘怡群 . 中文版 Utrecht 工作投入量表（UWES）的信效度检验 [J]. 中国临床心理学杂志，2005，13（3）：268-270.

[59] 王晴 . 国内工作投入研究的 15 年：文献计量综述 [J]. 心理研究，2018，11（6）：522-531.

[60] BRITT T W，BLIESE P D.Testing the stress-buffering effects of self engagement among soldiers on a military operation[J].Journal of personality，2003，71（2）：245-266.

[61] 克劳塞维茨 . 战争论 [M]. 时殷弘，译 . 北京：商务印书馆，2016.

[62] 21 世纪经济报道 . 中石油苏丹尼罗河公司总经理贾勇：留守南苏丹（图）[EB/OL].(2017-06-29)[2024-06-06]. https://www.sohu.com/a/152890315_115443.

[63] ANDERSON C，JOHN O P，KELTNER D，et al. Who attains social status? Effects of personality and physical attractiveness in social groups[J]. Journal of personality and social psychology，2001，81（1）：116-132.

[64] MISCHEL W，SHODA Y. A cognitive-affective system theory of personality: reconceptualizing situations，dispositions，dynamics，and invariance in personality structure[J].Psychological review，1995，102（2）：246-268.

[65] 美世 . 人性化企业的崛起：2022—2023 年全球人才趋势研究 [R/OL].[2024-02-06].https://www.mercer.com.cn/assets/shared-assets/local/attachments/pdf-cn-2023-global-talent-trends-2023-report.pdf.

[66] 麦克斯维尔 . 领导力的 5 个层级：10 周年纪念版 [M]. 杨壮，王进杰，译 . 北京：中国广播影视出版社，2023.

[67] 高明 . 大戴礼记今注今译 [M]. 台北：台湾商务印书馆，1975.

[68] MILLER G A. The magical number seven，plus or minus two：some limits on our capacity for processing information[J].Psychological review，1956，63（2）：81-97.

[69] YIP J，EHRHARDT K，BLACK H，et al. Attachment theory at work：a review and directions for future research[J].Journal of organizational behavior，2018，39（2）：185-198.

[70] 埃德蒙森 . 无畏的组织：构建心理安全空间以激发团队的创新、学习和成长 [M]. 薛阳，刘娜，译 . 北京：东方出版社，2020.

[71] 马成功 . 重新定义组织：用户如何与企业联盟 [M]. 北京：机械工业出版社，2016.

[72] 纳德拉 . 刷新：重新发现商业与未来 [M]. 陈召强，杨洋，译 . 北京：中信

出版集团，2018.

[73] ERDMAN P，CAFFERY T. Attachment and family systems：conceptual，empirical，and therapeutic relatedness[M].New York：Brunner-Routledge，2003.

[74] 沙因 E，沙因 P. 组织文化、谦逊领导力与开放互信式关系——埃德加·沙因与彼得·沙因对话录 [J]. 清华管理评论，2020（11）：6-10.

[75] 纪光欣，冯启海 . 从权变到谦逊：沙因领导力思想的演进及特点 [J]. 领导科学，2023（1）：65-68.

[76] 王震，宋萌，孙健敏 . 真实型领导：概念、测量、形成与作用 [J]. 心理科学进展，2014，22（3）：458-473.